陇上学人文存

LONGSHANG XUEREN WENCUN

陇上学人文存

李定仁 卷

李定仁 著　李瑾瑜 编选

甘肃人民出版社

图书在版编目（ＣＩＰ）数据

陇上学人文存. 李定仁卷 ／ 范鹏，王福生总主编 ；李定仁著 ；李瑾瑜编选. -- 兰州 ：甘肃人民出版社，2017.11

ISBN 978-7-226-05229-7

Ⅰ. ①陇… Ⅱ. ①范… ②王… ③李… ④李… Ⅲ.①社会科学－文集②教育学－文集 Ⅳ. ①C53②G40-53

中国版本图书馆CIP数据核字(2017)第297384号

出 版 人：王永生
责任编辑：贾 　文
封面设计：王林强

陇上学人文存·李定仁卷

范鹏 　王福生 　总主编
李定仁 　著 　李瑾瑜 　编选
甘肃人民出版社出版发行
（730030 　兰州市读者大道 568 号）
兰州新华印刷厂印刷
开本 890 毫米 × 1240 毫米 　1/32 　印张 10.25 　插页 7 　字数 255 千
2017 年 12 月第 1 版 　2017 年 12 月第 1 次印刷
印数：1~1000
ISBN 978-7-226-05229-7 　定价：60.00 元
（图书若有破损、缺页可随时与印厂联系）

《陇上学人文存》第一辑

编辑委员会

名誉主任：陆　浩　刘伟平
主　　任：励小捷　咸　辉
副 主 任：张建昌　张瑞民　范　鹏
委　　员：张余胜　吉西平　魏胜文　高志凌
　　　　　张　炯　安文华　马廷旭

学术指导委员会

王希隆　王肃元　王洲塔　王晓兴　王嘉毅
傅德印　伏俊琏　李朝东　陈晓龙　张先堂
郝树声　贾东海　高新才　董汉河　程金城

总 主 编：范　鹏
副总主编：魏胜文　马廷旭

总　序

陇者甘肃，历史悠久，文化醇厚。陇上学人，或生于斯长于斯的本地学者，或外来而其学术成就多产于甘肃者。学人是学术活动的主体，就《陇上学人文存》（以下简称《文存》）的选编范围而言，我们这里所说的学术主要指人文社会科学研究。《文存》精选中华人民共和国成立以来，甘肃人文社会科学领域成就卓著的专家学者的代表性著作，每人辑为一卷，或标时代之识，或为学问之精，或开风气之先，或补学科之白，均编者以为足以存当代而传后世之作。《文存》力求以此丛集荟萃的方式，全面立体地展示新中国为甘肃学术文化发展提供的良好环境和陇上学人不负新时代期望而为我国人文社会科学事业做出的新贡献，也力求呈现陇上学人所接续的先秦以来颇具地域特色的学根文脉。

陇原乃中华文明发祥地之一，人文学脉悠远隆盛，纯朴百姓崇文达理，文化氛围日渐浓厚，学术土壤积久而沃，在科学文化特别是人文学术领域的探索可远溯至伏羲时代，大地湾文化遗存、举世无双的甘肃彩陶、陇东早期周文化对农耕文明的贡献、秦先祖扫六合以统一中国，奠定了甘肃在中国文化史上始源性和奠基性的重要地位；汉唐盛世，甘肃作为中西交通的要道，内承中华主体文化熏陶，外接经中亚而来的异域文明，风云际会，相摩相荡，得天独厚而人才辈出，学术思想繁荣发达，为中华文明做出了重要贡献。

近代以来，甘肃相对于逐渐开放的东南沿海而言成为偏远之地，反而少受战乱影响，学术得以继续繁荣。抗日战争期间作为大后方，接纳了不少内地著名学府和学者，使陇上学术空前活跃。新中国成立之后，人文社会科学领域的专家学者更是为国家民族的新生而欢欣鼓舞，全力投入到祖国新的学术事业之中，取得了一大批重要的研究成果，涌现出众多知名专家，在历史、文献、文学、民族、考古、美学、宗教等领域的研究均居全国前列，影响广泛而深远。新中国成立之后，人文社会科学几次对当代学术具有重大影响的争鸣，不仅都有甘肃学者的声音，而且在美学三大学派（客观派、主观派、关系派）、史学"五朵金花"（史学在新中国成立之后重点研究的历史分期、土地制度史、农民战争史等五个方面的重点问题）等领域，陇上学人成为十分引人注目的代表性人物。改革开放以来，甘肃学者更是如鱼得水，继承并发扬了关陇学人既注重学理求索又崇尚经世致用的优良传统，形成了甘肃学者新的风范。宋代西北学者张载有言："为天地立心，为生民立命，为往圣继绝学，为万世开太平"，此乃中华学人贯通古今、一脉相承的文化使命，其本质正是发源于陇原的《易》之生生不已的刚健精神，《文存》乃此一精神在现代陇上得到了大力弘扬与传承的最佳证明。

《文存》启动于中华人民共和国成立六十周年之际，在选择入编对象时，我们首先注重了两个代表性：一是代表性的学者，二是代表性的成果，欲以此构成一部个案式的甘肃当代学术史，亦以此传先贤学术命脉，为后进立治学标杆。此议为我甘肃省社会科学院首倡，随之得到政界主要领导、学界精英与社会各界广泛认同与政府大力支持，此宏愿因此而得以付诸实施。

为保证选编的权威性，编委会专门成立了由十几位省内人文社会科学领域著名学者组成的专家指导委员会，并通过召开专题会议研讨、发放推荐表格和学术机构、个人举荐等多种方式确定入选者。为使读者对作者的学术成就、治学特色和重要贡献有比较准确和全面的了解，在出版社选配业务精良的责任编辑的同时，编委会为每一卷配备了一位学术编辑，负责选编并撰写前言。由于我院已经完成《甘肃省志·社会科学志》（古代至 1990 年卷，1990 至

2000 年卷）的编辑出版工作，为《文存》的选编提供了坚实的基础和基本依据，加之同行专家对这一时期甘肃人文社会科学发展的研究，使《文存》能够比较充分地反映同期内甘肃人文社会科学的基本状况。

我们的愿望是坚持十年，《文存》年出十卷，到 2019 年中华人民共和国成立七十周年之际达至百卷规模。若经努力此百卷终能完整问世，则从 1949 至 2009 年六十年间陇上学人以"人一之、我十之，人十之、我百之"的甘肃精神献身学术、追求真理的轨迹和脉络或可大体清晰。如此长卷宏图实为新中国六十年间甘肃人文社会科学全部成果的一个缩影，亦为此期间甘肃人文社会科学学术业绩的一次全面检阅，堪作后辈学者学习先贤的范本，是陇上学人献给祖国母亲的一份厚礼。此一理想若能实现，百卷巨著蔚为大观，《文存》和它所承载的学术精神必可存于当代，传之后世，陇上学人和学术亦可因此而无愧于我们所处的伟大时代，并有所报于生养我们的淳厚故土。

因我们眼界和学术水平的局限，选编过程中必定会出现未曾意料的问题，我们衷心期望读者能够及时教正，以使《文存》的后续选编工作日臻完善。

是为序。

2009 年 12 月 26 日

目　录

三、教师问题研究

编选前言

李定仁先生(1935—)是湖北武汉人。1951年参加中国人民解放军,后保送至第一军医学院(后改名为第四军医大学)学习。不幸一场大病迫使他转业,1956年考入西北师范学院(今西北师范大学)教育系学习,1960年以优异成绩毕业留校任教至今,为西北的教育事业发展已经贡献了五十余个春秋。

李定仁先生先后任西北师范大学教育系副主任、主任和教科所所长等职务达13年之久,先后为本科生、研究生系统地开设了《外国教育史》《教育名著选读》《西方现代教学流派》《教学论》《教学思想发展史》等课程。他善于在教学中运用科研成果,充实教学内容,效果显著,深受学生好评。同时,他还积极参与甘肃省高校师资培训工作,连续三年为甘肃省高校师资培训中心讲授《大学教学原理与方法》课程,培训高校青年教师300余人。凡是听过他授课的人,对他教学的条理性、启发性和语言表达的艺术性,都留下了深刻的印象。

1992年,李定仁先生获得了国务院颁发的"为发展我国高等教育事业做出突出贡献"证书和政府特殊津贴。1993年,李定仁先生由国务院学位委员会批准成为教学论专业博士生导师。1996年,李定仁先生主持的甘肃省社会科学重点项目《西北少数民族基础教育发展对策研究》获中宣传部"五个一"工程奖。1997年,李定仁先生获甘肃省教学成果一等奖和国家教学成果奖。1999年,李定仁先生主持的《中国西北少数民族教育》荣获甘肃省社会科学优秀成果一等奖和全国教育科学优秀成果奖。1982—2001 年担任甘肃省教育协会副会长专业委员会的学术顾问。

李定仁先生学术严谨,著述颇丰,在国内教学理论界具有很高的学术地位和极好的口碑。1990 年,李定仁先生担任副主编,协助著名教育家李秉德先生出版了我国高等师范院校教育专业教材《教学论》,这部著作在很大程度上确立了西北师范大学在全国教学论界的地位。之后,李定仁先生亲自担任主编,邀约全国教学论界专家编写了《教学思想发展史略》,则展示了他的治史功底与教学论造诣的完美结合,也奠定了他在国内教学理论界的学术地位。

李定仁先生的学术研究与贡献是多方面的,涵盖了外国教育史、课程与教学论、教师教育、高等教育、民族教育、成人教育以及教育发展战略等诸多领域。由于篇幅所限,本书仅辑录了李定仁先生在教学基本理论、外国教育思想和教师发展诸方面的研究成果。这些方面的研究与贡献,也体现了李定仁先生的学术精华。

对教学理论的研究,李定仁先生特别关注教学生"学会学习"问题。1994 年,李定仁先生在《西北师大学报》发表了《论教会学生学习》一文,他认为,教会学生学习不是一个方法问题,而是一个教学的指导思想问题;教会学生学习是教学的实践要求,更是教学理论的逻辑基础。教师既要研究如何教,又要研究学生如何学,使学生掌握学习规律,懂得如何学习,才能真正提高教学质量。1995 年,李定仁先生在《高等师范教育研究》发表了《论高等学校教学方法改革的若干趋势》,提出了在当代科技革命背景下,学校教学方法的改革应该体现教法和学法同步改革相辅相成,多种方法的合理结合的显著特征。2001 年,李定仁先生又在《高等教育研究》发表了《试论高等学校教学过程的特点》,指出高等学校的教学过程在教学目标上,要有明确的专业性;在教学内容上,要有一定的探索性;在教与学的关系上,学生的学习要有相对的独立性;在教学形式上,要有更多的实践性。关于高等学校教学方法的改革问题,李定仁先生分析了大学教学方法的特殊性,尤其倡导问题教学法、协同教学法、个案教学法,阐述了每种教学方法的特点、实施步骤、操作原则与要求。1994 年李定仁先生主编的《大学教学原理与方法》一书在科学出版社出版,这部著作就是他在长期致力于探索高等学校教学规律,不断总结高等学校教学改革经验的基础上系统成果,该书全面探讨了大学教学的目标、课程、原则、形式、方法、技术、艺术、风格、心理、师生关系、智能培养、学习评价等问题,拓展深化了对于高等学校教学的研究,具有重要的开创性意义,也是我国较早研究大学教学的著作,荣获了甘肃省第五次社科优秀成果二等奖。

　　进入 21 世纪,中国教育界正在孕育着一场巨大的改革运动,这是在批判应试教育的基础上为推行素质教育找到一个突破口。李定仁先生正是在这一背景下提出了"教学研究"的思想。2000 年第 11 期李定仁先生在《教育研究》杂志发表了《论教学研究》一文,详细论述了教学研究的特点、教学研究的意义、教学研究的内容、教学研究活动的开展等,率先提出中小学教师作为研究者的意义与特点,并强调教学研究的创造性及对教学的改进功能。在文章中李定仁先生特别强调,即将到来的知识经济时代,向教育提出了严峻的挑战,必须抓住时机,加强教学研究,把强化学生的全面素质教育放在首位;而且在中小学开展教学研究活动,必须要领导重视,方法得当,形成制度,这样才能持之以恒。这正是把握了新世纪基础教育改革过程中如何以教学研究提升教学质量、加速教师专业成长的现实需求而高瞻远瞩地把教学研究作为教师专业发展和教学质量提升的突破口。事实证明,在新课程改革的过程中,近十多年的"教研兴教""科研兴校"的学校变革路径,以及基于校本和教师职场的教学研究促进教师专业发展的策略,成为基础教育改革的一个热点取向,证明了李定仁先生的远见卓识。

教学理论的研究不仅有理论视角和现实视角,更要有历史的视角。只有把理论、现实和历史结合起来,才能构成完整的学术研究视野。20世纪90年代初,正值我国教学论发展的高峰期,李定仁先生任全国教学论专业委员会副主任,他率领国内最具实力的一批学者,完成了《教学思想发展史略》一书,系统地考察了教学思想史的发展历程,提出了许多全新的观点,尤其是在方法论方面,中西两条线索比较研究,体现了中国传统教学论的思想体系。本书涉及教学基本理论问题各个方面,以教学目的、课程、教学过程、教学原则、教学方法、教学手段、教学组织形式、教学模式、教学艺术、教学评价等教学理论的基本问题为中心,分别介绍了古今中外有代表性、有影响的教育家的思想及其代表作,探寻源流,理清脉络,服务现实,形成了"以问题为中心、史论结合、理论联系实际"的教学思想史的重要成果,在学术界产生了较大影响。

对于当代教学论发展的研究也是李定仁先生从历史视角关注的学术领域。尤其是我国教学论与课程论的学术研究经历了拨乱反正,进入繁荣发展时期,学术的广度和深度都是未曾有过的。为了反映这一时期的教学论与课程论的研究成果,从当代学术史的视角审视教学论与课程论的发展历程及特点,李定仁先生与徐继存教授领先主编,组织西北师范大学的青年教师和博士研究生,共同编写了《教学论研究二十年(1979—1999)》和《课程论研究二十年(1979—1999)》,均由人民教育出版社出版,形成了当代教学论与课程论学术史研究的经典之作。这两本著作以专题为线索,以时间为顺序,材料丰富,论证严密,风格独特,被全国各高师院校课程与教学论专业研究生用作了教学参考书。

20世纪80年代初，国外教育家的思想在中国开始了传播并逐渐产生影响。李定仁先生作为国内有影响的外国教育思想研究专家，他从空想社会主义者欧文、傅立叶、卡贝等人的教育思想研究出发，分析社会主义教育家的思想源头及共同主张，接着研究了马克思、恩格斯、列宁、斯大林等马克思主义者的教育思想，指出了马克思主义教育思想的内容体系及其特点，再进一步研究了苏联教育家的教育思想研究，系统而深入地研究了赞科夫、巴班斯基、马卡连柯、苏霍姆林斯基等教育家的思想。李定仁先生较早地向国内系统介绍了世界教学理论及实践发展的新情况和新进展，期间着重考察了外国主要教学流派与重要教育家的教学思想。

对于外国教育教学思想的研究，李定仁先生特别注重"洋为我用"的学术逻辑，在仔细研究分析每一个思想流派背景内涵的同时，还要强调外国教育思想对我们教育教学改革与发展的借鉴之处。例如对要素主义教育思想的研究，李定仁先生剖析了要素主义教育流派的形成和发展背景与原因，比较要素主义与进步主义在学校制度、课程设置、教学内容、教学方法和学校纪律等方面的差异与对立，分析了要素主义教育主张传递文化要素是教育的核心，注重"天才"的发掘与培养，指出要素主义重视教育在社会发展中的作用，重视对人的丰富才能资源的开发，重视基础知识的教学等等，对我们也有一定的参考价值。对于永恒主义与进步主义抗争，李定仁先生着重分析了进步主义适应论与永恒主义永恒论在教育目的观、教学过程观、课程设置上的对立及其理论基础，比较了要素主义与永恒主义的异同，指出：永恒主义偏重于古典的、人文学科的知识，要素主义则偏重于现代的、自然科学的知识，这样的比较分析对于我国课程与教学改革中如何处理传统与现代、知识与素质等诸多关系亦具有重要的参考价值。李定仁先生还对杜威教育思想以及在中国的影响进行了研究，对苏联教育学家凯洛夫、赞可夫、布鲁纳、巴班斯基的教学论思想进行了系统的研究与介绍。特别值得一提的是李定仁先生对苏联教育家巴班斯基的系列研究,该研究涉及巴班斯基的教学方法体系、教学过程最优化思想等方面。李定仁先生指出,巴班斯基提出的教学过程最优化理论,把教学过程看成一个系统,综合地研究教学过程,有助于找到全面提高教学质量的途径;全面看待教学职能,以最大的教学效果促进理想的教养、教育和发展;重视研究学生,摆正教与学的关系。这样的研究与总结,对指导当前我国教学改革不无积极的借鉴意义与参考价值。

教师的培养与专业发展是教育教学实践的核心问题,也是教育教学研究的重大理论问题。

李定仁先生十分关注教师教育改革问题,为此发表了一系列研究教师问题的文章。针对我国师范院校普遍轻视和忽视教育课程教学的现实问题,李定仁先生在 1984 年第 1 期《课程教材教法》杂志发表了《师范院校必须加强教育课程的教学》的文章,指出无论从我国近代师范教育发展的历史来看,还是从师范教育的任务来看,或是从当前各国师范教育发展的趋势来看,高等师范学校必须加强教育课程的教学。在此基础上,他深入分析了我国高等师范学校轻视教育课程的原因,提出了加强高等师范学校教育课程的建议:增加课时,开好教育学、心理学、教学法课程;改革教育课程的教学内容和方法;健全组织、积极开展教育科学的研究;制订措施,提供教育课程的地位。这些建议直到今天都还有现实意义。针对 20 世纪 80 年代后期我国师范教育逐步走向开放,师范院校也纷纷开始了综合化的探索,师范生的培养出现了明显的"危机性"迹象,李定仁先生在 1989 年第 2 期《西北师大学报》上发表了《师范院校应坚持为基础教育服务的方向》文章,明确提出"师范院校必须坚持为基础教育服务的办学方向"的主张。李定仁先生从师范教育的产生、发展,从师范院校的性质、任务,从基础教育师资队伍状况的现实诸方面论证了师范院校为什么必须坚持为基础教育服务的思想。他指出:就整个高等师范教育的现状来看,在办学指导思想方面,存在着盲目追求高层次和向综合大学看齐的做法,为基础教育服务的观念淡薄;在思想教育方面,学生的专业思想普遍较差,没有树立为人民的教育事业奋斗终身的思想;在教学内容、培养规格方面,脱离中学实际,作为合格的中学教师基本训练不够。这些问题的存在,直接影响到基础教育的发展和提高。因此,进一步明确为基础教育服务的办学思想,仍然是师范院校深化改革的关键所在,也是师范院校的责任与使命。在师范院校全面愈来愈"综合化"发展的今天,如何继续坚持师范院校(专业)为基础教育服务的方向,仍然值得研究。除了对教师培养的这些立场性和方向性问题的研究,李定仁先生还非常注重对"教师"本身的角色与素质的挖掘和研究,重视挖掘教育家的教师教育思想,开展了教育家论教师的系列研究,如叶圣陶论教师、第斯多惠论教师、马卡连柯论教师、赞可夫论教师等教师教育思想,为丰富我们对教师工作的性质、地位、作用、任务、教师修养、教师政策的认识,优化教师培养、培训过程与管理工作,提供了重要的思想资源与研究资料。

前文已经说明,李定仁先生的学术研究涵盖多个方面。由于篇幅所限,本卷仅辑录了李定仁先生在教学基本理论、外国教育思想和教师教育诸方面的研究成果。但是,关于西北少数民族教育的研究,也是李定仁先生用心用力地学术领域,而且取得过具有重大影响的成果,所以在这里特别需要对李定仁先生少数民族教育的学术贡献再多添一笔。

李定仁先生在西北工作五十余年,对西北地区和西北少数民族有着深厚的感情,对西北少数民族地区的基础教育尤为关注。20世纪90年代,受甘肃省哲学社会科学重点项目的资助,李定仁先生带领年轻教师深入实际,对西北少数民族基础教育现状、问题进行调查研究,在此基础上完成了"西北少数民族基础教育问题与对策研究"的报告,报告基于对我国西北地区基础教育发展的背景与特征分析,提出了民族地区基础教育发展滞后的根本原因,同时,指出民族教育的文化特征是民族基础教育发展中的难题,将民族教育中学校缺乏吸引力,办学效益差,学生流失严重、教学质量低下等之间的关系进行了梳理,形成了对民族基础教育发展思路的科学论证,进而提出了发展民族地区基础教育的模式与对策,主要包括:内地对口支援民族教育发展模式、以寄宿制为主集中与分散结合的办学模式、两个为主"一通一懂"的双语教育发展模式、学校社会家庭三位一体的女童教育发展模式。这项研究直接指向西北民族地区基础教育中当时面临的迫切的、重大的现实问题,对策建议也有力地支持了民族教育事业的发展,获得了1996年的中宣部"五个一工程奖"。在这个研究领域,他带出了一支研究团队,他们现在都是我国民族教育领域的重要研究者。

李定仁先生在民族教育领域的另一代表作就是他主编的《中国西北少数民族教育》,该书于1997年在宁夏人民出版社出版。这部著作是李定仁先生带领研究团队对西北少数民族教育作系统深入的研究,从宏观上对西北的少数民族的历史与文化进行了全面的考察,并将历史文化作为教育发展的背景,对西北少数民族教育研究中的基本理论问题、政策问题、双语教育问题、文化与课程问题、女童教育问题等逐一开展个案研究,提出了发展西北少数民族教育的主要思路。该研究成果获得第四届全国教育科学研究优秀成果二等奖。

2005年,70岁的李定仁先生仍然坚持在教学和研究的第一线,承担着全国教育科学规划项目"西北民族地区校本课程开发研究"。

李定仁先生带领研究团队开始了西北民族地区的校本课程开发研究。他们结合我国基础教育领域的校本课程开发理论，以西北多民族地区的学校为案例，深入民族地区开展调查研究和行动研究，对西北民族地区学校校本课程开发的现状与问题、西北民族地区校本课程开发的资源问题、西北民族地区校本课程开发模式问题、西北民族地区校本课程开发的评价问题等进行了深度研究，形成了民族教育领域校本课程的经典之作《西北民族地区校本课程开发研究》，该书2006年由民族出版社出版。这部著作的核心思想，就是在少数民族地区开发校本课程，既要挖掘对地方经济和社会发展具有重要意义的文化资源，保持对本地文化传统的尊重，消除不同知识之间存在的高低之别，还要依靠教师与家长、社会人士的支持和学生的积极参与；课程开发的过程中还要调整课程的内容，使各种有价值的知识都进入课程体系，形成一种互补的、共同进步的状态，处理好国家课程、地方课程与学校课程之间的关系。

李瑾瑜　王　鉴
2017 年 9 月

一、教学基本理论
问题研究

论教会学生学习的问题

教会学生学习，是当代形成的一种新的教学观念。何谓教会学生学习，教会学生学习有什么意义，怎样教会学生学习，这正是本文所要讨论的问题。

一

所谓教会学生学习，是指教师在教学过程中，要把知识、技能、技巧传授给学生，更重要的是教给学生独立地掌握知识的本领。因此，教会学生学习已不是一个方法问题，而是一个教学的指导思想问题。但是，在过去的教学中，由于注重现成书本知识的传授，往往只强调教师把书教好，而对于学生如何学习，特别是对于如何让学生学会学习则很少引起人们的注意。因此，在这里弄清楚教会学生学习的重大意义是十分必要的。

首先，教会学生学习是时代发展的客观要求。科学技术的飞速发展，使人类社会进入了知识激增的时代。据有关资料统计，人类的科学知识在 19 世纪是 50 年增加一倍，20 世纪中叶每 10 年增加一倍，70 年代以后每 5 年增加一倍。联合国教科文组织有一个统计，全世界的图书近两百年来增加了 800 倍。1950 年到 1970 年的 20 年里，图书给人们提供的信息相当于过去 3000 年各类读物所提供的信息的总和。现在世界上每年增加的图书在 6000 万页以上，仅就科学技术图书而言，一分钟就印刷 3000 页。这种状况说明，学习者个人有限的时间同知识不断激增之间的矛盾日趋尖锐。如何解决这个矛盾？许多教育家和有识之士纷纷进行研究。不少人认为解决这一矛盾的最好办法，就是教给学生学会学习的本领。因为一个人在学校学习的时间毕竟是有限的，不可能把今后一生中所需要的知识全部学到手。事实上，学生在学校的学习，只不过为今后的学习奠定一个基础。而这个基础，与其说是获得一些知识，倒不如说应该是获得独立学习的本领。青年学生从学校毕业走上工作岗位以后，会遇到许多意想不到的新情况、新问题。为了让年轻一代走向未来生活，光有书本上现成的一些结论显然是不行的，必须让他们学会如何自己去获取解决新问题的知识和才能，以适应未来生活的种种变化。联合国教科文组织国际教育发展委员会在 1972 年提出的报告中指出："科学技术的时代意味着：知识正在不断地变革，革新正在不断地日新月异。所以大家一致同意：教育应该较少地致力于传递和储存知识（尽管我们要留心，不要过于夸大这一点），而应该更努力寻求获得知识的方法（学会如何学习）。"①这种看法，反映了当代科学技术迅猛发展对教育提出的客观要求。

其次，教会学生学习是深入进行教学改革的需要。教学改革就是要革除教育不适应社会发展的思想、内容、方法和制度，充分发挥教育为社会发展服务的作用。教学改革不是任何人的主观意愿决定的，而是社会发展和教育发展的客观要求。面对新技术革命的挑战，我们的教育必须改革与社会主义现代化建设不相适应的教育思想、内容、方法，才能培养出适应社会主义建设需要的各级各类人才。过去进行教学改革，往往只侧重教的方面，以改革教学内容、方法和形式为主，

①联合国教科文组织国际教育发展委员会编著：《学会生存》，上海译文出版社，1979 年版，第 14 页。

而很少考虑学的方面，忽略了学习的本质、过程、特点和方法的研究。事实上，教学过程是教师和学生双边活动的过程。教师的教与学生的学相互促进，密切相关。教是学的基础，只有通过教师的教，学生才能掌握知识，发展智能。而学生会学又是教的目的，学生掌握了学习的本领，又进一步促进教师的教。所以，在教学过程中既要研究教师如何教，又要研究学生如何学。比如在改革教育思想的同时，应当转变学生的学习思想；在改革教学方法的同时，应当改革学生的学习方法；在改革教学管理的同时，应当加强学生自主、自理和自律能力的培养等等，使学生掌握学习规律，懂得如何学习，由"要我学"变成我要学，由苦学变成会学，从而提高学习质量。教与学只有同步改革，充分调动教师、学生两个方面的积极性，联合作战，教学改革才能取得更大的成效。

再次，教会学习是先进教学经验的科学总结。古今中外许多有见识的教育家，从不同角度论述过这个问题。就我国来说，我国先秦时期儒家教育思想的总结性著作《学记》，是我国和世界教育史上最早的教学论专著。《学记》针对当时注入式教学的弊端，明确提出"君子之教，喻也。道而弗牵，强而弗抑，开而弗达"。①这就是说，君子教人，要善于启发诱导。对学生必须引导他们自进，而不强迫牵拉；必须鼓励他们自学，而不勉强推动；必须指示学习门径，而不代求通达。我国宋代教育家朱熹认为教师只是引路之人，强调教给学生"为学之方"。他说："书用你自去读，道理用你自去究索，某只是做个引路底人，做得个证明的人，有疑难处，同商量而已。"②我国现代著名教育家陶行知明确主张教师的责任在于教会学生学习。他说："我认为好的先生

①顾树森：《学记今译》，人民教育出版社，1957年版，第28页。
②《朱子语录》卷13，中华书局出版社，1986年版。

不是教书,不是教学生,乃是教学生学。教学生学有什么意思呢?就是把教和学联络起来:一方面要先生负指导的责任,一方面要学生负学习的责任。对于一个问题,不是要先生拿现成的解决方法来传授学生,乃是要把这个解决方法如何找来的手续程序,安排停当,指导他,使他以最短的时间,经过相类似的经验,发生相类的理想,自己将这个方法找出来,并且能够利用这种经验理想来找别的方法,解决别的问题。"①我国当代教育家叶圣陶也曾多次指出"教是为了不教",主张让学生学会学习。他说:"凡为教者必期于达到不须教。教师所务唯在启发导引,俾学生逐步增益其知能,展卷而自能通解,执笔而自能合度。"②就国外来说,许多教育家也都主张教会学生学习。18世纪法国启蒙思想家卢梭,明确提出要教给学生学习的方法。他说:"问题不在于教他各种学问,而在于培养他有爱好学问的兴趣,而在这种兴趣充分增长起来的时候,教他以研究学问的方法。"③19世纪德国民主主义教育家第斯多惠提出教会学生学习是一个教师是否称职的标准。他说:"不称职的教师强迫学生接受真理,一个优秀的教师则教学生主动寻求真知。"④19世纪英国著名哲学家和教育家斯宾塞,从发展资本主义的需要出发,特别是依据自然科学发展的现实,对学校课程和如何教会学生学习作了广泛的论述。他说:"应该引导儿童自己进行探讨,自己去推论。给他们讲的应该尽量少些,而引导他们去发现的应该尽量多些。"⑤20世纪上半叶,对美国乃至世界现代教育产生

①陶行知:《教学合一》,见《陶行知文集》,江苏人民出版社,1981年版,第14页。

②见《叶圣陶语文教育论集》下册,教育科学出版社,1980年版,第741页。

③《爱弥儿》,商务印书馆,1978年版,第223页。

④第斯多惠:《德国教师指南》,人民教育出版社,1990年版,第123页。

⑤斯宾塞:《教育论》,人民教育出版社,1962年版,第62页。

重要影响的美国著名哲学家、教育家杜威，猛烈地批评以赫尔巴特为代表的传统教育思想。他从重视学生活动出发，着重解决儿童怎样学的问题，而不是像传统教育派那样，着重解决教师怎样教的问题。因此，他提出："如果他（指学生——引者注）不能筹划他自己解决问题的方法（自然不是和教师、同学隔绝，而是和他们合作进行），自己寻找出路，他就学不到什么；即使他能背出一些正确的答案，百分之百正确，他还是学不到什么。"①在当代，随着科学技术的迅猛发展，强调教会学生学习的问题，已成为教育家的共识。苏联教育家赞科夫主张让学生通过自己的智力活动，认真探索获得知识的方法和途径，掌握学习过程的特点与规律。美国教育家布鲁纳倡导发现法，他说："我们教一门科目，并不是希望学生成为该科目的一个小型图书馆，而是要他们参与获得知识的过程。"他认为学会如何学习本身要比"学会什么"来得重要。从上述可见，中外许多著名教育家都强调教会学生学习，并以此作为教学的一个根本指导思想。

二

教会学生学习，是当代教学理论普遍重视的研究课题，是时代赋予教育工作者的历史使命。那么，怎样教会学生学习呢？

（一）善于确定学习目标

一个会学习的人，往往是善于确定学习目标的人。所谓学习目标是人们参加学习活动所期望得到的结果。学习目标对人们的学习活动具有激励、导向、调控的作用。就激励作用来说，有了明确的学习目标，就会变要我学为我要学，激励人们努力学习，为实现自己的学习

---

①杜威：《民主主义与教育》，见《杜威教育论著选》，华东师大出版社，1981年版，第187页。

目标而奋斗。如果目标模糊或者没有目标，就会使人们的学习活动陷入极大的盲目性，或者使人随波逐流，无所事事。就导向作用来说，学习目标是人们学习活动的方向。有了正确的学习目标之后，学生就会紧紧围绕学习目标展开自己的学习活动。如果偏离了学习目标，就能够及时进行纠正。就调控作用来说，学习目标给学习活动以正确的方向。它可以使学生及时知道自己的学习情况，准确地了解学习的效果与不足，以及时调节学习过程。这样，有利于使学习过程成为一个随时得到反馈调节的可控系统，使学生的学习按照规定的目标前进。

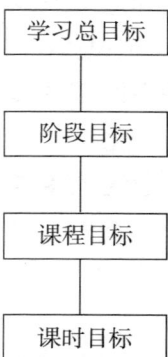

学生的学习目标是由不同层次的目标群所组成的，如左图所示。

```
┌──────────┐
│ 学习总目标 │
└──────────┘
     │
┌──────────┐
│  阶段目标  │
└──────────┘
     │
┌──────────┐
│  课程目标  │
└──────────┘
     │
┌──────────┐
│  课时目标  │
└──────────┘
```

学习总目标是指学生通过学习的全过程的学习目标。例如工科大学通过四年学习，使自己成为德智体全面发展的、获得工程师基本训练的高级工程技术人才。学习总目标要经过较长时间才能实现，所以又称为长期目标。

阶段目标是根据学习过程中各个阶段的任务而制定的。例如大学一二年级属于基础课学习阶段，要求系统地掌握本专业所必需的基础理论知识，为进一步学好专业课打下扎实的基础。大学三四年级属于专业课学习阶段，专业课则是结合专业特点去巩固、扩大和加深基础理论知识，并且使学生学会综合地利用基础知识，去独立解决实际问题的方法。可见，不同的学习阶段有不同的学习目标。阶段学习目标是学习总目标的进一步具体化。

课程目标也称学科目标，是一门学科的教学在总体上要达到的基本要求。在高等学校各专业本科教学计划中，设置 20~30 门课程，每门课程都有自身的任务和要求。因此，要求学生在学习每门课程时，有一个明确的目标，通过这门课程的学习达到一定的预期结果。

课时目标是每一节课应达到的具体要求。一门学科的教学往往要通过几十个或更多的课时来完成。教师在教学过程中，对每一节课都有具体的任务和要求。因此，学生在学习每一节课时就要明确这一节课的目的、任务是什么，应掌握哪些基本知识、技能，重点难点在哪里。

从上述可以看出，学习目标是由一系列目标群组成的。这些目标一步比一步具体，形成了有递进关系的目标系统。在学习过程中，每个大学生只有明确这些目标，才能增强学习的自觉性，避免盲目性，从而提高学习质量。

（二）掌握基本的学习方法

大学生的学习活动是在教师的指导下，主要围绕以教材为依据的课堂教学展开的。其学习过程包括预习、听课、课后复习、作业练习、课外阅读等基本环节。每个环节都有其特殊要求，掌握各个环节的基本方法，对于提高学习效率有重要意义。

1. 预习。预习是一种按照既定计划，预先自学新教材的活动。预习是学生学习的起点，主要是达到三个目的：一是思想上的准备。通过预习，明确学什么，为什么学，从而端正学习态度。二是知识上的准备。通过预习，对教材有一个初步的印象，掌握教材的重点、难点，为提高听课的质量打下基础。三是物质上的准备。通过预习，可以知道在上课时带什么教材和学习工具等。总之，经过预习可以养成学生良好的学习习惯，培养学生的自学能力和独立思考能力。

预习通常分为课前预习、单元预习、学期预习。学生可根据自己的情况，采用一种或几种预习形式。但不管采用哪一种形式，都是为了初步了解新教材的基本内容，明确新旧知识之间的联系，为进一步接受新知识做好准备。

2. 听课。听课是大学生获取新知识的一种重要途径。大学课堂教学不同于中小学,在教学内容上理论性强,纵横联系,信息量大。在教学方法上,大学教师一般以讲解讲演为主,突出讲授一些重点难点,其余内容让学生自学。因此,要求学生听课时目的明确,专心听讲,积极思考,善做笔记,把听、视、想、记结合起来。这里的关键是积极思考,要学会听基本知识、听知识的结构、听解决问题的方法、听知识的背景。所谓听基本知识,就是在一节课中准确地掌握概念的内涵与外延,掌握定理和定律反映的关系及其适用范围。所谓听知识的结构,就是把各部分之间的关系、层次弄清楚,使一门课程的众多内容在脑子里形成一个清晰的印象。所谓听解决问题的方法,就是注意听教师提出问题、分析问题和解决问题的思路和方法,听教师怎样分析、论证教材的重点、难点,既学知识,又学方法。在某种意义上来说,方法比知识更为重要。所谓听知识的背景,就是要知道所学理论知识是怎样从实践中提出来的,代表什么实际问题,解决什么实际问题,未来的发展趋势是什么。总的来说,掌握了一门课的基本知识、结构、方法及其背景,才能够达到听课的目的。

3. 课后复习。课后复习是学生及时消化、巩固所学知识的一个重要途径,也是学会学习的重要环节。课后复习的作用在于:巩固所学知识,防止遗忘;促进学习技能的形成,发现和弥补学习上的漏洞;使所学知识系统化,形成有条理的知识结构。

课后复习的方式多种多样。从时间上分,可将复习分为课后复习、阶段复习、期末复习;从性质上分,可将复习分为巩固性复习、理解性复习、知识系统性复习;从方式上分,可将复习分为阅读教材、整理笔记和解答练习题等。学生可以根据教材的性质和个人的习惯,采取其中一种或几种复习方式。不管采取哪一种复习方式,教师应要求学生及时复习,防止遗忘;复习要结合思考,在理解的基础上,加强记忆;复习方式要多样化,把读、说、想、写结合起来,提高复习的效果。

4. 作业。作业是学生将所学知识用之于实践的一种形式，是预习、听课、课后复习的继续。通过作业可以加深对知识的理解和巩固，使知识转化为技能技巧，并培养学生良好的学习习惯。

作业的形式多种多样，概括起来不外乎有两种基本形式，一种是各种口头或书面作业，一种是各种实际或实地操作性的作业。学生不管完成哪一种形式的作业，教师都要善于引导，严格要求。在学习态度上，培养学生认真细致地、独立地完成作业。在学习方法上，指导学生按一定程序完成作业。先复习，后作业；先了解题意，后精心解题；先解题，后自我检查，自行更正错误。总之，通过作业培养学生严谨踏实的学风和一丝不苟的科学态度。

5. 课外阅读。课外阅读是大学生课内学习的补充和延伸。在当今科学技术迅猛发展的时代，大学生仅凭课堂学习书本知识是很不够的，需要通过课外阅读了解最新的学术动态，及时吸收新的营养。因此，大学生的课外阅读在大学教学中有着重要的地位。它有利于扩大学生的知识面，不仅能丰富自己所学专业的知识，而且能开阔眼界，加强相关学科知识的横向联系。它有利于丰富学生的精神生活，加深理解课内所学知识，培养阅读习惯和阅读能力，提高课内学习的效率。它可以开阔学生的思路，激发思考问题的兴趣，对培养学生的科研意识和研究能力有重要意义。

大学生的课外阅读不是盲目的、自发的，而是在教师指导下有组织、有计划地展开的。首先，要指导学生学会制订读书计划。根据学生专业特点和客观条件，订目际，提要求，制订出分先后、分层次的读书计划，合理安排时间。其次，要指导学生学会选择阅读书籍。课外阅读要有目的性，明确解决什么问题，达到什么要求，切忌盲目地去读书，更不能沉溺于无聊和不健康的作品。再次，要指导学生学会运用各种工具书，培养自学能力。例如指导学生学会运用字典、词典、百科全书、索引、手册、情报资料等。第四,要指导学生学会做读书笔记,提高阅读的效果。读书笔记的形式很多,如摘录、写提要、写读书心得、书评等。根据学生的水平和条件,可逐步提出更高的要求。

以上我们介绍了学生必须掌握的基本的学习方法。这些常规性的学习方法,对于提高学生的学习效果至关重要。因此,教师对学生的学习方法应有要求、有检查、有指导,把对学习方法的要求,贯彻到教学过程的始终。

(三)向学生传授科学的学习方法知识

大学生除了掌握上述基本的学习方法以外,教师还必须有意识地向学生传授一些科学的学习方法知识。当前,随着科学技术的发展和教育实践的需要,各个高等学校都在探索教学方法的改革。概括起来,一般有这样一些做法:

1. 举办学习方法讲座。近几年来,国内一些大学为一年级大学生开设了大学学习论课程,专门讲授学习方法问题,经过多次尝试,取得了一定的效果。讲授的内容包括学习的目标、学习的本质、学习的过程、学习的特点和学习的规律等。通过讲授使学生学会运用常规的学习方法,懂得如何集中分配注意力,如何观察、记忆、思维、想象,如何应用知识以及科学地安排时间,从而掌握学习规律,提高学习效率。

2. 结合各科教学传授学习方法知识。教师在教学过程中不仅要传授知识,而且要传授方法。不同学科的内容,有不同的学习方法,教师要针对各科学习的特点加以分析说明。例如,语文教师要求学生背诵课文,就应同时给学生介绍科学的背诵方法,引导学生先理解后记忆,先掌握内容梗概后记忆课文。外语教师要求学生记住单词,就应同时介绍记忆单词的方法。这样,结合学习内容传授学习方法,针对性强,具体形象,学生易于接受,效果也会更好。让学生掌握各门学科的学习方法,就好像交给学生打开一座知识宝库大门的钥匙,会比给他们一些现成知识更有价值。英国有位社会学家曾调查过几十位诺贝尔奖奖金获得者。这些获奖者几乎都认为大学生在学习期间,最重要的是要掌握学习方法。掌握了良好的学习方法,更有助于发挥学生的学习潜能。

3. 介绍杰出人物成功的学习经验。古今中外的杰出人物,之所以取得令人瞩目的成就,原因固然很多,但方法是其中的一个重要因素。伟大的科学家爱因斯坦曾留给我们一个著名的成功公式,即"$W=x+y+z$",W 代表成功,x 代表勤奋,y 代表方法,z 代表少说空话。这说明方法对一个人能否取得成功是一个重要的因素,人们的学习活动也是如此。大发明家爱迪生,年轻时沉迷于图书馆,拿起书架上的书一本一本挨着读,但读书虽多收益却不大。后来,他听从别人的劝告,分析自己的特长与爱好,把学习目标集中在电学上,终于积学成才,做出许多发明。这个事实告诉我们,选择适当目标,对准读书焦点,方能有所成就。教师要善于从这些古今中外杰出人物的成就中,引导学生从中借鉴成功的学习经验,改进自己的学习。同时,还可以请一些专家、学者,到校做报告,现身说法,传授治学经验。

4. 总结推广优秀学生的学习经验。无论哪一所学校、哪一个班级,都会有一些优秀学生。他们往往有自身独特的学习方法或经验,教师要善于发现、总结和推广。这些优秀学生的学习经验,来自其自身的学习实践。他们生活在学生群体之中,学习条件大致相同。总结推广优秀学生的学习经验,使其他学生感到亲切、可信、易学。这样,既可以促进学生对自己的学习方法进行比较和总结,又可以促使学生之间相互学习、共同提高。

(四)培养学生的自我评价能力

所谓自我评价是相对他人评价而言,是学习者本人对学习的自我评价。一个善于学习的人,能够通过自我评价,全面分析和了解自己在学习中的进步和存在的问题,从而提高学习的效率。所以说,培养学生的自我评价能力,是教会学生学习的重要内容。

学生的学习活动是一个完整的过程,它包括学习动机、态度、方法、结果等方面。因此,学习的自我评价内容应包括:1. 学习动机评价。主要是评价学习主体自身的动机,包括外加动机、内在动机以及这些动机的强弱。2. 学习态度评价。主要是评价学习主体自身的学习态度、学习兴趣和学习表现。3. 学习方法评价。主要是评价学习主体灵活自如地运用各种学习方法和善于学习的情况。4. 学习结果评价。主要是评价学习主体在掌握知识、技能、技巧方面的效果。根据以上自我评价的内容,我们可以列表让学生自检自测。

学生根据自己的实际情况,参照自测项目的等级要求逐一评分。满分值为 100 分, 获 90 分以上者为优秀水平,75 分以上者为良好水平,60 分以上者为及格水平,60 分以下者为较差水平。这种评价可使学生对自己的学习状况有一个大致的了解。学生可根据自我评价的情况,及时发现自己的不足,学会自我诊断,自我调节,使自己真正成为学习的主人。

(原载《西北师大学报》1994 年第 1 期)

学生学习评价自测表①

自测项目		状态选择				自我评价
		10 分	6 分	4 分	2 分	
学习动机		为振兴中华而努力学习	主要为国家其次为自己	主要为自己其次为国家	不知为什么	
学习态度	学习态度	勤奋、努力	比较勤奋、努力	不够勤奋、认真	懒惰、马虎	
	学习兴趣	学习兴趣高	较高	一般	无兴趣	
	学习情绪	学习情趣稳定、持久	多数情况下学习情趣稳定	少数情况下学习情趣稳定	不稳定、不持久	
	学习毅力	勇于克服困难	基本能够克服困难	有时能够克服困难	害怕困难	
	学习信心	充满信心	比较有信心	有时信心不足	缺乏信心	
	学习自觉性	能主动安排自己的学习计划	基本能主动安排自己的学习	在别人监督下安排学习	自觉性差	
学习方法	学习计划	有计划地安排学习活动	比较有计划地安排学习活动	有时有计划	基本无计划	
	学习方法	方法科学效率高	有方法效率较高	有时注意方法	不注意方法	
学习结果		掌握基本知识能熟练运用	掌握基本知识比较能熟练运用	掌握基本知识但不会熟练运用	未掌握	

①参阅欧阳侃等编:《学会学习》，江西科技出版社，1990 年版，第 228–231 页。

论当代教学理论革新的主要趋势

自 20 世纪 50 年代末以来,在世界范围内兴起的教学改革运动,至今仍是方兴未艾。这是由教学改革实践与教学理论革新交织而成的。教学改革实践的深入发展为教学理论的革新提供了厚实的基础,而教学理论的革新,又为教学改革实践提供了科学向导。随着教学实践的不断推进,一些新的教学理论层出不穷,形成学派林立、群星争辉的景象。综观这一景象,可概括出如下一些主要趋势。

一、教学目标日趋全面化

教学目标的确定,反映了一定社会、生产和科技发展的客观要求。在社会缓慢发展时期,生产力低下,科学技术不发达,社会所拥有的知识量也极其有限,因此,当时学校的教学任务是让学生掌握更多的知识,把学生培养成博闻强记的人。随着社会的发展,科技的繁荣,仅有丰富的知识已不能适应时代的要求,尤其在当代生产力高度发达的形势下,培养的人才不仅要有扎实的知识基础,而且要具备较高的智能,健全的个性以及良好的品德。因此,让学生全面和谐地发展,成为当代学校教学的重要任务和追求目标。

(一)掌握知识与发展智能的统一

知识与智能是紧密联系,互为条件,相互作用,相辅相成的。掌握知识是发展智力、从事创造性劳动的基础和前提。反过来,智能的发展又是获得知识的重要条件。所以,掌握知识和发展智能是辩证统一的过程,两者不可偏废。现在一些教育家对学生掌握知识与发展智能的问题进行了一些有益研究。

苏联著名教育家赞可夫十分重视"理论知识"的巨大作用。他说:"理论知识是指从科学的体系中汲取出来的知识,即不仅是关于现象本身的知识,而且是关于各种现象的本质的相互联系的知识,关于在自然界、社会生活、个别人的存在中起统治作用的规律性的知识。"①并据此提出了"理论知识占主导作用"的教学原则。美国教育家、心理学家布鲁纳强调让学生牢固掌握学科知识的基本结构,德国教育家瓦·根舍因、克拉夫基等同样强调让学生掌握"基本性"、"基础性"和"范例性"的知识等等。可见,让学生具备扎实的基础知识,是教学的重要任务之一。

学生仅仅掌握了知识还远远不能适应现代科学技术的飞速发展,必须在掌握扎实的基础知识的基础上发展智力,培养能力。因此,提高学生智力素质和能力水平,成为当代教学理论探讨的重要课题之一。布鲁纳认为,"应该弄清楚培养优异成绩这句话指什么意思,它在这里指的,不仅要教育成绩优良的学生,而且也要帮助每个学生获得最好的智力发展"。②赞科夫也指出:"青年人在毕业以后总会或多或少地碰到他们不熟悉的科学上的新发现和新技术。在这种情况下,只有具备相应的智慧、意志和精神品质的人,才能在他们不熟悉的环境中迅速辨别方向,顺利地采取对策。"③现在,许多有识之士甚至把开发学生的智能,培养学生的创造力视为一个国家实力之所在,兴旺

---

①赞科夫:《教学与发展》,文化教育出版社,1980年版,第52、100、106页。

②布鲁纳:《教育过程》,上海人民出版社,1973年版,第6、8、12、30页。

③赞科夫:《赞科夫新教学体系及其讨论》,教育科学出版社,1984年版,第108页。

发达之所系。正如布鲁纳所说："如果促使所有的学生充分利用他们的智力，就将使我们这个处于工艺和社会异常复杂的时代的民主国家，有更好的生存机会。"①

（二）认知因素与非认知因素发展的协调

学生心理的发展不仅是认知因素方面的发展，而且涉及情感、意志、兴趣、性格等非认知因素方面的发展。只有二者协调互补，相互促进，才能实现内在世界诸因素协调平衡的发展，才能塑造完整、健全的人格。正因为如此，一些教育家为使学生全面和谐地发展，在学生的非认知因素方面也进行了初步的探讨。

赞可夫的"一般发展"理论，不仅把学生的智力发展作为教学的一项重要任务，而且把情感、意志、性格等非认知因素的发展作为教学的目标。苏霍姆林斯基也将学校教育分成认知因素和非认知因素，并指出"教育的和谐性就在于，如何把人的活动的下述两种机能协调和平衡起来：一方面，是对客观世界的认识和理解，另一方面，是自我表现，自己的内心实质的表现，自己的世界观、观点、信念、意志力和性格在积极的劳动中，在集体成员之间的相互关系中发展和表现"②。保加利亚教育家洛扎诺夫的"暗示教学"理论也认为，理智与情感，分析与综合，有意识与无意识是不可分割的。教学过程就是通过暗示建立无意识的心理倾向，创造高度的学习动机，开发潜力，提高记忆力、想象力和创造性解决问题的能力，达到认知因素发展与非认知因素发展的和谐统一。

在教学中不仅要培养学生情感中的理智感，而且要培养道德感。当代科学技术的飞速发展，一方面给人类带来了日益丰富的物质财

①布鲁纳：《教育过程》，上海人民出版社，1973 年版，第 6、8、12、30 页。
②杜殿坤：《苏霍姆林斯基的智育观简介》，《教育研究》1980 年 5 期。

富,另一方面,也给人类造成了严重的环境污染,破坏了人们心理上的平衡。因此,加强青少年的道德教育是当代学校教学的一项重要任务。1986 年日本临时审议会提出改善普通教育和社会教育的着眼点是"尊重每个人的个性和人格,不但要发展学生的智力,而且要包括品德、情操在内,使他们成为身心健康、全面和谐发展的人"。1989 年12 月联合国教科文组织在北京召开的面向 21 世纪教育国际研讨会上,把教育未来一代"学会关心"和提倡"全球合作精神"作为大会的主要议题。可见,重视对学生道德情感的培养已成为世界性的趋势。

(三)身心发展的和谐

学生的和谐发展,不仅指心理发展,而且包括身体发展。教学不但要发展学生的智力, 也要发展学生的体力。一些教育家的研究表明:身体发展和心理发展是相互联系、彼此促进的。苏霍姆林斯基认为:"由于经常的体育锻炼,不仅能发展身体的美和动作的和谐,而且能形成人的性格,锻炼人的意志力。"①洛扎诺夫的暗示教学就是为了充分发挥人的潜能, 使人的大脑左半球与大脑右半球协调地进行活动,让学生在享受美的旋律中从事学习,既发展了学生的智力,又减轻了学习负担,促进了学生的身心健康。

总之,学生的知识、技能、智能、情感、思想品德、体力等等,并不是一部分一部分割裂地、孤立地培养的, 而应始终置于综合训练之中。随着社会的发展,教学的任务会更加多样,教学目标也日趋全面,其根本目的在于使人全面和谐地发展,塑造人的健全、完美的个性。

---

①苏霍姆林斯基:《给教师的建议》(上),教育科学出版社,1980 年版,第 162 页。

二、课程设置综合化，教材内容结构化

自 20 世纪 50 年代以来，科学技术飞速发展，使知识量激增，更新速度加快，并且学科在高度分化的基础上向综合方向发展，使知识更加趋于综合化和一体化。在这种情况下，学校教学内容应该如何适应这种新形势、新特点？世界各国教育家围绕这一问题，在课程设置和教材内容的改革上进行了一些有益探索。

（一）课程设置综合化

所谓综合化，包括两方面的内容。第一，合并若干学科，开设一些综合性课程。如美国新编的《统一现代数学》，打破了算术、代数、几何、三角的分科体系，用现代数学的集合、关系、映射、群、环、域等基本概念重新组成综合新体系。日本的高中开设"数理"课，包括综合数学、计算机数学、综合物理、综合化学、综合生物、综合地学等。同时在一些小学实验"综合性学习"、"合科性学习"。综合性课程的出现，是当代科学知识趋于综合化、一体化的反映。第二，课程结构综合化，综合设置一些灵活多样的课程，打破单一僵化的课程结构。如普通教育课程与职业教育课程并举，基础课程与应用课程并举，传统学科与新兴学科并举，等等。如德国在中、小学生毕业前开设劳动课，对学生进行职业方向指导。高中的选修课有经济、簿记、会计、速记、打字、技术制图等。日本普通高中的选修课多达 30 余种，还设有工、农、商、水产、护士等 100 多种职业课。美国的职业中学也加强了数学、物理、化学、社会学等基础学科的教学，以便给学生打下科学根基。另外，为充实先进的科学知识，反映现代科学的新成果，目前世界各国在课程设置上，既保留一些传统的基础学科，又增加了一些新兴学科，如电子计算机程序编制、人口科学、环境科学、经济科学等等。课程设置综合化，使教学内容更加丰富，它对学生升学选择专业和毕业选择职业都

大有裨益。

（二）教材内容结构化

面对知识量激增、教材内容庞杂、学生负担过重的状况，各国教育家纷纷对教材内容进行了一系列的革新。美国教育家布鲁纳认为，"任何学科中的知识都可以引出结构"，"不论我们选教什么学科，务必使学生理解该学科的基本结构"。①所谓学科的基本结构，就是一门学科的基本概念、基本原理和规律的体系。"简单地说，学习结构就是学习事物是怎样相互联系的"，"他学到的观念越是基本，几乎归结为定义，则这些观念对新问题的适用性就越宽广"。②德国范例方式教学理论的代表人物瓦·根舍因和克拉夫基等人，早在20世纪50年代初就提出改革教材，使教学内容具有"基本性"、"基础性"、"范例性"。这就是说，教学内容的重点应放在基本概念、基本原理、基本原则上，使学生掌握学科的知识结构。赞可夫提出理论知识起主导作用的原则，强调让学生掌握"关于各种现象的本质的相互联系的知识"、"规律性的知识"。学生只有掌握了这些规律性的知识，才能以一贯十，触类旁通，从而利于学生的一般发展。

无论是布鲁纳倡导的学科的基本结构、赞可夫强调的理论知识，还是瓦·根舍因等所坚持的"范例性"，都企图使教材内容日趋结构化。学生学了这些结构性的知识，就有利于迅速理解、掌握学科的基本内容，有利于知识的记忆与再现，有利于学生举一反三，以更好地适应科学技术迅速发展的客观要求。

三、教学方法整体优化

确定了教学目的，具备了相应的教学内容之后，教学方法的选择

①②布鲁纳：《教育过程》，上海人民出版社，1973年版，第6、8、12、30页。

和运用就成为教学系统中一个十分重要的问题。教学方法的合理组合、正确运用，是实现教学最优化、提高教学质量的重要条件之一。因此，国内外一些教育家和一些优秀教育工作者在教学改革的实验中，倡导和创造了一系列新的教学方法，如问题教学法、暗示教学法、范例教学法、"探究和研讨"教学法、局部探求法等等。这些教学方法把自学、讲授、问题、实验、讨论、练习等多个因素按照一定的规律排列组合起来，形成一个整体结构和系统，它既是师生为了完成一定的教学任务在共同活动中采用的相互联系、相互作用的手段，又包括一定的教学原则、一定的组织形式和过程在内，体现了教学活动的整体性和教学方法的整体优化组合。当代教学方法发展的趋向主要有以下几个方面。

（一）强调学生是学习的主体，实现教为主导与学为主体的统一

长期以来，传统教学方法多半侧重于教师如何教的问题，片面强调教师传授的作用；现代教学方法十分重视学生的主体作用，充分发挥和调动学生的主动性、积极性。这突出表现在：第一，重视形成学生对认识的需要和学习情绪生活。赞可夫强调学生的内部诱因，布鲁纳强调内在动机的作用。学习过程是认识、情感、意志、信念等认知因素与非认知因素在相互作用中统一发展的过程。当代教学方法十分重视非认知因素对学生的智力活动所起的动力、定向、维持、强化等一系列相互联系的作用。赞可夫断言："教学法一旦触及学生的情绪和意志领域，触及学生的精神需要，这种教学法就能发挥高度有效的作用。"[1]苏霍姆林斯基认为，教学方法的运用要使学生从中产生发现的惊奇、自豪，满足求知欲的愉快和创造的欢乐等各种情感体验，而带着高涨的、激动的情绪进行学习和思考，使教学成为一个充满活力和

---

[1]赞科夫：《教学与发展》，文化教育出版社，1980年版，第52、106页。

激情的活动。第二，重视学生的自我探索、独立研究，让学生掌握学习方法，学会学习。现代教学方法从"学"出发，把教师进行必要的讲授、示范、引导、点拨，与学生的阅读、观察、实验、讨论等有机结合起来，为发挥学生的主动性创造条件，使其"自奋其力，自致其知"，理解学习过程，掌握科学的学习方法，使学生真正成为学习的主人。现代教学方法强调学生的"学"，但并不忽视教师的主导作用，而主张教与学的辩证统一。教师的主导作用随着社会对青年一代要求的提高，其表现形式也有所不同。如果说，过去教师的主导作用主要体现在给学生以系统的知识上，那么，现代教学方法中教师的主导作用，则主要是给学生鼓励、组织、点拨、引导，使学生成为学习的主人。

（二）强调学生独立思考，实现系统知识学习与智能发展的统一

强调教为主导、学为主体，其根本目的是在教师启发之下，让学生独立思考、勇于探求，实现系统知识的学习与智能发展的统一。布鲁纳认为，实现教学任务的一个可靠方法是善于引导学生去"发现"、"探究"，或者"解决问题"。他主张学生在教师的指导下，像科学家发现真理那样，通过自己的头脑去探索，"发现事物发展的起因和事物的内部联系，从中找出规律，形成自己的概念"。发现法在发展学生智力，培养学生创造性、独立性、分析问题和解决问题的能力方面有其独特的作用。

现在，国外流行问题教学法。那么，什么是问题教学法呢？苏联教育家克拉斯诺夫教授说，问题教学法是提出问题让学生进行思考，以寻求解决的一种教学方法。美国一些教育家也认为，问题教学法是让学生独立工作、自我发现问题、掌握原理原则的教学方法。这种方法既可以采用教师的叙述，也可以组织学生讨论，或者让学生独立工作、钻研、实验和操作，其根本目的在于尽量发展学生认识的可能性，培养他们在掌握知识过程中能够进行探讨和创造的能力。

(三)重视学生的个别差异,实现因材施教与全面发展的统一

现代教学实践表明,教学过程的组织和顺利进行,必须建立在学生的生理、心理发展的年龄特征之上,既要重视他们共同的发展水平和变化趋向,还要考虑学生的个别差异,因材施教,使全体学生都得到发展。

苏霍姆林斯基指出,"有三百名学生就会有三百种不同的兴趣和爱好"。因此,教师应相信和尊重每一个学生,善于发现每个人独有的兴趣、爱好和特点,并尽量让每个学生都有自信心,都能得到理想的发展。美国教育家布卢姆分析了学生的能力倾向差异,认为占90%的学生的能力倾向差异,只不过是一种学习速度的差异,而不是智能差异。因此,教师只要提供足够的学习时间与适当的帮助,95%的学生都能学习每一门学科,达到确定的全部教学目标,获得优异的水平。为此,他提出了"掌握学习"这一教学的系统方法。巴班斯基也认为,"如果我们想通过教学过程,使全体学生得到最大限度的发展,那么,就应当对他们进行有区别的教学",但他同时反对将优差学生分别编班教学的方式,坚持认为"区别教学的基本原则,应当不是简化教养内容,而是教师对学生进行有区别的帮助"。①

总之,要想达到比较理想的教学效果,单纯使用任何一种教学方法都实难奏效。教师应以启发式教学为指导,综合运用多种教学方法,以发挥教学方法的整体优化功能,促进学生的全面发展。

四、教学手段日益现代化

教学手段现代化,是把现代技术引进教学领域,以便把手工业性

---

①巴班斯基:《论教学过程最优化问题的研究特点》,《教育研究》1982年7期,1984年版,第108页。

质的教学方式方法改造成为现代化的高效率的教学方式方法。近 30 年来，由于科学技术飞速发展，教学技术、手段也不断革新，逐步实现了教学手段现代化。其主要发展趋势有以下几个方面。

（一）视听工具趋于自动化、微型化和多元一体化

20 世纪 60 年代中期，美国的幻灯放映机已能按任何需要自动装片；电影胶片的装卸已自动化。较先进的语言专用教室，除了耳机、扩音机、录音机等常用设备以外，已用双轨录音机，有些甚至装设了闭路电视系统。70 年代初期，录像机成为先进的视听工具；尖端技术——盒式电视、传像电话、留像片、闭路电视等，已经在美国和加拿大装备了成千上万个中心，并开始在欧洲出现。现在，盒式放映机、盒式电视机、盒式录音机、盒式录像机在许多国家已普遍用于教学。美国南俄勒冈州立学院教育媒体专家阿尔纳·亚勒兰姆斯博士预测在最近几年内可出现群载媒体（The Omnibus Medium），它把多种采用数字化技术的音频、视像和存储媒体集于一体，使之既可以用于娱乐、教育，又可用于信息检索。这种群载媒体不仅有重放功能，还能记录和创作。他认为，全便携式电视监视器的出现也为期不远。这种终端设备配合小型微机，能够使小学生把全套装置放在他的书包里，在课堂上"记笔记"。

（二）电子计算机和教育卫星在教学中的应用范围日益扩大

20 世纪 80 年代，电子计算机在教育中的应用范围日益广泛。除了在学校行政管理方面大量使用电子计算机以外，电子计算机还用于计算和教学。目前，电子计算机在教学中的应用主要有两种形式：辅助教学（CAI）和管理教学（CMI）。电子计算机的主要对象是学生，用电子计算机代替教师向学生提供教学资料和提出各种问题，帮助学生自学。它能集中优秀教师的共同智慧，用最形象生动的方法同时对多名学生施行个别化教学。电子计算机管理教学的主要辅助对象

是教师,它用电子计算机来管理、指导和研究教学过程。其应用主要在以下几个方面:收集和分析学生的学习情况;管理和监督教学活动;出作业或考试题目和评分;教学资料的自动编目与检索,等等。现在,日本出现了电子图书馆。这种图书馆能把报纸杂志流通的信息储存在电子计算机中,学员通过设在家中的微电脑与中心计算机联系,信息便可以从自己的传真机中打印出来,及时获得最新的科技知识,便于自我学习与提高。

通信卫星作为一种新的信息技术,对普通教育、职业教育、成人教育及扫盲等起着越来越重大的作用。通过卫星不仅可以把信息传播到经济发达的城市,而且可以把信息传播到穷乡僻壤,以至边远地区,使更多的人接受教育。例如,美国 1974 年 5 月发射"实用技术卫星 6 号",起初主要目的是培训美国边远偏僻地区的小学教师。后来,加拿大、阿尔及利亚、巴西、印度等国都着手利用卫星进行各种教学实验。1975 年 4 月,印度发射第一颗人造地球卫星,准备成为世界上第一个利用人造卫星中继播送农村教育课程的国家。

(三)教学技术将更好地促进教学最优化

教学是一个复杂的系统,是由教学目的、教学内容、教学方法、教学媒体以及教师、学生等组成的一个有机整体。教学媒体只是教学系统的一个要素。教学手段现代化,媒体技术的广泛应用,的确解决了教学中的一些问题,为教学最优化的实现提供了良好的条件。但是,媒体技术解决不了教育的全部,现代化的媒体并不等于教学的现代化。教学系统整体功能的最优发挥,不仅需要各个组成部分充分发挥自己的作用,更取决于系统中各要素的最优配合和协调一致。因此,只有用系统的观点对教学的各个部分(包括教学媒体)进行综合的、整体的考虑,对教学过程进行系统设计,才是实现教学最优化的根本途径。于是,教学技术研究的重心逐渐由媒体应用转向了系统设计、实施、评价，教学技术的发展也由媒体技术阶段进入系统技术阶段。它首先在日本、美国等教学技术比较先进的国家开始了这一重心的转移。美国印第安纳州立大学的罗伯特·海因涅奇及迈克尔·莫兰达两位教育技术专家和普渡大学的詹姆士·勒赛尔教授在解释教学技术概念时，认为"技术"的概念应当包括对教与学的全过程进行设计、实施和评估，既包括媒体因素（软硬件技术），又包括人的因素（教师、工程技术人员、节目制作人员、学习者等等），还包括人际、人机之间的交互关系的因素等等，以实现效果的最优化为其目标这样一个完整的系统。可见，教学技术的发展以实现教学最优化为目标，将成为世界性的趋势。

（原载《西北师大学报》1995 年第 1 期）

论高等学校教学方法改革的若干趋势

教学方法是教学过程整体结构中的一个重要组成部分，是教学的基本要素之一。它直接关系着教学工作的成败，教学效率的高低。如果不能正确地运用教学方法，也就不可能实现教学的目的和任务，进而也影响整个教学系统功能的实现。1985年，《中共中央关于教育体制改革的决定》指出："在高等教育体制改革的同时，按照理论联系实际的原则，在辩证唯物主义和历史唯物主义的思想指导下，改革教学内容、教学方法、教学制度，提高教学质量，是一项重要而迫切的任务"。可见，改革教学方法，是整个教育改革的一项重要内容。

一

高等学校的教学方法是整个教学方法体系中的一个分支，它既具有一般教学方法的共同特征，又具有自身的特殊性。这种特殊性具体表现为：

第一，教与学关系的变化。大学教学中，教的成分逐渐减少，学生的自学比重随年级的升高而增加，大学教学方法与其说是教课的办法和方式的结合，不如说是在大学生的学习和科研活动中，教师对认识活动进行系统的指导。

第二，讲授与探索方法的结合。大学教学不仅要讲述事实，而且要使学生掌握一般方法论和特定科学本身的方法，使学生具备科学研究和探索能力。这就使得大学教学方法中探索的因素增多，接受的因素相对减少。

第三,重视实践环节,动脑和动手结合。大学生毕业后,将要走上各个不同的工作岗位,故大学教学方法比较侧重实践环节,较多地组织学生参加各种社会实践。同时,在课堂上也比较重视实验技能、口头与书面表达技能以及专业技能的训练。

大学教学方法的上述特点,要求教师在设计、组织、实施教学时采用不同于中小学教学的一些措施。而目前我国高校不少教师所采用的教学方法,概括起来就是注入式,死记硬背,教得死,学得苦。这种单调死板的教学方法,是不能完成培养新时代所要求的合格人才的。

当前,随着科技革命的发展和教育实践的需要,各国都在进行教学方法的改革。许多大学教师和科技工作者纷纷投身于教学方法的改革之中,总结经验,构建理论,进行实验,从而使新的教学方法不断出现。下面我们介绍几种新的大学教学方法,从一个侧面可以看出教学方法改革的趋势。

1. 问题教学法

问题教学法是培养学生分析问题、解决问题能力的一种教学方法。传统的讲述法,要学生被动地接受知识,难以培养学生的思考能力。问题教学法则是针对传统讲述法的弊端,由师生合作,共同提出问题、解决问题。这样,就以"从问题到知识"代替惯用的"从知识到问题"的策略,极大地调动了学生学习的积极性。问题教学法在性质上和发现教学法一致,都是引导学生发现问题和解决问题。

实施问题教学主要考虑问题本身的复杂性和难度。学生在学校学习过程中所遇到的问题很多,这些问题可从下列几方面划分:(1)从范围上划分,可分为政治、经济、教育、道德以及科学方面的问题,(2)从学科上划分,学生在学习不同学科时,会产生各种不同的问题,

（3）学生人数上划分，可分为团体的问题、分组的问题和个别的问题。若采用团体的问题教学法，就是使全班学生共同研究一个问题，共同收集资料，然后共同分析研究，以求获得一致的结论。分组的问题教学法，就是在一个大的问题之下，分成若干子题，学生分成小组选择一个子题进行研究，以求获得一个结论。最后举行联组会议，经过共同讨论，以求得一个共同的结论。个别的问题教学法，是由各个学生各自研究一个问题，在教师的指导下求得结论。

问题教学法是教师利用有系统的步骤，来指导学生发掘和解决问题。解决问题有两种方法，一是演绎法，一是归纳法，

利用演绎法解决问题的步骤是：

提出问题。由教师提出典型性问题，供学生讨论，引起学生探索的动机。

分析问题。教师提出问题之后，采用回答或讨论的方式，指导学生分析问题，提出假设。问题确定之后，教师鼓励学生分别提出解决问题的假设。当然，这种假设可能是一个，也可能是几个。

选择假设。教师指导学生对所提出的假设加以分析、考察，从中选择一个最佳的假设。

验证假设。假设确定之后，还要在实际中加以验证。若利用这个假设解决了实际问题，才可正式肯定它的正确性。

利用归纳法解决问题的步骤是：

提出问题、分析问题。以上两步骤和演绎法相同。

收集资料。确定问题性质之后，教师指导学生通过各种方式收集资料。

整理资料。教师指导学生对收集的资料进行分析、考查、整理和选择，以决定资料的取舍。

做出结论。在整理、分析资料的基础上，教师引导学生由表及里、

去伪存真,最后归纳出结论。

从上可见,问题教学法的主要优点是:其一,使学生直接参与教学过程,解决问题的责任主要在学生身上,教师只起指导作用,学生学习的积极性高;其二,学生在不断分析问题、解决问题的过程中,其创造性思维能力也不断得到培养;其三,问题教学法的使用范围非常广泛,既可以在文科教学中使用,也可在理科教学中使用。但这种教学方法占用时间较多,不经济,它只能作为课堂讲授的一种辅助性方法。同时,这种教学方法要求学生有一定的知识基础,因此,它比较适用于大学高年级。

2. 协同教学法

协同教学法是由数个专长不同的教学人员组成的负责共同计划、施教的一种教学方法。组成协同教学的人员,一般包括主任教师、资深教师(senior teacher)、普通教师、实习教师、电化教育人员、图书管理人员等。不同人员有不同的职责。协同教学的人员由主任教师领导,除负责教学之准备、计划、实施和评价等协调工作外,并担任大班(指学生量多)教学的活动。资深教师负责专长科目的教学工作,普通教师担任一般教学工作,实习教师协助资探教师工作,电化教育人员负责电教器材的准备和操作,图书管理人员负责供给有关图书资料。

协同教学的方式和传统教学相比较,有很大的改变。它是一种综合性的教学,既有大班教学、分组讨论,又有个别教学;既有统一的要求,又要照顾个别差异。因此,它是一种由统整而分化、由集体到个别的教学方法。

协同教学的步骤是:

大班教学。大班教学由经验丰富、水平较高的主任教师或有专长的资深教师担任,主要讲授本门学科的基础理论、基本知识、基本技能,并引出小组讨论的问题。

小组讨论。在大班教学之后，为适应学生个别差异，根据学生能力分组。学生就大班教学中提出的问题进行讨论，由全体教学人员共同负责进行辅导、答疑。小组讨论的目的，在于加深理解课堂讲授的内容。

个别教学。个别教学是学生在大班教学、小组讨论之后，去图书馆、资料室、实验室等处独立学习。室内陈列学生必需的参考图书、杂志、标本、模型及图表等物，以供学生自学时充分利用。在学生个别独立学习时，全体教学人员从旁加以指导。

大班教学、小组讨论和个别教学的时间分配不必要求整齐划一，视教学的实际需要作弹性安排。一般来说，大班教学占 40%，分组讨论占 20%，个别教学占 40%。

从上可见，协同教学法的主要优点是：其一，这种教学方法既有统一要求，又因材施教，有利于全体学生都能得到发展；其二，对各类教师实行优化组合，区别安置，发挥不同专长教师的作用，有利于提高教学质量；其三，这种教学方法既有大班教学，又有小组讨论，还有个别教学，教学方法灵活多样，易于调动学生学习的积极性。但是，这种教学方法对教师特别是对主任教师的要求较高，对每一门课程的教学需要有一个全面的设计、周密的安排，同时还要有比较完备的电化教育设备和图书资料。如果这些问题能够妥善解决，协同教学是一种非常有前途的教学方法。

3. 个案教学法

个案教学法是在教师统一指导下，采用案例组织学生学习和研究的一种教学方法。这种案例教学方法由美国哈佛大学首创，已经沿用了 50 多年，广泛应用于各专业的课程教学中。

案例教学的步骤是：

编制案例材料。这是实施案例教学的最基础的工作。一份案例材料通常围绕一个问题来写。案例中要列举主要情节，提供必要的数据。例如有关人事管理问题的案例，就要写出有关人物的特点，平常的人事关系情况，发生人事纠纷的经过和造成的后果等。又如有关生产管理方面的案例，则要写明产品在结构和工艺上的特点，在市场上的销售情况或订货情况，厂内机器设备和生产工人的情况以及过去的产量、价格与成本等数据。开设一门新课程，要求教师至少准备20~30个案例。案例编好之后，存入"案例库"，供教师随时提取采用。上课前，教师根据教学任务，选择一个或几个案例，或者选择前后相关的一串案例，以便逐步深化要研究的问题。所以，编制案例是教师一项重要的科研工作。现在，美国哈佛大学共存有案例五万多种，全美国教学用的案例，90%以上是由这个大学编写和提供的。为了保证案例反映新情况、新问题，他们每年都要更新一部分案例。

组织案例讨论。教师根据教学内容，在讲课时将经过选择的案例发给学生，让学生在掌握一定的理论知识基础上，独立地阅读、分析案例，找出需要解决的问题，选择解决问题的对策，然后分组或全班讨论。在讨论中，教师要引导学生敢于提出自己的见解，善于听取别人的意见，展开辩论，达到取长补短，共同提高的目的。

进行案例评价。这是对案例讨论的总结，一般多由教师来做。教师在总结时，要指明讨论的优缺点，进行补充性和提高性的讲授。在案例讨论中，对于通过辩论很难取得一致的意见，教师也不宜急于下结论。因为一份好的案例，往往摆出难于解决的问题，可以做出几种不同的决策方案。有没有最终一致的答案无关紧要，关键是让学生通过讨论提高自己的分析问题和解决问题的能力。

从上可见，案例教学的优点主要是：其一，案例教学法是在教师指导下，学生直接参与教学过程，学生面对案例，分析论证，寻求对策，学习积极性高；其二，案例教学法促使学生应用理论知识，解决实际问题,有利于培养分析问题和解决实际问题的能力。因此,这种教学方法值得我们借鉴。我们应该组织力量,根据我国经济建设的实际编制案例材料,逐步建立我国大学各科教学的"案例库"。但是,对案例教学法的评价也并非完全一致。美国的大学对此也有持否定态度的。他们认为案例教学妨碍理论的系统学习和探讨,对提高教学质量不利。这种意见也是值得我们注意的。

二

从上述可以看出,在现代科技革命背景下所进行的教学方法的改革,与以前的改革大不相同,具有以下发展趋势:

1. 教学方法的理论基础更为宽厚。新的教学方法的出现,既得益于心理学研究的诸多成果,也得益于新的科学方法的产生。现代心理学的各种理论与学说,直接成为创立新的大学教学方法的理论来源。如认知建构说、信息加工理论、需要层次理论、社会学习理论等等。换言之,在种种新的教学方法中,大多都能找到这些理论的痕迹或影响。

随着科技发展而出现的新的科学方法,是帮助人们从事研究与实践的有效工具。当前高等学校教学方法的改革,往往运用新的科学方法或新的思维方式。如系统论、信息论、控制论作为一种新的科学方法或思维方式,被运用于教学方法的理论建设与改革实验之中,从而出现了教学方法研究的综合化、整体化趋势。许多人已不再将教学方法仅仅看作是实现教学目标的手段,而是将其看作在一定思想理论指导下教学方法、手段、形式的综合,看作实现教学目标的途径。例如问题教学法、协同教学法,就不仅仅是一种教学手段,而且是有一定指导思想和理论基础,包括程序、手段、形式在内的综合性的教学方法。目前国内外兴起的"教学模式"研究热,也从一个侧面说明当代教学方法改革和研究的这一特点。

2. 教法和学法同步改革。过去,传统的教学理论只重视研究教师如何教,而很少研究学生如何学。传统的教学方法,只是教师讲、学生听。这种单一的、注入式的教学方法妨碍学生发挥主动性,不利于学生生动活泼地得到发展。在当前教学方法改革中,强调调动教师、学生两个方面的积极性,既研究教师如何教,又研究学生如何学。教法和学法同步改革、相辅相长,教学改革才能奏效。近几年来,国内一些高校掀起研究大学学习论的高潮,正是针对只重教、不重学的弊端而提出的。现在国内外许多高等学校在大学一年级设置大学学习论、学习策略学课程,讲授的内容包括学习的动机、学习的目的、学习的本质、学习的过程、学习的特点、学习的方法和策略等等,使学生掌握学习规律,懂得如何学习,由"要我学"变成"我要学",由苦学变成乐学,从而提高学习质量。

3. 教学方法向多样化发展。长期以来,高等学校的教学多运用课堂讲授的方法,如讲解、讲述、讲演等。这种方法以语言为主要手段,传递知识信息,它能够使学生在较短的时间内掌握人类长期积累下来的知识体系,是一种比较经济、有效的教学方法。所以,它是当前我国高校教学中仍然采用的一种主要的教学方法。但是,课堂讲授法的局限性也是非常明显的。课堂讲授法最主要的缺点,在于其本质上是一种单向性的思想交流方式,即教师讲、学生听,不利于调动学生学习的积极性。如何发扬课堂讲授法的优点,避免其局限性,吸收其他教学方法的长处,按照教学任务、教学内容和教学对象的不同,灵活多样地组织实施教学,是当前教学改革的一项重要任务,一些高校已在这方面做了大量的探索性工作和有益的尝试。现在,教学方法已出现由单一向多样化发展的趋势。既有以教师讲解为主的"传授式",又有以学生探索为主的"发现式";既有按程序化教材进行学习的"自动式"，又有创造环境激起情绪的"情景式"；既有以学生为主的自学辅导式，又有学生之间相互交流的课堂讨论式。教学方法的多样化一方面可以激发学生的学习兴趣，调动学生学习的积极性，另一方面可以使学生得到多方面的锻炼，有利于学生多方面的发展。

4. 多种教学方法的合理结合。过去，人们对教学方法的理解是单一的，在教学过程，人为地把各种方法割裂开来。这样，就把丰富多彩的教学方法简化成几种有限的方法，甚至去寻找一种所谓"万能教学法"。事实上，教学方法的概念是综合的。以辩证的系统方法论看待教学方法，在于强调各种教学方法的辩证统一。因为从事任何教学活动总是几种方法结合在一起，各种方法总是相互渗透、相互补充的。那种在一定条件下适当而有效的教学方法，在另一种条件下可能不完全适用。例如，发现教学法有利于培养学生的探索精神和自学能力，但是这种方法花费时间较多，在学校中不可能把它作为唯一的教学方法。又如讲授法，便于教师在较短的时间内传授较多的系统知识，但是片面地使用讲授法，又会使学生处于被动状态，不利于学生的能力发展。所以，在教学活动中，一般不要只采用一种教学方法，而要采用互相配合的一系列方法，使各种教学方法扬长避短，合理结合，以达到最优化的效果。

（原载《高等师范教育研究》1995 年第 5 期）

论当代教学理论革新的时代背景

当今世界,各个国家都十分重视教学改革问题。50年代以来,随着教学改革实践的发展,引起教学理论、观念和方法的不断更新,各种新的教学理论层出不穷,形成学派林立,新潮迭起的局面,教学的理论和实践都出现了前所未有的崭新面貌。那么,推动各个国家教学改革的直接原因何在?各种新的教学理论产生的时代背景是什么?认识这些问题,对于我们看清教学改革的客观必然性,正确地吸收各种新的教学理论中的合理因素,增强参与教学改革的自觉性,有十分重要的意义。

一

在这场空前的教学改革的背后,既有教育外部的社会因素和历史背景,也存在着教育内部的客观要求和教学改革的必备条件。但是,推动各国进行教学改革最直接的原因,则是科学技术飞速发展的客观要求。人类历史上经历了三次技术革命,第一次技术革命开始于18世纪60年代,其主要标志是纺织机器的发明和蒸汽机的广泛应用;第二次技术革命,发生在19世纪70年代,其主要标志是电力的广泛应用;第三次技术革命,发生在20世纪30年代到50年代,其主要标志是原子能的利用、电子计算机的诞生、空间技术及合成材料的广泛应用。这次技术革命来势迅猛,使社会生产和人类生活发生着日新月异、翻天覆地的变化。教育作为培养人的社会活动,正面临着严峻的挑战。这主要表现在：

（一）科学技术的飞速发展，使知识总量激增，更新速度加快。第二次世界大战以后，新发现和新发明的数量几乎每 10 年就翻一番。截止到 1980 年，人类社会获得的科学知识，90% 是第二次世界大战后 30 余年获得的，到 2000 年人类社会获得的知识还将翻一番。由于知识总量激增，新学科不断涌现，科学知识的更新速度也在加快。这种知识量扩充的无限性与课堂教学内容的有限性的矛盾、科学知识的更新速度加快与教材相对稳定性的矛盾，形成对教育的严峻挑战。在学校教育中，如何组织教学过程，使学生在最短的时间内，掌握更多的知识；如何制订课程计划、编写教材，处理好现代科学知识与传统知识之间的关系；如何培养学生独立获取知识的能力和发展学生的智力，以适应瞬息万变的科学技术发展的需要，就成为学校教学改革中必须关注的问题。

（二）当代科学技术发展的特点是，既高度分化又高度综合，而以高度综合为主的整体化趋势。一方面，学科的分化越来越细，研究的课题越来越专，出现许多分支学科。另一方面，各学科间相互渗透，出现许多边缘学科、交叉学科，知识的一体化和综合性越来越显著。不但各门自然科学之间、理论学科与应用学科之间相互交叉，而且自然学科与社会学科、人文学科之间也相互渗透。不但各科知识之间互相渗透，而且科学方法也互相移植。例如，控制论、系统论、信息论等横断学科，运筹学、管理学、技术经济学等软科学，对政治、经济、文化、教育诸方面都产生了重大的影响。这种学科间的渗透和交叉、综合和分化，这种创造性人才所必需的知识结构，就向学校教育提出了新的要求，即如何设置专业，调整课程结构，处理好专与博的关系，以适应现代科学的分化与综合的发展趋势；如何使学生具备广博雄厚的知识基础和融会贯通的能力，以适应纷纭复杂、瞬息万变的社会需要。

（三）现代科学技术在生产上得以广泛应用，对劳动者的素质提出更高的要求。科学技术已渗透到各生产部门，改变着生产力的各要素，使劳动过程中必备的三要素有了新的特点：一是生产工具在机械化的基础上愈来愈自动化、微机化；二是劳动对象在综合利用天然原材料外，又出现了人造合成材料；三是劳动者本身逐步从直接劳动的过程中游离出来，脑力劳动的成分日益加重。据国外学者对人的体力劳动和脑力劳动对社会生产力所起的作用的分析，在蒸汽机时代，生产过程中体力劳动约占 90%，脑力劳动约占 10%；在内燃机、电动机广泛使用的时代，体力劳动约占 60%，脑力劳动约占 40%；在 20 世纪 60 年代以后，一些发达国家的信息产业部门，体力劳动约占 10%，脑力劳动约占 90%。现在这些国家职工的总人数中，从事脑力劳动为主的白领职工早已超过从事体力劳动的蓝领职工。在新技术革命浪潮的冲击之下，不仅劳动的性质和内容发生了重大变化，而且社会劳动的分工也得以重新调整，使大批工人从一个生产部门走向另一个生产部门。据统计，美国 1960 年第一产业的劳动力占劳动力总数的 8.2%，第二产业占 34.5%，第三产业占 57.3%；到 1980 年第一产业的劳动力占劳动力总数的 2%，第二产业占 21%，第三产业的劳动力占 77%[1]。社会劳动的重新分工，证明了马克思所说的："大工业的本性决定了劳动的变换、职能的更动和工人的全面流动性。"[2]现代科学技术所带来的现代生产的不断变革，就向教育提出了新的要求，即怎样加快普及义务教育的步伐，延长普及义务教育的年限，使学校既能培养各种高级和中级科学技术人才，又能培养大批高质量的熟练劳动力；怎样随着科学技术革命的发展，改变旧的教育观念，使人终生不

---

[1]《光明日报》1981 年 3 月 30 日。

[2]《马克思、恩格斯全集》第 23 卷，人民出版社，1956—1986 年版，第 535 页。

断更新知识,提高技能,以适应工作变换和社会发展的需要。

总之,新的技术革命对教育发生着重大影响。由于我们现行的教学体系基本上是第一次技术革命的产物,因此,在这场技术革命的冲击之下,改革教育现状,建设新的教学秩序和教学理论已刻不容缓。

二

当前,除了科技革命对教育发生重大影响之外,国际的竞争形势,加速了教学改革的步伐。教育作为一种社会现象,与社会处于密切联系之中,它产生于社会需要并通过培养人为社会服务。社会的发展制约着教育,教育又对社会的发展起着巨大的促进作用。如果说,20 世纪以前,教育对社会发展的重要性还没有成为主要议题的话,那么,进入 20 世纪 50 年代以后,这种重要性就显得越来越突出了,世界各国都从来没有像现在这样关注着教育的革新和发展,并把教育作为发展经济、增强实力,称强争霸的战略途径。

(一)由于政治、军事上的竞争需要,各国十分重视教育改革。当今世界,国际的竞争愈演愈烈。不仅表现在军事上的竞争,而且在政治上也存在着争夺青年一代的激烈斗争,因为教育总要受政治的影响,它作为一种社会力量,传播一定社会的政治形态,按照一定的目的选择和培养专门人才或完成青年一代的政治社会化任务。它对社会政治的稳定,对当前各种政治变化及发展都施加一定的影响。就连西方许多教育家和评论家也对教育的政治功能做出肯定的评价。他们认为,"不论一个国家的社会道德的或政治的、经济的情况如何,政治社会化仍然是今后一切教育制度的一个主要功能"。①只要政治斗

---

① 〔美〕卡扎米亚斯、马亚拉斯合著:《教育的传统与变革》,文化教育出版社,1981 年版,第 180 页。

争存在,教育的政治功能就不会消灭,只不过表现的内容、形式和程度不同罢了。

(二)由于经济上竞争的需要,各国十分重视教学改革。80年代以来,世界政治局势发生了重大的变化:苏联解体、东欧剧变,打破了世界两极对抗的局面。当政治局势趋于缓和,经济上的竞争却愈演愈烈。在现代社会中,教育已成为经济发展的重要条件。这是因为,各国经济的发展是在相互间的生产竞争中实现的,打的是一场没有硝烟的经济战争。在经济竞争的背后是科学技术的竞争。科学技术已成为影响国家经济增长和劳动生产率增长诸因素中的主要因素,成为推动生产力发展的决定性力量。谁掌握了科学进步的制高点,谁就可以在科技为基础的综合国力的国际竞争中处于领先地位。然而,科学技术的发展靠的是知识,靠的是众多的人才。没有各类人才的培养,没有智力资源的开发,没有国民整体素质的提高,科学技术的发展就成为无源之水、无本之木。从这个意义上说,科学技术的竞争就是知识的竞争、智力的竞争和人才的竞争,而归根到底则是教育的竞争。因此,日本提出"智力投资""开发头脑资源",把国民经济总支出的20%左右花费在教育上面,使科技力量迅速壮大,国民素质不断提高,获得了促进经济发展神奇的功效,使日本一举成为世界经济大国。日本前文部大臣荒木万寿夫深有感受地说:日本战后经济发展速度非常惊人,为世界所注视,而"造成此情况的重要原因,可归结为教育的普及和发达"[1]。

美国在日本经济高速发展,工业产品倾销世界各地,甚至日趋占领美国市场的严峻形势下,没有等闲视之。为了在经济竞争中立于不

---

[1]〔日〕文部省调查局编:《日本经济发展和教育》,吉林人民出版社,1978年版。

败之地,于 1983 年向国民大声疾呼:"我们的国家处于险境。我国一度在商业、工业、科学和技术上的创造发明无异议地处于领先地位,现在被世界各国的竞争者赶上","若想维持和改进我们在世界市场上尚有的一点竞争力,我们必须致力于改革我们的教育制度"①。正是在这一思想的指导下,美国在 20 世纪 80 年代以后进行了一系列的教育改革。

不仅发达国家如此,就是一些发展中国家也越来越意识到教育对促进经济发展、社会进步的重要作用。比如,匈牙利是一个小国,全国人口只有 1300 多万,资源也不丰富。在国民经济中,对外贸易占有很重要的地位,全国每年有 50% 的产品要出口。为了提高产品在国际上的竞争力,发展国内经济,迫切需要发展科学技术,从而也就必须发展教育事业,提高教育质量。所以,匈牙利提出了"教育现代化"的口号,从培养目标、课程设置、教学内容、教学方式等方面进行改革。

从上述可见,当代政治、经济、军事和科技竞争的形势,正是世界各国掀起教学改革浪潮的原因所在。

三

相关学科的新成果,为教学理论的革新奠定了科学基础。近几十年来,教学理论的相关学科发展很快,并取得一些新的研究成果。这些新成果对教学改革也有很大的影响,为教学理论的革新奠定了科学基础。

(一)脑科学研究成果的启示

从 20 世纪 50 年代以来,脑科学的研究已深入脑的细胞构建、突

---

① 《发达国家教育改革的动向和趋势》(第一集),人民教育出版社,1986 年版,第 1—3 页。

触传递、神经网络等微观领域,并且把脑内神经活动的机制与意识功能结合起来考虑,使我们更加清楚、客观地理解人类的行为、心理机制和学习过程。这对教学理论的革新具有很大的启示。

首先,以神经元为中心的脑研究取得了明显进展。经研究表明,人脑平均重 1400 克,约有 140 亿个神经细胞(神经元)。神经元之间通过突触互相连接。突触连接的形态复杂多样,突触的数目也极其繁多,这些都为脑内庐息过程的复杂性、思维认识的无限潜力提供了神经生理学基础。最近发现,除了脑内神经元和神经元的连接外,神经元与非神经元之间也存在着难以想象的复杂而又有序的关系。

其次,对意识与行为的神经机理的研究有了新的突破。在脑研究领域内新技术层出不穷,科学家将放射学上的突破性成果 CT(电子计算机 X 线体层扫描),与研究大脑细胞能量代谢的新技术 2–DG 法(2– 脱氧葡萄糖法)结合起来而产生的 DET 技术(发射正电子横向断层摄影术),是一种窥测大脑思维活动的新手段。科学家通过在颅骨外直接监测葡萄糖的代谢速率来评估脑内特定部位的功能活跃程度,并用计算机图像处理系统绘成彩图,形象地显示出不同思维活动时脑活动的真实图景。随着脑的功能化学的进展,对睡眠觉醒、学习记忆、情绪情感与物质的关系有了比较明确的认识;对精神病的分子水平的探究,加深了人们对正常思维活动的物质基础的理解。特别是1981 年诺贝尔生理、医学奖获得者斯佩里关于"裂脑人"研究的新成果,证实了人脑具有两套不同类型的信息加工控制系统,左右两半球以不同方式来反映客观世界。左半球是处理言语、进行抽象思维、集中思维、分析思维的中枢。右半球是处理表象、进行具体形象思维、发散思维、直觉思维的中枢。两半球之间有两亿条排列得很规则的神经纤维,每秒钟之内可以在两半球之间往返传输 40 亿个神经冲动。两半球既是高度分化的,又是密切合作的。也正是二者配合协调,人脑才能达到统一而完美的认识。

脑科学的新成果,对教育具有很大启示。首先,要发挥教育作用,挖掘人脑潜力。目前国内外较为一致的看法是,我们只用了脑的五分之一,国外有的学者甚至认为,未曾利用的大脑潜力高达90%。那么,教育如何发挥最大的作用去开发人的智力潜能,成为教育理论界所面临的重大课题。其次,要注意左、右脑潜能的双重开发。在我们现行的教育中,长期存在着只偏重于左脑的开发、忽视对右脑的训练。比如,在教学目标上,过分重视语言、逻辑思维能力和记忆力的训练,而忽视直觉思维能力、发散思维能力和想象力的培养;在课程设置上,过分重视语言和数理学科,而忽视甚至排斥艺术、体育、劳动教育等操作类课程;在教学方法上,过分重视以课堂讲授为主的语言教学方法,即使音乐、舞蹈、艺术等课程也逐渐倾向于语言化了,等等。这也就容易造成学生的片面发展。因此,开发右脑,重视右脑训练,使学生全面发展,已成为教学改革的重要任务之一。

(二)心理学研究成果的渗透

近30年来,心理学发展迅速,硕果累累。一些新成果逐步渗透到教育科学的研究领域。实践证明,教育思想的变革、教学理论的突破只有根植于心理学发展的基础上,才具有强大的生命力。下面仅举三例说明,心理学研究成果对教学改革和教学理论革新所产生的重大影响。

1. 维果茨基的心理学理论及其对教学的见解

维果茨基(Лев Семёнович Выготский, 1896—1934)是苏联儿童心理学的开创者。他认为心理的发展是指一个人的心理在环境和教育影响下,从低级的心理机能逐渐向高级的心理机能转化的过程。儿童心理机能发展的标志是:心理活动的随意机能;心理活动的抽象——概括机能;各个心理机能之间的关系不断变化、组合,形成间接的、以符号或词为中介心理机构；心理活动的个性化。在其心理学的基础上他论述了教学与智力发展的关系，提出了"最近发展区"的概念。他主张教学不应以业已成熟的东西为目标，而应以要求其发展的东西为目标，着眼于儿童的"最近发展区"，使教学走在发展的前面，正如他所说的，"只有那种走在发展前面的教学才是良好的教学"。维果茨基心理学思想直接影响了赞科夫的教学理论和苏联20世纪六七十年代的教学改革。

2. 新行为主义心理学的研究成果及其在教学中的应用

斯金纳（B.F.Skinner, 1904—）是当代美国心理学家。他认为，心理学应以行为的研究为主要任务。他把有机体的行为分为两类：一是应答性行为，即由已知刺激引起的反应；一是操作性行为，即有机体自发性的反应。与此相应，他认为条件反射也有两类：即刺激型条件反射和反应型条件反射。他从动物学习的实验研究中，总结出操作性条件作用的基本规律，如果一个操作发生后，接着呈现出一个强化刺激，那么这个操作的程度（概率）就增加。所增强的不是刺激反应的联结，而是反应发生的概率。他认为，操作的发生无须特定的激发性刺激，关键在于尔后的强化。在研究操作性条件反射的形成过程中，他还概括出强化作用、泛化作用与消退作用等学习规律。

斯金纳在其理论的基础上创造了"教学机器"，设计出"程序教学"的完整方案。在教学过程中，使用程序教学机编制直线式和分支式两种程序，把教学内容划分成基本独立的学习问题，学生借助于程序教学机和教材，以自学为主。这种程序教学虽有机械刻板的一面，但它为计算机教学的发展奠定了基础，也为教学个别化提供了条件。

3. 认知心理学的新发展及其对教学研究的促进

在现代西方心理学的发展中，皮亚杰的发生认识论和信息加工的认知心理学成为当代西方心理学的主流。其中，对教育产生重大影响的是皮亚杰的发生认识论。

皮亚杰(Jean piaget,1896—1980年)是瑞士著名的心理学家。他的发生认识论主要研究知识的发生、发展的过程以及结构和它的心理的起源。他认为人的认识来源于动作。动作既是感知的源泉又是思维的基础。动作是外显的实际行动,运算是内化的可逆的并可协调成为系统的行动。他还认为,认识是主客体之间相互作用的产物。皮亚杰对儿童的认识(认知、智力、思维、心理)的发展和结构做了突破性的研究。他的发展观是内外相互作用的发展观。他既强调内外因的相互作用,又强调在这种相互作用中儿童心理不断产生量的和质的变化。他认为在环境和教育的影响下,也就形成了儿童心理发展的不同阶段。教学应按儿童的不同年龄阶段进行,要发展儿童的主动性,注重儿童的实际行动,把发展儿童的智力作为教学的根本任务,等等。

皮亚杰的发生认识论,在探索个体认识发展规律方面取得了突破性的进展,为教学理论的革新奠定了一块坚固的基石。近年来,认知心理学的另一派别——信息加工认知心理学也有较快发展,其研究成果逐步渗透到教育研究领域,也必将进一步促进教学理论的革新。

(三)系统科学方法的移植

现代科学知识在高度分化基础上所产生的高度整体化趋势,要求跨越传统学科的界限,制订适用于高度综合性的有效的研究方法。在时代发展的要求之下,系统科学应运而生。近年来,系统科学方法也逐步移植到教育科学研究领域,为教学理论革新提供了新的思路。

第一,系统方法作为一种综合方法,强调整体性、综合性,注重从整体上研究事物的结构、层次、过程和关系等,突破了传统的方法论,使唯物辩证法更加具体化了。人们要想认识事物,只有对系统的诸要素进行整体性考察,才能科学地把握事物。我们从系统方法中得到的启示是,如何对教学系统的各种要素、结构和功能进行整体研究,从而揭示出教学要素之间必然的、规律性的联系,达到教学最优化。苏联教育家巴班斯基在这方面做了有益的探索,值得我们借鉴。

第二,控制理论、信息理论作为系统科学的重要方法,着重研究系统的状态、功能、行为方式及其控制和调节的一般规律。控制理论认为,一个系统要想实现有效控制,其信息通道必然是一个闭合回路。控制部分既有控制信息输入受控制部分,受控制部分也有反馈信息回送到控制部分,形成一个闭合回路。信息方法认为,认识事物要从整体出发,用联系、转化的观点,综合研究系统运动的信息过程,从而获得有关系统整体性的性能和知识。我们从控制理论、信息理论中得到的启示是,在教学过程这个完整的系统中,如何使教与学之间的信息转换与反馈正常进行,达到教学过程的优化控制,从而圆满地实现教学目标。斯金纳、巴班斯基在这方面作了可贵的尝试。

第三,系统方法的一个重要特点,就是以数学理论为基础,应用数学语言,强调定量描述。我们知道,科学认识的一般过程是从研究事物的质的差别开始,然后进一步去研究它的量的规定。对于事物的质的分析必然导致对于事物的量的研究。定性研究与定量研究是统一的,相互补充的。定性与定量作为研究方法,在一定限度内表现出各自的独立性。定性方法,在一定限度内暂时撇开量的方面而着重于质的研究;定量方法,在一定限度内暂时撇开质的方面而着重于量的研究。因此,只有把二者有机地统一起来,才能正确地反映事物的发展规律。现在,定量化研究方法已逐步移植到教育研究领域,这就打破了以往教育中仅靠定性的经验分析或纯粹思辨进行研究的落后局面。

总的说来,科学技术革命是推动教学理论革新的直接动力,国际的竞争形势加速了教学改革的步伐,促使人们进行各种新的理论探索,而相关学科的新成果为教学理论革新奠定了科学基础。这三者结合起来,决定了教学改革的历史必然性,并使当代教学理论向新的广度和深度进一步发展。

（原载《外国教育研究》1996 年第 3 期）

面向学习化社会的现代教学论发展

学习化社会环境的形成、演进的过程,也是现代教学论发展、演进的过程。尽管二者不同步,但二者发生的背景却是共同的,而且,学习化社会环境本身就是现代教学论发展的背景之一。

现代化、学习化社会、现代教学论等概念的提出,都是一种"射线式"思维的结果。只是这一"射线"的"端点"本身是一个阶段性的过程,从历史长河的比较中可视其为一个"点"。"端点"的形成有一个坐标定位,它是在"历史的传统""整个世界背景""未来的发展"三维坐标中定位的。它的延伸是一个动态的过程。

在现代化理论中,关于现代化的标准,从经济、政治、一般信仰和思想、社会、人格等方面因素综合考虑,现代化的特征出现在"二战"以后。同样,现代教学论与学习化社会演进的"端点"也是"二战"以后产生的。只是由于现代化的进程不同,西方现代教学论发展的特征比较明显,主要包括:研究的规模空前壮大、研究的方法丰富多彩、研究的内容面面俱到、研究的方向具体明确,从而使教学论的研究显现出崭新的特征:实践性、开放性、系统性、科学性。尤其是学习化社会的发展对教学论的发展提出了严峻的挑战,致使现代教学论的特征更加切合现代社会的发展特征。这一特征,在 20 世纪 70 年代后表现愈益明显。

在学习化社会环境中,现代教学论的发展有其自身的理论建树范围,这些范围既是现代教学论发展的方向,也是现代教学论继续发展的趋势。这些理论范围主要包括以下几方面。

一、以"学会学习"为核心的教学目的观

在"二战"以后,由于科学技术的发展一日千里,社会对人的素质要求也急剧提高,反映在教学目的观上就出现了对人的培养应注重哪些方面的论争。

赞科夫、布鲁纳、阿莫纳什维利等人的理论都把发展学生的能力视为教学的真正目的,但同时也都不轻视学生对知识的掌握。学习化社会中学校与社会发展的关系,也强烈要求学生不再是仅有丰富知识的人,而是能够获得丰富知识的人。即教学的目的在于培养学生学会学习的能力,在于培养学生的创造性、责任感、方法与态度等。尽管这些都是建立在掌握一定知识基础上的。

现代教学的目的观表明的不再是教育史上曾经出现的"形式教育"或"实质教育",它反映的是一种教学观的革命。教学不再是封闭的学校系统内与社会无关的事情,教学培养的人也不再是抽象的"知识型"或"能力型"的人。教学一方面按传统的惯性在发展,另一方面又极力去解决社会化学习对人的要求而产生的诸多问题。国际21世纪教育委员会向联合国教科文组织提交的报告中指出,教育应围绕四种基本学习加以安排,一是学会认知,即学会学习,掌握认识世界的手段;二是学会做事,即学会在一定的环境中工作的能力;三是学会共同生活,即能够与他人一道合作;四是学会生存,即充分地发展自己的人格和自主性。这既是学习化社会对教学的要求,也是人的现代化过程中主体性的最佳表征。

二、以"主体自觉"为理念的教学过程观

教学过程的理论是教学论的基本理论,教学目的是在教学过程

之中实现的。现代教学论对教学过程的研究先后经历了教学过程本质研究、教学过程阶段或环节研究、教学模式研究等阶段。教学过程观不断变化发展，由狭隘的课堂教学过程走向学校整体性教学过程，并逐渐为社会化学习过程做理论准备。

教学过程的本质不再是认识说、发展说等观点相互争鸣的问题，教学过程直接与人的社会生存联系起来，冲破了单一的思维模式。教学过程的本质越来越表现为一种对人的塑造生成。学校的教学过程将传授知识、发展能力、形成态度、掌握方法集于一身，以满足学习化的社会要求。学习化社会中的教学过程不再是成人思维结果中的学生被动接受模式，而是一种有了主体性的自觉的、主动的追求学习模式。教学被学习取代，教育被自我教育取代。人的教育彻底完成"他教"与"我教"两种过程，二者之间并没有年龄的划分，但有基本的标准。"教人学"转变成"人自学"。传统学校教学过程的模式与社会学习模式相互补充，新的教学过程使个人成为文化进步的主人和创造者。

教学环节将分成两个范围来研究，一个范围是学校教学环节，目前各国教育家的看法基本一致；另一个范围是学校教学与学习化社会之间的沟通领域。学习化社会中学校仍有其存在的价值和意义，但人在社会生存中所需要的东西却不一定都由学校来完成。自学、继续学习、专门训练等形式都将是一个人满足自我发展需要、满足社会要求的有效途径。因此，这一范围的教学环节便是：学校的基本教育阶段；社会的实践学习阶段；继续教育阶段（自学为主，有时要重返学校）；再实践学习阶段。这一理论充分体现了学习化社会是一种终身教育的社会。

现代教学论对教学模式的关注是一大进步，尤其是教学模式的多元化发展更使现代教学论显得丰富多彩，不管是着眼于信息处理的教学模式、着眼于人际关系的教学模式、着眼于人格发展的教学模式,还是着眼于行为控制的教学模式,它们均是从不同的背景和思路出发对教学理论与教学实践中介的有益探索,这种探索将随着时代的发展继续进行,多样化的模式必将是与学习化社会相关联的模式。

三、以"参与创造"为宗旨的师生观

日益增多的知识与传统,几千年来都是由教师传给学生的,由此便产生了严格的、权威的、学院式的纪律,反映着社会本身就是建立在严格的权威原则之上的。这就"树立了具有权威性的师生关系的典型,而这种典型仍在全世界大多数学校里流行着"。后来虽有教育家批判了这种"教师中心"的观点,但大多数又走向了"学生中心"的另一极端。同样是知识与传统的日益增多,但伴随着的是现代化的教学方法与手段,再加上民主化社会的进程,权威性的师生关系已广泛地受到批判,相应的,学习者的地位和作用受到重视,"应该使现代教学适应于学习者,而学习者不应屈从于预先规定的教学规则","即使学习者对教材和方法随着他的成熟程度必须承担某些教育学上的和社会文化上的义务,这种教材和方法仍应更多的根据自由选择、学习者的心理倾向和他的内在动力来确定"。学习者,特别是成人学习者,必须有选择进哪一类学校的权利,获得哪一种训练的自由。"在学习化社会中,由于学生积极参与过程,由于每个学生的创造性都受到重视,指令性和专断的师生关系将难以维持。教师的权威将不再建立于学生的被动与无知的基础上,而是建立在教师借助学生积极参与以促进其充分发展的能力之上。"这样,教师的作用就不会混同于一部百科全书或一个供学生利用的资料库。一个有创造性的教师应能帮助学生在自学的道路上迅速前进,教会学生怎样对付大量的信息,他更多的是一名向导和顾问。学生主体性的培植,并不意味着教师作用的丧失,而是对教师提出了更高的要求。"授之以渔"比"授之以鱼"的

要求更高,"金针度去从君用,未把鸳鸯绣于人"比"鸳鸯绣出从君看,不把金针度于人"的价值更大。

四、"科学与价值"并重的大课程观

现代教学论与现代课程论已成为教育现代化的两大主要领域,现代教学论领域中的课程问题更多地关注的是教学内容的发展变化。关于这一点,S.拉塞克和 G.维迪努在应联合国教科文组织的要求而写的报告——《从现在到 2000 年教育内容发展的全球展望》中做了全面的论述。他们指出,首先,现代教学内容的来源已被拓宽,一方面,一些新教育,如有关环境的教育、有关和平的教育、有关民主的教育、有关新经济秩序的教育等等,作为教育体系对当代世界的挑战做出的特殊反应,开始以各种途径进入学习规划;另一方面,又出现了这样一些新教育,其目的是培养青年应付文化、政治和家庭生活复杂性的增长所需要的批判精神和各种态度或本领,如面向大众媒介的教育、精神或价值的教育等。其次,对各门科学之间、自然科学与人文科学之间以及教育内容的各种来源之间的相互依存,表现出更清楚的意识,这是现代学校政策最令人感兴趣的特征之一。再次,人们几乎采取了一个普遍的方针,即向国际生活、地区合作和各种新的交流或合作形式开放。最后,对于青年进行价值观和价值哲学的教育有了更大的兴趣。所有这些,在 1989 年 11 月北京举行的"面向 21 世纪教育国际讨论会"中提出了同样精神的建议。

这些 20 世纪 70 年代末 80 年代初的全球展望,在当时还只是一种趋势分析,现在已经被逐步证实和即将证实。教学内容的拓展、新兴课程内容的出现以及学习化社会的演进,促使一种大课程观的产生和发展。人们不再在教学内容与知识之间画上等号了,也不会再在教学内容与课程之间画上等号了。正规课程与非正规课程在学习化社会中都有各自独特的作用和意义。在某种程度上,由于终身教育和学习化社会的影响,正规课程正在演化为非正规课程的基础,非正规课程在人的生存和发展中的作用越来越大。

21世纪课程将在以下几个方面有所突破:1.知识剧增、社会巨变,如何在相对有限的学校教育中既让学生掌握一定的知识,又让学生掌握获得知识的方法,这是课程内容改革的一个方向;2.学校的课程如何使各门学科的知识如同我们的世界一样相互联系,一个可接受的普通教育课程必定是综合程度较高的统一体;3.学校的教学内容必然既是反映科技成果的,又是反映文化传统的,科学的人文主义是教学内容编排的一个主要原则。

五、"方法与手段"组合的现代技术观

这里所说的现代技术观指通过现代化的教学方法与手段而形成一系列教学的技术。一直到现在为止,学校体系通常只能零散地和权宜地使用技术进步与科学发现所提供的新的可能性。在教学过程中应用新设备基本上限于对传统方法的一种补充,似乎现代化的教学手段仅仅是一种可有可无的现代教学的点缀品。因此,随着通讯的理论与技术、直接有线电视、空间通讯、数据处理、计算机辅助教学、多媒体互联网等科学技术的发展,加速和扩大了现代教学技术的应用。没有现代教学技术作保障的教学,很难称之为现代教学。没有确立现代教学技术观的教学理论,也很难称之为现代教学论。

现代教学技术资源是非常丰富的,而资源的使用却是有限的。这方面的努力方向是:树立现代教学技术是现代教学进行的保障之一的观念;向社会其他部门借鉴学习使用现代化技术的经验;在师资培训机构和师范院校系统地运用教学技术;学习化社会中自学者必须掌握一定的学习技术;等等。

总之,学习化社会对现代教学论的发展提出了新的要求,现代教学论的发展又为学习化社会的演进创造了条件,二者将是 21 世纪教育与社会密切关系的反映。从历史发展的进程看,现代教学论的演进过程一方面在补充着传统教学论的不足,另一方面又在准备着未来社会的教育,它是一个动态的、相对的、演化的过程。

(本文与王鉴合写,原载《课程·教材·教法》2000 年第 2 期)

试论高等学校教学过程的特点

一

认清高等学校教学过程的特点,首先要分析"教学"这个基本概念。这里所说的教学,不是一种广义的概念,而是指一种专门组织起来的、在教师直接引导下学生积极参加的认识和实践活动。这种活动是在教育目的规范下,教师向学生传授知识技能,发展智力,形成一定观点和信念的过程。从教学概念的本质属性可以看出,高等学校的教学过程具有双边性、目的性和中介性。

教学活动的双边性表现在,教学是在教师引导下师生之间的共同活动。在教学过程中,教师和学生各有自己的独立活动,教师的主要活动是教。由于教师是教育者,因此要发挥主导作用。学生的主要活动是学习。由于学生既是受教育者,又是学习的主人,因此要发挥主动、积极学习的作用。教师的教是为了学生的学,学生的学是在教师的引导下进行的。没有教,学也就不存在;没有学,教也不存在。它们之间相互依存、相互制约,是同一活动的两个侧面,两者缺一不可。

教学活动的目的性表现在,学校的教学活动不是自发的、盲目的,而是为实现一定社会的教育目的而专门组织起来的活动。也就是说,教学任务必须适应社会、经济、科学技术发展的要求,并反映它们的变化和水平。同时,教学也受青少年身心发展的规律所制约。因此,学校的教学活动具有明确的目的性和严密的计划性。

教学活动的中介性表现在，教与学的活动机制是：教师→教材→学生。这说明教学活动是以教材为中介，主要通过传授和学习教材内容来进行的，是教师教什么和学生学什么的一种有意识有目的的学习活动。在教学活动中，教师运用一定的教学手段，把各门课程的知识教给学生，学生正是通过教师的"教书"来进行学习的。可见，教材是联系教学双方，推进教学过程进行的基本条件。

总之，教学就其本质来说，是教师把人类长期积累下来的科学文化知识传递给学生，同时引导学生把知识转化为能力、形成一定观点的一种高效率的认识活动。

二

科学地认识教学的本质，有助于我们进一步揭示高等学校教学过程的特点。高等学校的教学过程和普通中小学的教学过程一样，都是在教师指导下，学生接受知识并把知识转化为能力，形成一定观点的认识活动。从这一点来看，各个层次学校的教学过程都是相同的。但是高等学校和普通中小学比较起来，其教学过程又有着自身的特点。这是因为任何事物都包含着本身的特殊矛盾。这种特殊矛盾，就构成一事物区别于他事物的特殊本质。我们认识每一种物质运动形式，必须注意它和其他各种运动形式的共同特点。但是，尤其重要的，成为我们认识事物的基础的东西，则是必须注意它的特殊点。那么，高等学校与普通中小学比较起来有哪些不同点呢？从教育的目的和任务来看，普通中小学是基础教育，它的任务是培养全体学生的基本素质，为学生学习做人和进一步接受专业教育打好基础，为提高民族素质打好基础。而高等学校不仅向学生传授一般的文化科学知识，而且要对学生进行专业训练，培养某一学科领域的高级专门人才。从教育的对象来看，普通中小学生年龄小、知识少，还处在长知识、长身体的阶段。而高等学校的学生一般是 18~23 岁左右,处于青年中期和晚期,在身体发育上已基本成熟,在知识上已有一定的积累,为进一步独立地学习打下了基础。从教育的要求来看,普通中小学教育是基础教育,是以掌握人类长期积累下来的间接经验为主。而高等学校的学生虽然仍以学习间接经验为主,但更多地包含着发现的因素,特别是在当代新技术革命浪潮的冲击下, 对创造性人才的培养提出了更高的要求。正是由于以上这些差别,形成了高等学校教学过程别具一格的特点。这些特点主要表现在如下方面。

(一)在教学目标上,有明确的专业性

高等学校教学过程的专业性,是由高等学校的培养目标决定的。高等学校的任务,是为社会主义建设培养各种专门人才。因此,高等学校的教学计划、课程设置、教学活动都是围绕培养一定的专门人才的目标而安排的。但是,对高等学校教学过程的专业性又不能理解得过于狭窄,要注意加强基础,拓宽学生的知识面。这是因为当代科学技术的发展迅猛异常,学科间相互渗透、相互交叉十分广泛。一方面,学科的分化越来越细,出现许多分支学科;另一方面,学科之间又越来越综合,出现许多边缘学科、交叉学科、横断学科。学科间的渗透交叉、综合分析,向学校教育提出了新的要求,即如何改革学校的专业和课程设置,以适应现代科学技术综合与分化的发展趋势;如何使学生具有宽厚的基础理论知识,改变过去专业面窄、能力不强的状况;如何改革教学内容、编好教材,处理好基础知识与专业知识的关系、现代科学知识与传统知识的关系、自然科学知识与人文学科知识的关系。因此,当代科学技术发展的趋势,要求高等学校教学过程必须在加强基础课教学的基础上,逐步提高专业化的程度。

(二)在教学内容上,有一定的探索性

高等学校的教学内容虽然仍以传授人类长期积累下来的知识经

验为主,但是高等学校的学生和中小学生不同,他们要在教师的指导下,从事一定的科学研究,参与探索知识的活动,发展创造能力,培养创新精神。高等学校教学过程的探索性表现在:

1. 教学内容的前沿性。高等学校的教学不仅要向学生传授已经有定论的科学知识和专业知识,而且还要向学生介绍最新科学成就,各种学术流派和学术观点以及各学科需进一步研究和探讨的问题。这样,才有助于启发大学生积极思考,走近学科前沿,深入某个学科领域,培养其创新和探索精神。

2. 教学活动的科研性。把科学研究引入教学过程,使教学活动具有科研性,这是当代高等学校教学过程突出的特点。从课程设置来说,高等学校除加强基础课和专业课教学外,还增加科学研究的理论和方法论方面的课程,培养学生从事科学研究的习惯和能力。从教学内容来说,教师一方面把自己的科研成果融入教学内容之中,使教学内容更为丰富和充实;另一方面还要向学生介绍不同的学术观点,当前的学术研究动态以及需要进一步探讨的问题,逐步培养学生科学研究的意识和从事科学研究的兴趣。从教学活动方式来说,高等学校除在课内传授系统的科学知识之外,还要在课外广泛开展各种学术活动,如建立各种学术活动小组,聘请国内外学者专家讲学,定期举办学术讲座等等。这些活动都有利于拓展学生的知识范围,培养研究兴趣,及时吸收科学最新成果。

3. 活动方式的多样性。高等学校的教学除按照教学计划进行系统的课堂教学之外,还要组织学生参加与专业相联系的现场教学、社会调查、社会实践、生产实习、毕业论文或毕业设计等多种活动。这些活动不仅培养了学生认真的工作态度、严谨的工作作风,而且扩大了学生的知识领域,使学生学会将理论知识用于实践从事科研工作。

（三）在教与学的关系上，学生的学习有相对的独立性

所谓独立性是指学生在教师的引导下，通过自己的独立思考，获得知识，并用所学知识去分析问题和解决问题。显然，这里所说的独立性是要更多地发挥学生的主观能动性，教师通过传授知识，教会学生学习，掌握学习方法。因此，不能把学生学习的相对独立性理解为不要教师指导。

在大学阶段，学生学习的相对独立性表现在时间分配、课程设置和活动安排等方面。从教学时间分配来说，和中学比较起来，学生上课时间相对减少，自学时间逐渐增多。这样，学生就有较多时间去图书馆、资料室查阅各种参考资料，扩大知识视野；从课程设置来说，高等学校不仅开设大量的必修课，而且还设置一定比例的选修课，大学生可以根据自己的兴趣或需要，去选择一定的选修课，这样就可以扩展学生的知识范围，进一步培养学生在某一方面的专长；从教学活动的安排来说，如上所述，高等学校除课堂教学之外，还有各种各样的教学活动，这些活动要求每个学生能够运用所学知识，独立地完成学习任务。大学生的学习为什么具有相对的独立性呢？

第一，大学生处于生理与心理品质逐渐成熟的时期。从生理发展来看，大学生正处在生理机能和神经系统发育成熟的最佳时期，体魄健壮，精力旺盛，具有从事独立学习、承担学习任务的身体素质。从心理发展来看，各种个性心理品质逐渐趋向成熟，学生的抽象逻辑思维得到发展，辩证逻辑思维趋向成熟，使大学生思维的独立性、全面性、深刻性与批判性都有较大的发展。这些心理发展因素，导致大学生在学习过程中，既不盲从又能够独立自主地进行学习。

第二，大学的教学形式与方法，促进了大学生学习独立性的发展。在大学生的整个学习期间，除课堂讲授以外，自学、讨论、实习、实验、社会实践、毕业论文等占据相当大的比重。这些活动，促使大学生

养成独立的学习能力与习惯。同时,高等学校各门学科的教学内容,无论在深度与广度上都大大超过中等学校。这样,教师在教学中只是突出重点,讲解难点以及解决问题的思路、方法,有些教学内容要求学生自己去查阅参考资料,通过自学和独立思考,去分析问题和解决问题。

第三,大学生学习的相对独立性是社会发展的客观要求。大学阶段,是学生从学校到工作岗位的过渡时期。这就要求着重培养学生独立的学习和工作能力,以便为走向社会做好充分准备。苏联著名教育家赞科夫曾经说过:"无论学校的教学大纲编得多么完善,学生在毕业后必然会遇到他们所不熟悉的科学上的新发现和新技术。到那时候,他们将不得不独立地、迅速地弄懂这些新东西并掌握它。只有具备一定的品质、有较高发展水平的人,才能更好地应付这种情况。"赞科夫的这一论述,说明培养学生独立的学习能力,是社会发展的客观要求。

(四)在教学形式上,有更多的实践性

高等学校教学过程不仅要传授系统知识、技能与技巧,而且还要培养学生应用知识的能力。就是说,要将高度抽象的专业理论知识具体化,培养学生从事实践活动的意识、态度与方法,这是实现大学生社会化的必由之路。

高等学校教学过程的实践性,同普通中小学相比较,都大为不同。从实践活动的水平来说,普通中小学教学中也强调理论联系实际,但它一般是简化了的实际,其目的只是传授前人已经获得的知识,或者是验证已知,重复科学发展中的某些重要实验。这种理论联系实际的做法,虽然在大学教学过程中仍然采用,但已远远超过这种水平。在大学教学中,除课堂实验、习题练习之外,还有由学生自己命题、自己设计的实验。有由自己提出课题,从事毕业论文或设计的活动。从实践活动的方式来说,在大学教学过程中,大学教学的实践环节可以说是范围广泛、形式多样,如实验实习、社会调查、知识咨询、科技服务、课程设置、毕业论文、公益劳动以及军事训练等等。大学生的这些实践活动具有综合的教育功能,其根本目的是通过这些实践活动促进学生提高思想觉悟、增强社会责任感、开拓知识视野、增长实际才干。高等学校教学过程实践性的特点,反映了人们认识的规律。大学生只有参加这些教学实践活动,才能顺利地实现从理性认识向社会实践的飞跃。

(原载《高等教育研究》2001 年第 3 期)

论教学研究

面对我国改革开放和现代化建设的新形势，全国教育改革的步伐已经加快，教育发展面临难得的历史机遇。在新形势下，需要在学校深入开展教学研究，为教育的改革和发展提供科学依据。

一、教学研究的特点

什么是教学研究？教学研究就是运用科学的理论和方法，有目的、有意识地对教学领域中的现象进行研究，以探索和认识教学规律，提高教学质量。教学研究和自然科学研究一样都是探索世界的未知领域，这是它们共性的一面。"对于物质的每一种运动形式，必须注意它和其他各种运动形式的共同点。但是，尤其重要的，成为我们认识事物的基础的东西，则是必须注意它的特殊点。就是说，注意它和其他运动形式的区别。"①教学研究与一般自然科学研究是不同的。自然科学的研究对象是物质，其目的是改造客观物质世界；而教学研究的对象是人，其目的是探索教学的规律，从而改造人的知识结构和人的精神世界。因此，教学研究具有自身的复杂性、创造性和探索性的特点。

教学研究的复杂性，一是表现在研究对象上，它涉及教师、学生、教材、教法等诸多因素。教学过程中，各个要素对教学效果有着直接

---

① 《毛泽东选集》一卷本，人民出版社，1966年版，第283页。

或间接的影响,但是这种影响不是孤立地产生的,而是在诸要素相互联系、相互制约、相互作用下产生的。因此教学研究的任务就是要综合地认识各要素的作用,使各要素之间形成最佳的联系,互相配合、互相促进,从而产生最大的合力,收到最佳的效果。二是表现在研究过程上,教学研究和自然科学研究不同。在自然科学研究中,研究者多在实验室内进行,更多地依赖于实验手段、实验仪器和设备。而教学研究多在自然状态下进行,对其研究过程的控制有一定的难度。同时,教学研究的周期较自然科学研究要长,所谓"十年树木,百年树人"正是对这一过程长期性的形象表述。一项教学研究是否成功,往往需要较长的时间才能得出结论,教学效果的显示也往往具有滞后性。

教学研究的创造性,是要探索教学领域的规律。创造性是科学研究最本质的特点,也是科学研究的灵魂。教学研究的创造性是在继承前人或他人研究的基础上,采用新搜集到的资料,或用新的研究方法、新的观点进行研究,从而提出新的见解或结论。没有创造性,教学改革就不可能发生。一项教学研究成果的创造性,可以从问题、角度、方法和效果等四个方面来表现。从研究的问题来说,某一教学研究项目所研究的问题,是别人未曾研究,而且具有一定的理论价值和实际意义的。从研究的角度来说,某一教学研究项目虽是别人研究过的问题,但此次研究采取新的论证角度,在某一方面能够弥补别人的不足。从研究的方法来说,某一教学研究项目,虽然没有更新的见解,但采用新的研究方法,为别人再研究这一问题提供一些思考。从研究的效果来说,通过教学实践证明已经取得实效的教学研究成果,当然具有创造性。

教学研究的探索性,是指研究的课题是在教学过程中的未知领域进行,具有超前性。由于教育是一种复杂的社会现象,意味着这种探索可能会遇到挫折。同时，我们必须清醒地看到，教学研究的对象是人，是教学活动。在教学研究过程中，我们所面对的是正在成长、发展中的学生，教学研究必须有利于学生的发展，而绝不能影响学生的生长和发展。所以，教学研究的这一特点要求研究者一方面要解放思想，不为传统观念所束缚，另一方面又要采取严谨求实的科学态度，认真细致地从事研究工作。

二、教学研究的意义

在学校开展教学研究，是教育改革深入发展的需要，也是衡量一个地区教育发展水平的重要标志。从20世纪90年代以来，我国党和政府多次强调要重视教育科学研究。1993年2月，中共中央、国务院颁布的《中国教育改革和发展纲要》中规定，"加强教育改革和发展的理论研究和试验"，"鼓励和支持学校教师和教育研究工作者积极进行教育改革试验"；1994年3月，国务院颁布《教学成果奖励条例》，这个条例的目的是"鼓励教育工作者从事教育教学研究，提高教学水平和教育质量"；1996年6月，中共中央、国务院颁布《关于深化教育改革全面推进素质教育的决定》，指出要重视和加强教育科学研究。可见，教育事业要发展，教育科研需先行。对于我们每一个学校来说，开展教学研究的意义在于以下几点：

第一，揭示教育规律，指导教育实践。教育改革要深入发展，不能靠行政命令，也不能靠个人经验，而是要应用科学的方法，对教育现象进行从感性到理性的认识，又从理论到实践的研究，以探索教育规律，不断指导教育实践，从而克服教改实践中的盲目性和经验主义。

第二，验证改革措施，引导改革深化。一项改革措施是否可行，需要靠教改实践来检验。教学研究，特别是教学的实验研究，已经成为现代教育改革的主要途径。因此，必须通过深入的教学研究，经过教学实践的检验来完善改革措施,使教育改革朝着健康的方向发展。

第三,提高教师素质,加强队伍建设。在学校开展力所能及的教学研究,是提高广大在职教师业务水平的重要途径。开展教学研究不仅是教育科研机构专职人员的事,而且也是广大教师的事。有人说教师教学任务重、时间紧、理论水平低,难以从事教学研究,这是一种误解。我们说广大教师开展教学研究至少有三个有利条件。一是有丰富的教育实践经验。教学研究所需要的大量信息,只有在教育实践中才能得到,这是工作在教学第一线的教师进行教学研究所具有的得天独厚的条件。二是最了解学生,教师作为教育实践的主力军,无时无刻地不在直接面对教育对象——学生。他们对学生最了解、最熟悉,这是从事教学研究的基础。三是最熟悉教材。教材是教师联系学生的中介,广大教师长期从事教学第一线工作,对教材最熟悉,对当前教学的现状最了解,对教学中存在的问题体会最深而且最有发言权。可见,广大教师和专职研究人员比较起来,虽然在理论基础和科研方法方面可能有不足之处,但只要在教育科学理论上认真学习,逐步提高研究能力,就会成为教育科研队伍中一支不可缺少的重要力量,中外许多著名教育家的成功事迹充分说明了这一点。著名教育家苏霍姆林斯基就是来自第一线的教师。他从 1935 年开始担任小学教师,以后经过函授学习提高,从 1939 年开始担任中学教师,1948 年任中学校长,直到 1970 年逝世。他在教师和学校领导工作岗位上,数十年如一日,兢兢业业,坚持在实践中进行理论探索,一生发表著作四十多部,论文六百多篇,为后世留下了宝贵的教育遗产。改革开放以来,我国教学改革的研究成果层出不穷,邱学华的尝试教学理论,李吉林的情境教学理论,顾泠沅的"尝试指导、效果回授"理论等等,是这些成果的重要代表。如果没有在教学第一线几十年的工作经验,是不可能创造出这些优秀成果的。

在我们现实生活中有一种看法，认为在中小学开展教学研究似无必要，研究中小学教学问题的成果是雕虫小技，不算科研成果。这种认识和做法是错误的。青少年是祖国的未来，民族的希望，对青少年教育问题的研究是一项崇高的事业，也是一项复杂的系统工程，它需要研究者以毕生的精力和很高的学术水平才能担此重任。国内外许多事实都说明了这个问题。美国著名心理学家布鲁纳在 20 世纪50 年代末期提出的"课程结构"理论，就是旨在改革中小学的自然科学和外语数学。这一主张，成为美国 60 年代课程改革的理论基础；苏联著名教育理论家赞科夫为解决"教学与发展"的问题，进行长达 20 年，遍及 29 个省市五千多个教学班的研究，对中学教学及其他学段的教学改革产生了广泛的影响。这些事实说明我们提倡在中小学开展教学研究，是关系到国家和民族发展的千秋伟业，是深化教育改革，全面推进素质教育的需要。

三、教学研究的内容

教学研究的内容很多，凡是学校教学中的问题和现象，都可以作为我们研究的对象。在当前，教学研究的重点应放在深化教育改革，全面推进素质教育的问题上。全面推进素质教育，是我国教育事业的一场深刻变革，是一项事关全局、影响深远和涉及社会各方面的系统工程，它也为学校的教学研究，提出了许多新的课题，主要有以下几项：

1. 教学改革的指导思想问题。教学改革以什么思想作指导，关系到教学改革的方向和成效。"全面贯彻党的教育方针，以提高国民素质为根本宗旨，以培养学生的创新精神和实践能力为重点，造就'有理想、有道德、有文化、有纪律'的，德智体美等全面发展的社会主事业建设者和接班人"。①这是我国各级学校教学改革的出发点和归宿,也是教学改革的根本指导思想。为此,要树立正确的教学观、学生观质量观。那么,什么样的教学观、学生观、质量观才算是正确的呢?怎样形成正确的教学观、学生观、质量观? 这就需要我们教育工作者认真加以研究。

2. 课程改革问题。学校教学内容的核心是课程设置的问题。课程设置是指为了达到学校的培养目标,而规定的科目及其目的、内容、范围等。学校的课程设置使各科的教学内容形成一个完整的教学体系,成为学校培养人才的蓝图。如何适应素质教育的要求,建立新的基础教育课程体系,试行国家课程、地方课程和学校课程? 如何改变课程过分强调学科体系、脱离时代和社会发展以及学生实际的状况?如何压缩必修课,适当增加选修课、开好活动课程,等等,这些都在课程方面为我们提出了许多新的研究课题。

3. 教学组织形式改革问题。教学是有计划、有组织的实践活动,任何教学活动必须在一定的组织形式中进行。长期以来,我们采用的是班级授课制。班级授课制的主要优点是有利于大面积培养人才,有利于发挥班集体的教育作用,有利于发挥教师的作用。但是,它的缺陷也是非常明显的, 那就是不利于因材施教, 不利于发展学生的个性,不利于调动学生学习的积极性、主动性。因此,如何发扬班级授课制的优点, 汲取其他教学组织形式的长处, 灵活多样地组织实施教学,成为人们关注的焦点。

4. 教学方法改革问题。改革教学方法是当前教学改革的重要课题之一。这是因为不少教师所采用的教学方法, 概括起来就是注入

①中共中央、国务院《关于深化教育改革全面推进素质教育的决定》,载《光明日报》1999 年 6 月 17 日。

式,死记硬背。中共中央、国务院在《关于深化教育改革全面推进素质教育的决定》中指出:"积极实行启发式和讨论式教学,激发学生独立思考和创新的意识,切实提高教学质量。"因此,如何适应现代社会和学生身心发展规律的要求,探索多种多样的、机动灵活的教学方法,变单调的教学为丰富多彩的教学,使学生生动活泼地、主动地得到发展,仍然是值得人们进一步研究的课题。

随着教育改革的深入发展,需要我们研究的课题很多,但不管是哪一种类型的课题研究,都应包含以下各项内容:

1.方案设计。每一项研究方案,应包括研究的题目、范围、目的意义、途径与方法等。

教学研究的题目是指研究题目的具体名称。名称必须明确、具体,不能定得太大或太笼统。对初学者来说,题目宜小不宜大,宜实不宜空。

研究的范围,是指本课题的研究对象、研究内容、采用资料等方面的范围。研究范围如果不确定,势必盲目出击,劳而无功。

研究的目的和意义,是阐明本课题的目的、意义,在理论或方法上有什么突破,有助于解决哪些实践中迫切需要解决的问题,指出该研究课题的紧迫性和价值。

研究的途径与方法,是说明本课题研究的总体思路、研究的技术与方法、研究的条件分析及成果的预测。

总之,研究方案是整个研究工作的行动纲领,也是今后对研究工作进展情况检查的依据,关系到研究工作能否顺利地进行。

2.理论基础。每一种教学研究活动都离不开一定的理论指导。有正确的理论指导的教学研究,能够克服研究过程中的盲目行为,朝着既定的目标健康发展。如果一项教学研究无正确的理论指导,这种研究活动是很难成功的。因此,在方案设计中,一定要明确此项研究是以什么思想作指导,其理论根据是什么。我们以大家熟知的尝试教学法为例来说明,这一教学法是以辩证唯物主义的认识作为它的哲学基础的。尝试教学的步骤是:提出问题→教师指导→学生再尝试→解决问题。这个过程符合学生的认识规律,也反映了实践—认识—再实践—再认识的客观规律。

3. 实践过程与效果。每项研究方案都要经过实践,不通过实践只能是纸上空谈。因此,在实践过程与效果中要说明研究对象开始是怎样的,通过什么方法来进行研究,经过改革实践后发生了什么变化。这样,就从理论与实践相结合上说明了本课题研究的价值。

四、教学研究活动的开展

即将到来的知识经济时代,向教育提出了严峻的挑战。我们必须抓住时机加强教学研究,把强化学生的全面素质教育放在首位。在中小学开展教学研究活动,必须要领导重视,方法得当,形成制度,这样才能持之以恒。

1. 领导重视。一所学校的教学研究活动能否开展起来,关键是学校领导能否重视,并把它当作一件大事切实抓好。一般来说,目前,我们学校的领导大体上有这样三种类型:

一是经验型领导。这种领导只凭经验办事。经验是很重要,我们常说吃一堑、长一智,说的就是经验。但经验是有局限性的,经验主义者往往只是认识事物的表面现象,而不能认识事物的本质,还停留在感性认识阶段。怎样把感性认识上升到理性认识?这是每一位学校领导面临的大问题,否则就会陷入经验主义的泥坑。随着教育改革的深入,学校面临着许多新的问题,这时单凭个人的经验难以适应新情况。因此,只靠昨天的经验,不能解决今天的问题,更不能面对未来的问题。

二是行政型领导。这种领导是以行政系统的上级机关下达的计划、文件、会议精神等作为进行管理的主要依托。他们的优点是办事有依据，不易犯错误，但往往容易被动和等待上级指示，难以结合实际创造性地开展工作。

三是科学型领导。这种领导是以马克思主义的正确理论做指导，结合实际，不断研究新情况、新问题，采用科学研究的方法来处理学校工作中的各种问题。在学校开展教学研究活动，领导要不断探索学校教学规律，使自己成为一个科学型的学校领导，使教师成为一个科学型的教师。现在，许多地方和学校已形成向教育科研要质量，靠教育科研上水平的良好风气，这是适应教育改革深入发展的表现。因此，自愿做科学型的学校领导者，就应该把教学研究活动作为提高学校教育质量的一件大事来抓好。

2. 方法得当。方法得当就是学校领导者要善于结合学校的实际，组织教师参加教学研究活动，把教学研究活动当作提高教学质量的一条重要途径。如果使教师感到教学研究活动能解决实际问题并且是力所能及的，教师的积极性就高；反之，则难以开展。为此，必须贯彻教学与研究相结合、必要性与可行性相结合、个人与集体相结合的原则。

坚持教学与研究相结合的原则。学校必须坚持以教学为主，但可以结合教学中的问题开展一些研究活动。使教学工作和教学研究二者相互促进、相互影响。教学研究活动的内容，都是教学实际工作中面临的、需要解决的问题，只有结合教学进行教学研究，以教学研究的成果促进教学，才能全面提高教学质量和教师的教育理论水平。

坚持必要性与可行性相结合的原则。所谓必要性，就是教学研究的课题能回答和解决实践或理论研究领域中的问题。如果这个题目既无理论上的意义，又无实际上的价值，那么就不值得研究了。所谓可行性,就是教学研究的课题难易程度要适应学校教师的情况。从任务分配来说,要按照每个人不同的条件,善于发挥每个教师的专长;从教学研究的选题来说,应从范围较小、容易解决的问题开始,从小到大,逐步提高。如果问题得到解决,就可以鼓舞教师参与教学研究的积极性。

坚持个人与集体相结合的原则。教学现象是很复杂的,它受多方面因素的影响,需要从各个方面进行探讨和研究,因此也就需要各方通力合作。所以,我们提倡在个人研究的基础上集体协作,联合攻关,发挥各人之专长。

3. 形成制度。教学研究活动是一项复杂的工作,也是一项长期的工作,不能忽冷忽热,要长期坚持下去,需要从制度上加以保证。那么需要建立哪些制度呢?一是课题申报立项制度。学校领导可根据学校实际情况和教育改革发展的要求,汇集学校工作中迫切需要解决的问题,制订课题指南,由各个教师或教研室申报、立项,若有可能给予适当经费支持和时间保证。二是课题成果交流制度。教学研究的课题立项之后,要求按期完成任务,定期在校内举行成月报告会,相互学习、相互交流,形成一个好的学风。三是成果评审奖励制度。对成果的评定奖励主要是为了调动教师工作的积极性,总结经验,发扬成绩,用创造性的工作来促进教育改革的深入发展。

(原载《教育研究》2000 年第 11 期)

我国教学论研究的进展与走向分析

一

在党的十一届三中全会精神指引下，随着我国工作重点转移以及实行改革开放政策，与外国学术交流的不断扩大，在我国教学理论研究领域出现了许多新进展、新变化。

（一）拨乱反正，逐步形成正确的教学思想

过去在"左"的思想影响下，人们的政治思想观念僵化、封闭、保守。十一届三中全会以后，政治领域里迎来了思想解放，根据实践是检验真理的唯一标准这一原则，广大教育工作者对许多教育理论问题重新进行探讨，对教学理论的发展产生了极大的影响。

首先，纠正过去"左"的干扰，使教学回到正确的轨道。从1966年下半年开始的十年动乱，学校教学遭到严重破坏，以教学为主的原则遭到彻底否定，给学校整个工作带来灾难性的恶果。党的十一届三中全会以来，又重新肯定以教学为主，并采取一系列措施拨乱反正，重新恢复正常的教学秩序，教育事业得到恢复和发展。在学校工作要不要以教学为主的问题上，我们经历了一个十分曲折的过程。这一历史的经验告诉我们，凡是肯定以教学为主，教学秩序就会稳定，教学质量就会提高，学校就能有效地发挥其社会职能。反之，凡是否定教学为主，以劳动代替教学，或者以别的什么代替教学，就不会有稳定的教学环境和秩序，教学质量就必然下降，也就不可能开展教学理论研究。其结果，必然是文化科技事业衰落，经济停滞不前。这一历史教训，值得我们永远汲取。

其次，从正反两方面总结新中国成立以来教学论发展的经验。十一届三中全会以后，学校教学秩序逐步稳定，一方面能够从正反两方面总结新中国成立以来教学论发展的经验，另一方面能够清理教学实践中发生一系列偏差的教学论根源，为教学论的深入研究创造了良好的客观条件。新中国成立以来，指导我国学校教育工作的教学思想经历了一个反复曲折的过程，我国教学论学科也正是在这种反复曲折的过程中不断发展的。这个过程大体上有这样几个阶段，第一阶段从 1949 年到 1966 年，这个时期主要强调掌握基础知识与形成基本技能。新中国成立初期，各行各业百废待兴，在教育上主要是学习苏联的教学理论和实践经验，特别是苏联凯洛夫主编的《教育学》在我国的翻译和出版，对我国教学理论和教学实践产生了广泛的影响。但是，由于我们没有能够联系我国实际，正确地借鉴外国经验，而是在学习过程中有教条主义的倾向，脱离实际，机械照搬。第二阶段从 1966 年到 1976 年，"文革"十年，我国教育事业遭到了极大的破坏，学校教师受到迫害，长期脱离教学和科研工作，学生频繁上山下乡劳动，大批"智育第一"，教学质量迅速下降，教学理论的研究处于停滞状态。第三阶段从 1977 年到 1984 年，随着拨乱反正的进行，教育在调整、整顿中逐步发展。这时，广大教育工作者深感教育与四化建设的要求不相适应，要求进行教学改革，提出"打好基础，发展智力，培养能力"的问题。这是当时教学理论研究中最引人注目的课题。由于这种提法纠正了过去片面强调知识的传授，忽视能力培养的倾向，使知识、智力、能力三者有机结合起来，从而使我国的教学改革步入健康发展的轨道。第四阶段从 1985 年至今，以中央发布《关于教育体制改革的决定》为标志。自 80 年代中期以来，我国教育界针对中小学片面追求升学率这种应试教育存在的弊端,提出素质教育的问题。经过十多年的呼吁、探讨与实践,素质教育由一种理论观点而成为我国教育改革的指导思想,由基础教育向其他层次、其他类型的教育发展。特别在 1999 年 6 月,中共中央正式颁布《关于深化教育改革全面推进素质教育的决定》后,素质教育已进入全面、整体推进阶段,它有利于贯彻全面发展的教育思想,是我国教学工作逐渐走向科学化的标志,也为教学论研究提出了新的课题。

(二)解放思想,引进外国的优秀文化

过去,我们采取一种狭窄的文化视野,面向苏联文化,背向世界文化。在"文革"十年中,又将一切外来文化斥为"封、资、修",使我们处于闭关锁国的境地。改革开放的春风吹开了封闭的国门,我国广大教育工作者渴望了解世界教育发展和改革的形势,这种客观需要为外国优秀文化的引进、学习开了门路。这一时期被引进介绍到我国的教学理论,有苏联赞科夫、巴班斯基等人的教学理论,有美国布鲁纳和布鲁姆等人的教学理论,有德国的克拉夫基和保加利亚洛扎诺夫等人的教学理论。对于这些外国优秀的教学理论,虽然有的还停留在翻译介绍方面,有的还不能从分析比较中找出规律性的东西。但是,我们应该看到这种引进是有积极作用的。首先,当代国外众多的教学思想流派,为我们扩大了眼界,打开了思路。它启示我们怎样适应时代发展的需要,针对传统教学理论的弊端而变革、超越传统,建构新的教学理论。其次,我们可以从国外异彩纷呈的教学思想流派中,吸取合理的因素。中国教育与世界教育有许多共同关心的问题,而且中国教育只有与世界教育互相借鉴,才能有所发展。因此,在建立具有中国特色的教学理论过程中,吸收、借鉴国外教学理论中的有益成分,仍然是值得我们重视的课题。

(三)进行理论探讨,着手教材建设

十一届三中全会以后,教育工作者的思想得到进一步解放,按照教学规律办学成为广大教育工作者的强烈要求。在这种情况下,教育理论界对教学领域中一系列重大问题,进行理论上热烈的讨论。例如关于教学本质、教学规律问题,关于教学中传授知识与发展智力以及与非认知因素关系的问题,等等。

随着理论探讨的深入,相继出现一批理论研究成果。据不完全统计,近20年来出版教学论方面的专著、教材达到一百余种。这些专著或教材,都是作者在多年教学实践过程中辛勤劳动的结晶,它们各有千秋,别具特色,在试图建立新的教学论体系方面,做出了有益的贡献。在迈向21世纪的征途中,回顾与反思我国教学论教材建设的历程及其得失,需要在教材结构、教材内容、教材形式方面作进一步的努力。在教材结构方面,根据教学论学科性质,一方面强调教材的逻辑性,注重理性分析,力求把教学论知识囊括在严密的逻辑框架之内,另一方面又要注意教材的应用性、实践性,发挥教学理论对教学实践的指导作用。在教材内容方面,根据教材体系各自的特点,吸收有关研究成果,进一步提高抽象、概括水平,努力追求教材的整合。在教材形式方面,可以从多种角度构建教材框架,以适应不同类型、层次学习者的需要。除编写多种形式的教科书外,还应编制各种课程标准、教学参考书、音像教材、学习指导书等,实现教材系列化、配套化。

(四)深入教学实践,开展教育实验

1979年在教育理论界关于真理标准的讨论中,明确提出要以实践来检验教育方面的理论,要在实验的基础上独立地进行教育理论的研究。一年后,又提出"教育科学的生命在于教育实验"的命题。自此以后,我国普通中小学教改实验的发展进入了一个新的历史时期。

和过去比较起来，我国教改实验无论在广度上还是在深度上都有很大的发展。

1. 实验范围广泛。就实验地区的分布来说，各种教育实验遍布全国各省、市、县的各级各类学校。例如原国家教委实施的"燎原计划"，在全国 1248 个县内的 6000 多个乡镇建立了 1500 个综合改革实验示范乡，推动了农村教育改革运动的蓬勃发展。就实验内容来说，几乎涉及学校教学工作的各个方面，有学制改革的实验，如幼小衔接实验，小学初中"九年一贯制"实验，中小幼"一条龙"的整体改革实验等；有课程改革实验，如单科单项的学科课程实验，课程体系、课程结构的整体性改革实验等；有学校教学体系与管理工作体系改革实验，如建立课内外、校内外、学校家庭社会一体化的开放型教学与管理结合的教学体系等等。广大教育工作者从不同角度、不同方面探讨教学活动的规律。

2. 实验层次多样。在 20 年来的教学实验中，出现了从小到大、从简到繁、从低到高的各种层次。就实验规模来说，既有大型实验，也有中小型实验，甚至还有微型实验。在大型实验方面，例如甘肃省与教科文组织合作的"提高小学教育质量联合革新计划"的实验研究，在全省的 100 所小学进行实验，对提高教学质量，加强教学管理，改革教学方法以及如何面对全体学生等问题进行探讨。目前这一实验项目已滚动发展到青海、贵州、云南、河南等省。在小型实验方面，多是某一校在某一课题上开展的实验，如南京师大附中的"高中必修课程分层教学"的实验，成都市盐道街小学的"小学课程内外结合整体优化教育实验"等。就实验内容来说，既有单科、单项实验，也有整体、综合实验。就实验学校来说，既有幼儿园、小学的实验，也有中学的各种实验。

3. 实验类型各异。按照实验的科学性可分为探索型和验证型两种。探索实验型有较强的实验意识,具有实验的科学方法,注重实验的直接成效和理论成果。验证实验型有鲜明经验性,注重成果的检验与推广。按照实验规模可以分为单项实验与整体实验两种。单项实验是围绕某一主题,进行探讨与研究。整体实验是以某些局部改革为先导,带动学校整体改革的实验。

4.建立实验团体。由于教育实验广泛开展,许多地方为了及时交流教育实验的信息及经验,自发地建立了教育改革实验学术团体,如京汉沪杭地区小学教育整体改革实验协作组、"注音识字、提前读写"研究组等。随着各地教育实验研究的不断深化,教育实验的组织管理问题日益受到人们的重视,1994 年中国教育学会教育实验研究会正式成立,标志着我国教育实验开始进入有目的、有计划的发展阶段。

教育实验的深入开展,有力地推动了我国教育事业的发展,同时也改变了过去多年来教学研究中"坐而论道",空泛议论的风气,对我国教学论的建设起了巨大的促进作用。

(五)课程论研究成为一个新的热点

课程与教学是教学实践中关系极为密切的两个领域。过去,我国教学论深受凯洛夫主编的《教育学》的影响,对课程的理解局限于教学内容领域。随着教学改革实践的深入发展,正在向着突破"大一统"的课程模式发展,课程论的研究已成为教育界十分关注的课题。

根据中央《关于深化教育改革全面推进素质教育的决定》的精神,国家教育部已正式启动国家基础教育课程改革项目。此项目包括课程改革总体规划、课程目标、课程标准、课程结构、教材的编写与管理、课程实施、课程评价以及课程管理政策等各个方面。此项目的主要目标是建立一个适应 21 世纪需要的、充分体现基础教育性质和素质教育精神,促进每个学生全面发展的基础教育课程新体系。随着基础教育课程政策项目的完成,我国课程论研究将会出现一个崭新的局面。

二

改革开放 20 年，我国教学论取得了许多进展，人们在 20 世纪 90 年代对我国教学论由传统向现代转换特点的概括也可以说是对我国教学论取得的进展的肯定。但是，这并不意味着我们可以忽视我国教学论建设存在的问题。实际上，近年来我国教学论界也已开始反思和检讨教学论学科本身的发展问题，这标志着教学论学科意识的日益增强，学科发展的道路及其选择由自由发展而进入自觉的阶段。我们认为，对这些问题的检讨恰恰预示了我国教学论的发展方向。

（一）坚持马克思主义哲学对教学论研究的指导，是一项严肃而艰巨的任务

我国是一个社会主义国家，马克思主义是我国占指导地位的意识形态。一切社会科学包括教学论都应以马克思主义为指导，反对指导思想上的多元化和背离马克思主义的倾向。由于以往教学论界对马克思主义理解的浅薄与片面，在实际运用中出现了教条主义和庸俗化的偏差。我们在教学论研究中常常出现以马克思主义哲学认识论代替教学认识论的做法，指导变成了套用。从马克思主义哲学的范畴、命题直接演绎出教学论的范畴、命题，从马克思主义哲学认识论演绎出教学认识论。这样，不仅不利于发展教学论，而且也把马克思主义哲学简单化、庸俗化了。马克思主义哲学只是我们认识世界和改造世界的基本原则，而"原则不是研究的出发点而是研究的结果"。从哲学认识到教学认识要经过一系列中介，马克思主义哲学只能指导而不能代替教学认识，从哲学认识到教学认识不是靠简单的线性逻辑演绎所能实现的，要求哲学直接回答教学特定问题是对哲学的误解。当然，我们不能因为马克思主义哲学不能提供教学认识具体问题

的答案而轻视它，也不能因为简单粗糙和庸俗化的哲学阻碍了教学论的发展而远离了马克思主义哲学，不能因为要维护教学论的自主性而摆脱马克思主义哲学的指导。否则，因噎废食，更不利于我们发展教学论。可是，近几年来，在检讨我们的教学论建设存在的失误时，有些人怀疑、甚至否定马克思主义哲学的指导地位。所以，我们认为有必要重新学习马克思主义哲学。作为"伟大的认识工具"，马克思主义哲学是人类物质文明和精神文明、认识史和科学史的精华。马克思主义哲学的一系列博大精深的理论，如历史唯物主义观点、意识形态的理论、人的本质的理论、主客体关系的理论、价值论等，今天仍然具有强大的生命力和极大的实践意义，理应成为我们创造性地研究教学论的指导思想。

我们坚持以马克思主义哲学指导教学论研究，不是从马克思主义哲学回归到教学论本身，而是从唯心主义和形而上学的思维复归到辩证唯物主义的思维，从对马克思主义哲学的简单套用复归到对马克思主义哲学的重新学习和自觉掌握，进而在马克思主义哲学的观照下，研究教学论，发展教学论。

(二)整合教学论研究成果，改变散漫无序状态

改革开放以来，国内外大量的教学思想、观点、理论不断涌现，教学论知识的积累已相当丰富。但是，在创造、引进、介绍这些知识的同时，却忽视了从整体上、从学科体系的角度进行批判和统整的工作。许多理论、观点相互之间要么互不相干，要么相互抵触，给人一种混乱无序的感觉。更为严重的是，这同时也造成了教学实践中无所适从的局面，并阻碍了教学论研究的进一步发展。这就要求我们必须重新检视现有的理论、观念和方法，以科学的态度加以总结，通过深入扎实的研究，确立几种可供选择的规范性的理论、观念和方法。因此，加强现有的理论、观念和方法之间的比较研究就是整合教学论研究成

果的重要一步。

整合教学论研究成果,其中就包含着对教学论概念的重整。任何学科理论都由一定的概念构成。概念不仅是思维的内涵、真理的存在形态,而且是思维的形式,是借以获取真理的前提手段。概念关乎人的思维结构和思维方法。富有生命力的新概念能够更新科学研究的思维结构和思维方法。但是,如果它们不能反映研究对象的运动、变化、发展,不能反映研究者对研究对象的真理性认识,就不具有这样的生命力。真理性认识和主观随意性是对立的,它要上升到对象中普遍和本质的东西的提取,上升到对对象的特征和属性的深刻把握。如果认识真正逼近了这种境界,概念就有可能向相对确定性跃进,反之就可能丧失概念的本质和功能。

这些年来,各种各样的教学论的新名词、新概念如潮水般涌来,犹如一座没有线头的迷宫。各种新思潮、新观念与新方法的信奉者竞相使用哲学、自然科学、心理学、语言学、文化学、传播学以及系统科学等的新概念,但往往又未能弄明白这些新概念的原意,彼此之间缺乏统一的理解,造成教学论研究中概念运用的混乱与草率,极大地影响了教学论研究的严肃学术理性,阻碍了教学论的进一步发展。有鉴于此,教学论概念的重整,就成为我们整合教学论研究成果,重建教学论的一项势在必行的基础工作。"对概念的分析研究,'运用概念的艺术',始终要求研究概念的运动,它们的关系,它们的相互转化"。重整就是要"研究概念的运动"——"生成、发展、变异、衍化和消失,它们的关系,它们的相互转化"。①这就要求对概念加以切磋、加以琢磨、加以整理。重整教学论概念的最基本的工作就是审其名实,考察它们是否以名举实、名副其实,是否有名无实或名存实亡,是否取实予名,

①《列宁全集》第 2 卷,人民出版社,1987 年版,P808。

是否有理论价值，从而决定是否肯定，是否扬弃，是否修正，是否扩充。

对教学论的重整，可以借鉴现代西方分析哲学的价值中立的"客观"分析方法，即不对任何问题作任何价值判断的一种纯粹的对概念进行研究的方法，也就是通过分析概念的含义，考察概念的可靠性，揭示概念所涉及的因素以及可以由相关学科解决的问题，对前人所做的工作进行一番理论清理。分析哲学家除了使用传统的逻辑方法以外，还使用范例法、反例法、比较法、排除法等新方法。在教学论领域，如同在其他社会科学领域一样，真正超越价值判断的客观分析方法是不存在的。人们的立场、观点、世界观必定会通过他们的分析工作表现出来。但是，集中分析那些意义含糊同时又与教学实践有密切关系的概念，澄清思想，发现问题，对于教学论的概念建设是极有意义的。

教学论概念的重整意味着教学论概念的某种规范化。这种规范并不否定教学论研究者的创造性，经由对对象本质的发现而达到认识的相对一致，正是科学所必需的。规范就是教学论概念由无序态达到有序态，由非平衡态达到相对平衡态的实现。刘勰云："驱万涂于同归，贞百虑于一致，使众理虽繁，而无倒置之乖；群言虽多，而无梦丝之乱。"规范就是要达到这种境界。

整合教学论研究成果，要求我们必须有批判的精神和勇气。批判一词常为人误解，一说批判，似乎就意味着全盘否定，这是对批判本来的含义的歪曲。批判固然是一种否定，但并非全盘否定，它同时也是一种肯定。按其本意，批判也就是"反思"，就是运用理性去进行实事求是的分析。如果我们依据这一含义去"批判"教学论，便有了教学论的批判。教学论的批判不是就教学论批判教学论，在教学论本身的阈限内兜圈子，这样就会陷入纯粹主观臆造的迷宫。我们应该把教学论当作教学实践基础上的思想客体来考察，以教学论与教学实践之间的矛盾作为批判的中轴，这样教学论的批判就有了实际的内容和既定的价值导向。当然，教学论不仅需要批判，而且需要建设。如果说批判更多侧重的是对事物持否定态度，是从事物运动、发展着眼，那么建设更多侧重的是对事物持肯定的态度，是从事物的相对静止、稳定着眼。从理论上讲，批判与建设对教学论来说是相反相成、一身二任的。但是，这并不意味着批判与建设在其现实性上不能有所侧重。就整合教学论研究成果来说，批判是前提，是基础。通过教学论的批判，找出教学论建设存在的问题，正是教学论进一步发展的关键所在。

（三）进一步明确我国教学论建设的方向

我国教学论是否应有自己的特色？这是关涉我国教学论建设的一个重大问题。阐释这个问题，我们不妨先从自然科学与社会科学的区别谈起。

自然界中的大多数同类事物的活动往往表现出一种重复出现的情形，这就决定了自然科学的学科如物理、化学、天文等，只要处于同一研究水准上，那么其学科体系（包括理论体系）都是一样的，而不会出现物理的中国特色、化学的中国特色问题。但是，在社会历史领域中，人们在进行社会活动时并不是按照共同的意志，根据一个共同的计划，甚至不是在某个特定的局限的社会内来创造历史。他们的意向是相互交错的，因此在所有这样的社会里，都是那种以偶然性为其补充和表现形式的必然性占统治地位。这样，在社会历史领域中的大部分活动便表现出了一种不重复性。既然是一种不重复性。那么，以社会现象为研究对象的社会科学学科就不可避免地表现出差异性和多样性。正是这种差异性和多样性，使得各个国家的社会科学之间出现许许多多这样或那样的差别。也就是说，社会科学的各个学科有可能存在着中国特色、美国特色这一类的问题。

如果说,从总体上看社会科学有着中国特色、美国特色等的可能性的话,那么,教学论的中国特色就不仅是一个可能的问题,而且是一个现实存在的问题。

首先,各个国家教学现象的不同,使得各个国家的教学论存在着许多差异。教学理论来源于教学实践,世界各国的教学理论家都是在研究本国的教学实践,针对本国教学实践中存在的问题而提出教学理论的。由于各国教学实践都受各自本国经济发展水平、社会制度以及历史文化因素的影响和制约,因而各国的教学实践就存在着许多差异。如美国的教学就不同于日本的教学,日本的教学也有别于西欧国家的教学,无论在内容上、制度上,还是在方法上、组织形式上都是如此。各国教学实践的不同,就不能不使各国教学论出现一些差异。

其次,各个国家文化背景的巨大差异,不能不对各个国家的教学论发生重大的影响。任何教学论都是在一定的民族文化环境中产生、发展起来的,而它本身一旦产生,就成为民族文化的一个重要组成部分。尽管其中有教学理论家的个人的创造性的智力劳动,但也鲜明地体现着民族文化的特色。文化环境作为一种社会存在,是一个巨大的社会文化效应场。特别是其中的文化传统有着强大的辐射力和"遗传力",它常常表现为一种内控自制的历史惯性运动,作用和影响着社会生活的各个方面,造成各种程度不同的社会效应。作为教学认识活动主体的教学理论家一开始就处在既定的文化背景下,往往是被这一背景中的特定文化传统氛围所包容,文化传统的强大辐射力就会通过某种教育模式和社会认知交往模式,潜移默化地使所包容的教学理论家将传统的思维方式、价值观念、心理习惯等内化积淀下来,从而熔铸成独具特色的文化心理结构。文化传统对教学理论家文化心理结构的熔铸,最终通过现实的教学认识活动体现出来。一般说来,现实的教学认识活动风格的差异,映射的是教学认识主体接受了不同的文化传统,形成了不同的文化心理结构。总之,每一时代的教学理论家必然是在特定的文化传统中熔铸成特定的文化心理结构,以之为基础开始他们的教学认识活动,由此形成了教学论的不同的民族文化倾向。

第三,我国百年来的教学实践也证明了我们不可能靠引进国外教学论来指导我国的教学实践。国外教学论作为人类文明发展的组成部分,是有其学术价值的,但这种学术价值并不等于可以直接用于论证和设计我国的教学。我国的教学实践当然应吸取国外教学实践的经验教训,国外教学论作为这些经验教训的抽象概括,是我们了解外国的必要途径之一。但国外的教学论不可能在我国的土壤上原封不动地成长和发展,从国外教学论到我国的教学实践之间,有着一系列的中介环节,其中就包含着对国外教学论的深入系统的理解和对我国现实教学问题的科学分析。近百年来的我国教学实践已足以证明,不从实际出发,以对国外教学论不深不透理解为依据的教学改革设想,不仅不能有效地指导我国教学改革,而且造成了巨大的损失。实际上,创立具有我国特色的教学论也是我国近百年来有识之士努力追求的目标。

正是基于上述三个原因,我们认为,我国教学论必须而且应当有自己的特色。由上分析也可以看到,所谓建立具有我国特色的教学论,就是要建立根植于我国现实土壤,具有我国文化色彩的教学论。

我国教学论必须而且应当有自己的特色,但是我们并不是摒弃外国人在教学论上所做的成就,一切从头做起,按照我们的"国粹"方式,建立一套儒家的、墨家的或道家的教学论,也不是清除教学论已有的科学概括和术语,用我国的文言进行"之""乎""者""也"的论述。建设具有我国特色的教学论,是在马克思主义基本观点和方法的指导下,批判地吸取国外教学论的科学成分,发掘和继承我国传统教学思想的精华,对我国现实教学矛盾进行专门的、深入的、系统的研究,揭示并论证其中的客观规律,指导我国的教学实践,进而充实和发展教学论。

中华民族作为人类的伟大民族之一,不能靠教条式地使用别人的教学论来从事教学实践。建立具有我国特色的教学论不仅为解决我国教学矛盾提供必要的理论依据,而且也将作为我国文化的一部分而影响其他国家的教学和文化的发展。人类文明发展到今天,严格的地域之分正逐步瓦解,无论中国还是外国,凡是有价值的科学成果,都已被异地应用、改造和发展,学术上的融通已成为时代的标志。建立具有我国特色的教学论,绝非什么"中体西用"或"西体中用"的问题,而是如何在揭示和论证我国现代教学矛盾的过程中,发展教学论,丰富我国现代文化的重大课题。具有我国特色的教学论,其"体"就是对我国教学矛盾规律的科学规定,其"用"就是通过研究所形成的教学论在我国教学改革和实践中的应用。只要我们真正按照教学论的发展规律,克服存在的问题和不足,遵循科学的方法论,就一定能在教学论史上写下光辉的篇章,为丰富和发展我国文化做出的贡献。

(本文与徐继存合写,原载《西北师大学报》2001 年第 4 期)

关于建立我国学科教育学的几个问题

学科教育学是一门正在兴起的重要学科。改革开放以来,在邓小平"三个面向"的指引下,学科教育学的研究工作发展很快。这主要表现在:从思想上来看,学科教育研究逐渐引起人们的重视,在有的高等师范院校还专门成立学科教育研究所或研究中心。从研究成果来看,近几年来发表了许多学科教育研究方面的论文,出版了一批学科教育研究的学术著作。从培养人才方面来看,已建立了一批学科教育学的硕士点、博士点,培养了一批年富力强的学科研究人才。从工作实践上来看,一批学科教育研究人员积极参与新一轮基础教育课程改革实验,锻炼了队伍,促进了教学改革的深入发展。但是,我们也不得不承认我国学科教育学的研究还处在初级阶段,学科教育学的理论研究还很薄弱。今天,我们弄清这些问题,对于进一步完善这门学科,推动教学改革深入发展,都将有重要的理论价值和现实意义。

一、学科教育学的研究对象问题

在讨论学科教育学的研究对象之前,首先涉及什么是学科的问题。学科是教学科目的简称。它是"为实现教育目的,从科学、文学、艺术及其他典型活动领域中,选取适合一定年龄阶段的受教育者学习的知识、技能和技巧,按照教学原则,分门别类组成的体系"。[1]

---

[1]顾明远主编:《教育大辞典》第1卷,上海教育出版社,1990年版。

但另一种观点认为,学科教育学一词中的学科,不是指"教学科目",而应该指科学分类中的"学科"。[①]其理由是:随着科学技术的发展和社会的变革,教学科目会不断变化,而且教学科目也因国度不同而不同。

如何看待这样两种观点,显然第一种观点符合教育规律和学校工作的实际情况。从教育规律来说,学校教育总是以一定的教育内容影响学生。但是,人类的知识浩如烟海,种类繁多,选择哪些最基础、最必需的知识作为教育内容传递给学生呢?一是从宇宙间各种物质运动形式的发展规律来确定学生学习的科目。物质运动形式包括自然和社会的形式,因此,既要学习自然科学知识,又要学习社会科学知识。二是从人的全面发展的要求来确定学生学习的科目。因此,除了确定语文、数学、物理、化学等学科之外,还要开设体育、美育、音乐等学科。三是从学生发展水平和已有的知识基础,考虑每门学科的分化程度,遵循由易到难,逐步加深的原则。从学校实际情况来说,自从学校产生之后,人们总是将各种门类的知识,按照一定的方式加以分门别类地组织起来,构成学校教育中的学科。例如,我国西周时期的学校教育内容以礼、乐、射、御、书、数等六艺为基本内容。欧洲中世纪早期的学校教育内容以文法学、修辞学、辩证法、算术、几何、音乐、天文等七艺为基本内容。我国清朝末年,废科举兴学校,各地兴办了一些新式学堂。在《奏定学堂章程》中规定"中学堂"开设的学科有"修身、读经讲经、中国文学、外语、历史、地理、算学、博物、物理及化学、图画、体操"等。我国 1992 年颁布的《九年制义务教育小学、初中课程计划》规定,初中阶段开设思想政治、语文、数学、外语、历史、地理、物

---

①吴培群:《有关学科教育学中的几个问题》,《教育研究》1992 年第 5 期。

理、化学、生物、体育、音乐、美术、劳动技术等。由此可见，自从学校产生以后，学校主要沿用分学科的形式传授教育内容。所以把学科理解为教学科目的简称，符合教育工作的实际。

那么，学科教育学的研究对象是什么呢？一门新学科的建立，主要取决于有没有相对独立的研究对象。在建立和发展学科教育的过程中，对学科教育学的研究对象问题曾经有过种种不同的观点，概括起来有如下几种说法。一是规律说，即认为学科教育学的研究对象是研究学科教育现象及其规律。二是结构说，即认为学科教育学的研究对象是研究学科教育的各个结构要素，如教师、学生和教材等等。三是过程说，即认为在学科范围内，以全面实现教育目标为目的，以相关学科成果为理论支撑，研究学科教育的目标、课程、学习、教学和评价等全过程及其内在规律的一门科学。[①]经过比较，我们不难发现第一种观点显得比较抽象、笼统，使人不易理解。第二种观点提出研究学科教育的各个结构要素，与普通教学论十分类似，没有自己的特色。而第三种观点认为学科教育不仅要研究学科的教育理论问题，而且从培养人的高度，揭示学科教学培养人的规律，这是一次理论上的飞跃。

二、学科教育学的性质问题

学科教育学是一门什么性质的学科，是应用学科还是理论学科？这个问题直接关系着学科教育学的研究对象及其学科发展方向。

近20年来，对学科教育学学科性质的讨论大致有两种观点。一种观点是认为学科教育学不是应用科学，而是朝着纯科学的方向发

①陶本一主编：《学科教育学》，人民教育出版社，2002年版。

展。①其理由是:第一,学科教育学无论就内容和方法而言,还是就整个研究体系及其研究指导思想而言,早已突破了原来"教材教法"的范围。学科教育学虽然要遵循一般的教育规律,但由于这些一般规律在普通教育学中已经论及,所以,学科教育学对此只引入而一般不展开论述。各学科教育学的主要任务在于探索由各学科的特殊性所决定的相应的特殊规律。"开辟各学科教育学独立的研究领域和独特的研究方法,建立各学科教育学的结构体系,使其朝着纯科学而不是应用科学的方向发展"。②第二,学科教育学虽然朝着纯科学的方向发展,但又是一种不规范的纯科学。传统的教材教法主要在于提供这种规范,而我们现在的学科教育学已不再仅仅是提供这种规范。但是,即使各学科教育学中取消了类似于教材教法的内容,它揭示的学科教育规律对学科教育实践还是有指导意义的。因此,只能说学科教育学是一类不太规范的纯科学。

与此相反的另一种观点认为学科教育学是应用理论学科。它是教育理论与各自专业学科理论相结合的产物,是一门具有跨学科、边缘性特点的应用理论学科。③这种观点目前已为大多数学者所接受,其理由是:第一,学科教育学是学科教学法的升华。学科教育学是在学科教学法的基础上继承、发展而来,并使之上升为理论,反过来又进一步指导实践,从怎样教、怎样学,发展到为什么要这样教、这样学,成为指导各自学科的教育理论。第二,学科教育学的研究对象为整个学科教育过程。这个教育过程是从大教育观出发的,从学科育人之路全面研究学科教育,即不仅要研究学科的教学理论问题,揭示学

---

①②吴培群:《有关学科教育学中的几个问题》,《教育研究》1992 年第 5 期。

③周发增:《学科教育学的研究对象及其性质论析》,《首都师范大学学报》(社会科学版)1995 年第 6 期。

科教学的教学规律,而且要从培养人的高度探讨学科教育问题,揭示学科教育培养人的规律。所以说学科教育学是一门应用理论学科。

三、学科教育学与其他相关学科的关系问题

学科教育学是一门新兴学科。它与教育学、教学论、教学法等学科既相互联系、相互交叉,又有相对的独立性。分析学科教育学与这些学科的关系,有助于认识学科教育学的学科性质和任务,突出本学科的特色。

教育学与学科教育学的关系是一般与特殊的关系。我们知道教育学是教育科学中重要的基础科学。它的任务主要研究教育的产生和发展,教育的本质,教育与社会发展的关系,教育与儿童身心发展的关系,教育的目标和任务,教育制度,教学工作,思想品德教育、体育等问题。随着社会和教育科学的发展,教育学的分支学科不断出现,课程论、教学论、德育原理等逐渐分化而出,而学科教育学也是教育学的一个分支学科。教育学为学科教育学提供一般理论基础;而学科教育学以它的特殊规律丰富和充实教育学的理论,二者相互影响、相互促进。

教学论与学科教育学的关系是平行与交叉的关系。教学论是研究教学一般规律的学科,学科教育学是研究学科教育一般规律的学科,它们两者都是教育学的下位学科,就这一点来说,它们是平行关系。但是,教学论与学科教育学又具有相互依赖的关系。教学论的研究成果为学科教育学提供理论依据,而深入、细微地学科教学研究,又进一步完善和丰富教学的一般理论。就这一点来说,教学论与学科教育学又是交叉关系。

学科教学法与学科教育学的关系是局部与整体的关系。学科教学法是研究某一具体学科的教材教法,对使用教材过程中的经验与

问题进行研究,主要停留在经验总结水平。而学科教育学融教育理论与各专业学科理论于一体,对具体的专业学科进行研究。就研究的立足点来说,它与学科教科法不同。学科教育学站在大教育观的高度,来研究具体的学科问题,保证学科研究的全面性,避免脱离总的教育目的去孤立地研究学科的内容和方法。就研究的广度来说,它与学科教学法不同。学科教育学的研究范围要比学科教学法广得多。它不像学科教学法那样只重视教材内容及其编制原则研究,而是从理论上研究教材编写的方法论,从而指导教师对教材的运用。它不像学科教学法那样只局限于具体方法的研究,而是从教学的整体优化方向着眼,研究改进教学的一般方法的理论体系,从而培养教师全面地提高教学质量的能力。

四、学科教育学的体系问题

目前,我国教育界对构建学科教育学的体系问题还处在探索阶段,可以说是众说纷纭。对学科教育学的理解归纳起来有两种对立的观点。一种观点认为,学科教育学是一门学科,它研究各种学科教育的共同规律和特点。"学科教育学的建设是一项整体的研究,因此就不能单从一门学科教育研究的思路出发"。[1]另一种观点认为,学科教育学是多门学科的统称,是一个概括用语,"是包括语文教育学、数学教育学、物理教育学等的一类科学的总称"。"没有必要也不可能建立一门介于普通教育学与各学科教育学之间的一门学科教育学"。[2]

由于对学科教育学的理解不同,于是出现了多种多样的学科教

----

[1]胡学增:《关于学科教育学建设和课程研究的若干思考》,《教育研究》1997年第9期。

[2]吴培群:《有关学科教育学中的几个问题》,《教育研究》1992年第5期。

育学的理论体系框架。

框架 1：

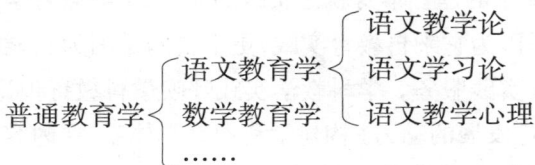

框架 2：

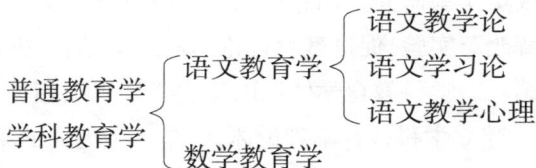

框架 3：

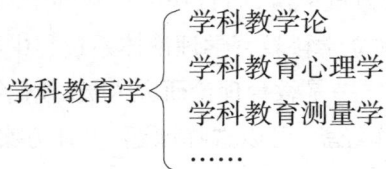

如何看待如此名目繁多的学科教育学的理论体系框架？第一，学科教育学体系的建立必须贯彻"双百"方针。在学科教育学建立和发展的过程中，出现各种各样的理论体系框架，这并不奇怪。相反，这倒是一件值得欢迎的事。因此，我们不可简单地否定一个，肯定一个。正确的办法是充分发扬学术民主，展开学术讨论，在学术讨论和争鸣过程中汲取别人之长，弥补自己之短，逐步形成一个比较完善的理论体系框架。同时，我们也要清醒地看到，一个理论体系框架的形成，并不是靠几个人在书房中造出来的,它必须来自实践同时又要回到实践,接受实践的检验。第二,学科教育学体系的建立必须以教学实践为依据。学科教育学的建立本身就是实践的需要,学科教育学理论之所以有用,不仅是因为它来自教育实践,更重要的是因为它能够指导教育实践,为教育实践服务。学科教学实践呼唤学科教育理论,这已成为学科教育理论发展的动力。构建学科教育学体系,在内容上必须针对学科教学实践中迫切需要解决的问题,展开实证研究,将优秀教师的教学经验上升到理论,以充实学科教育学的内容。在研究方法上,大力开展教育改革实验研究,切忌照搬、照抄其他相关学科的理论框架。通过教育改革实验,促进教育理论与实践的结合,推动学科教育学的发展。第三,学科教育学体系的建立必须组织相关人员通力合作,联合攻关。建立学科教育学理论体系,是一个庞大的系统工程,需要几代人的共同努力。目前,我国从事学科教育研究的人员多为高等师范院校从事教材教法研究的教师。这批力量是十分宝贵的。但这些人员多分散在各地,不仅力量单薄,而且缺乏正常的学术交流渠道。为了改变这种情况,在建立学科教育学理论体系过程中可以把三种力量组织起来,联合攻关。一是教育理论研究人员,他们有较高的理论水平和丰富的科研工作经验,可以选择课题,设计方案,承担理论层面的研究任务。二是学科研究和教学人员,他们对具体学科的教材教法比较熟悉,有建立学科教育学的迫切愿望,可以设计与指导本学科的教育改革实验方案。三是身处第一线的广大中小学教师,他们有丰富的教育实践经验,熟悉教材,了解学生,可以具体承担各学科的教育改革实验。当前,我国基础教育课程改革深入开展,为学科教育学的建立与发展提供了良好的机遇。

(原载《教育科学》2004年第5期)

二、外国教育问题研究

空想社会主义者欧文的教育思想

罗伯特·欧文(1771—1858年)是19世纪空想社会主义最著名的代表。空想社会主义学说是科学社会主义的思想来源之一。恩格斯说:科学社会主义永远不会忘记"它是依靠圣西门、傅立叶和欧文这三位思想家而确立起来的。虽然这三位思想家的学说含有十分虚幻和空想的性质,但他们终究是属于一切时代最伟大的智士之列的,他们天才地预示了我们现在已经科学地证明了其正确性的无数真理"(《德国农民战争》一八七〇年版序言的补充》)。欧文的教育思想,是他整个空想社会主义学说的一个重要组成部分,是马克思、恩格斯教育学说的著名先驱之一。今天我们研究欧文的教育思想,对于批判地吸收其合理的内核,对于加深对马克思主义教育学说的理解有重要的意义。

一、欧文的教育活动

欧文生活在英国资本主义制度确立后,工业资本迅速发展的时期。英国在18世纪60年代开始了工业革命,工业革命的起点是机器的发明和运用。它不仅意味着技术的改革,而且意味着社会关系的改变。工业革命的社会后果,一方面是资产阶级的财富累累,使英国的资本夺取了更大的市场;另一方面,则是无产阶级队伍迅速壮大,使社会分裂为两个明显对立的阶级——资产阶级与无产阶级。正如恩格斯所说:"新生的工业能够这样成长起来,只是因为它用机器代替了手工工具,用工厂代替了作坊,从而把中等阶级中的劳动分子变成工人无产者,把从前的大商人变成了厂主,它排挤了小资产阶级,并把居民间的一切差别化为工人和资本家之间的对立"(《英国工人阶级状况》)。因而,使得资产阶级与无产阶级的矛盾更加尖锐化。由于机器的使用和广泛雇佣女工、童工,扩大了失业队伍,工人的劳动条件和生活条件极其恶劣,男女成年工人寿命缩短,少年童工大批夭折,从而迫使工人群众起来进行反对资本主义的斗争。但是,这时工人斗争的形式是捣毁机器和厂房,他们还没有认识到造成灾难的根源并不是机器,而是资本主义制度,工人运动还处于自发阶段。欧文的空想社会主义学说就是在这样的历史条件下形成的。

欧文出身于英国北威尔士一个小手工业者的家庭。由于家庭生活困难,他读完初级小学后,从 9 岁起就踏上了独立谋生的道路,先后当过学徒、店员。1789 年,欧文在英国当时的纺织业中心曼彻斯特,与别人合伙开办了一个工厂。在管理工厂多年的工作中,他观察到工人酗酒淫乱和犯罪乃是恶劣的劳动条件和贫困生活的结果,于是,便产生了必须改变工人生活条件的思想。

1800 年,欧文开始担任拉纳克大棉纺厂的经理,并在这个两千多人的工厂里正式开始了他的改革活动,其中包括许多在教育方面的改革活动。拉纳克是工业革命时英国社会的一个缩影,集中了工业革命和工厂制度给工人和其他劳动者带来的一切苦难。拉纳克纺织厂的工人中有破产的农民、手工业者、流浪者和乞丐,还有来自孤儿院的儿童。这里的工人劳动时间长,居住条件恶劣,生活极端困苦,文化水平和道德水平很低。欧文在接办这个工厂以后,把劳动时间从14~16 小时缩短为十小时半,提高工人工资,兴建比较卫生的工人住宅,并在工人区开设了文化教育机关,创办托儿所、幼儿园、儿童初等学校和少年工人夜校等等。1816 年,欧文在拉纳克成立了"性格陶冶馆"，除了把早先为儿童、少年开办的教育机关都并入"性格陶冶馆"外，还为成年工人及家属举办讲演和各种文化活动。这所"性格陶冶馆"，构成了一个严整的统一的教育体系，其中既有学龄前幼儿教育，又有儿童初等教育，还有少年工人及成年工人的业余教育，这在教育史上是空前未有的创举。由于欧文所进行的社会改革和教育改革，使拉纳克在短短的几年内就改变了面貌。恩格斯说："欧文把这个地方变成了一个完善的模范移民区，在这里，酗酒、警察、刑事法庭、诉讼、贫困救济和慈善事业都绝迹了。而他之所以做到这点，只是由于他使人生活在比较合乎人的尊严的环境中，特别是关心成长中的一代的教育"（《社会主义从空想到科学的发展》）。欧文的改革活动，不仅使工人精神面貌发生了变化，而且生产得到发展，生活得到提高，股东也获得优厚的利润。

欧文在拉纳克的改革活动使他闻名世界，许多厂主、官员、各国的社会活动家、学者及一些国王都来参观访问。人们把他看作一个慈善家。但是欧文不满意于已有的成就，他说，厂里的工人生活虽然改善了一些，但是他们还是他的奴隶。他认识到慈善事业不能改善社会关系，只有建立共产主义，消灭私有制，才能消除社会的不平等。欧文给资本主义社会的罪恶以尖锐的批判。在他看来，阻碍社会改造的首先有三大障碍：私有制、宗教和现在的婚姻形式，必须以公有制代替私有制，以科学代替宗教，以公共教育代替家庭教育。

1824年，欧文辞去了拉纳克工厂的管理工作，前往美国，在那里建立了一个名为"新和谐"的共产主义公社。在"新和谐"公社中，劳动者占有生产资料，没有剥削，公社成员集体劳动并平均分配劳动产品。公社附设一些学校，在学校里力求以集体主义精神教育儿童，使教育与生产劳动相结合。他幻想以这种示范性的试验，把资本主义制度改造成理想的社会制度。他还把他的理想计划呈献给各国君主和统治者,希望得到赞助。但是,共产主义公社是不可能在资本主义制度下存在的。这次试验仅搞了三年多,用去他五分之四的资产,最后终归失败了。

欧文在美国试验失败后回到英国,这时他已是近 60 岁的老人,但他仍然顽强地参加和组织英国的工人运动,在工人阶级中进行了30 年的活动。可是一直到欧文逝世,他总是梦想不通过革命斗争而通过和平道路去改造资本主义社会。他没有看到实现共产主义的正确道路,这是由于"不成熟的理论,是和不成熟的资本主义生产状况、不成熟的阶级状况相适应的。解决社会问题的办法还隐藏在不发达的经济关系中,所以只有从头脑中产生出来"(《社会主义从空想到科学的发展》)。

欧文的著作很多,主要有《新社会观,或论人类性格的形成》《致拉纳克郡报告》《新道德世界书》等。

二、关于人的性格形成的学说

欧文关于人的性格形成的学说,是他的教育思想的理论基础。欧文在他的《新社会观,或论人类性格的形成》这本著作中,阐述了他在拉纳克的社会改革活动所遵循的原则。他承袭了 18 世纪法国唯物论者关于人是环境和教育的产物的学说,认为对人的性格起决定作用的,乃是人所处的环境。欧文说:"我在研究过去的历史和世界的现状之后,心中产生了一个深刻的信念,即认为人类在过去、现在和未来,都始终是他们出生以前和降生以后的周围环境的产物。"[1]"环境决定着人们的语言、宗教、修养、习惯、意识形态和行为性质"[2]。欧文认为

---

[1]《欧文选集》下卷,商务印书馆,1965 年版,第 83 页。
[2]《欧文选集》下卷,商务印书馆,1956 年版,第 48 页。

人们的恶习和美德、优点和缺点,都不是天生就具有的,而是由他们所生活的环境决定的。如果我们改变环境,那就能够培养任何性格。他说:"今后我们不要再说,坏的或有害的行为是不能防止的,或者最合乎理性的习惯在下一代是无法普遍地养成的。就目前表现出罪恶的种种性格而论,过错显然不在个人,问题在于培育个人的制度有缺点。消除那种容易使人性产生罪恶的环境,罪恶就不会产生,代之以适于养成守秩序、讲规矩、克己稳重、勤勉耐劳等品质的环境,这些品德也就可以形成。"①欧文在他的许多论文、演说中,多次地、反复地阐明了这一原理。

同时,欧文还把环境对人的性格起决定作用的观点,称之为一门科学,而且认为这是人类至今获得的一切知识当中,最重要的知识。他认为有了这种科学,人们在一年内所能做的有利于人性的事,将比以往一世纪或许多世纪所曾做过的还要多②;有了这种科学,人类将无一例外地全都积极、仁爱而明智③;有了这种科学,可以为人类开创一个新的世纪,那时真正的幸福就会出现并不断增长④。由此欧文便得出结论,如果我们改变了不合理的生活条件,就能够培养理想的新人。这种新人,将会用和平的方法来建立社会主义关系。"这种美好的变革将通过有关环境对人性的影响的科学知识来实现。"⑤

欧文关于人的性格形成的学说,在当时具有重要的进步意义。这表现在:从哲学上来看,他坚持了唯物论的基本观点,即环境是不依赖于人的性格而客观存在的,是第一性的;而人的性格则是第二性

---

①《欧文选集》上卷,商务印书馆,1956年版,第37页。
②《欧文选集》上卷,商务印书馆,1956年版,第326页。
③④《欧文选集》上卷,商务印书馆,1956年版,第328页。
⑤《欧文选集》上卷,商务印书馆,1956年版,第327页。

的,是环境的产物。从教育学上来看,自古以来就有关于遗传、环境、教育和人的发展关系的争论,继18世纪法国唯物论者之后,欧文再一次提出人是社会环境的产物的观点,而且在拉纳克和"新和谐"公社的教育改革活动中,亲自运用这一观点进行试验。欧文在这一方面超过了以往任何一个教育家。从政治学上来看,欧文从环境决定人的性格这一唯物论的基本观点出发,表达了对劳动人民的同情和对资本主义制度的尖锐批判。欧文指出,当时一些工人贫困、无知和道德堕落,只是不合理的社会环境造成的。这种性格上的缺点不能归咎于具有这种性格的人,而应该归咎于他们生活在其中的那个社会的制度。他说:"我们让一代又一代的人从小就被培育成作奸犯科的人,然后又像狩猎森林里的野兽一样追捕他们,直到他们陷于法网,无计脱身为止。这种情况还要继续多久呢?其实,这些无人同情的、不幸的受害者的客观条件如果和威风凛凛的法官们的客观条件调换一下,后者就会站在罪犯席上来,而前者则会坐到审判席上去。"①

欧文关于人的性格形成的学说虽然具有重要的进步意义,但他并没有摆脱旧唯物论的局限。马克思在《关于费尔巴哈的提纲》中,曾指出了18世纪法国唯物论者和欧文在人的性格形成观点上的错误。马克思指出:"有一种唯物主义学说,认为人是环境和教育的产物,因而认为改变了的人是另一种环境和改变了的教育的产物,——这种学说忘记了:环境正是由人来改变的,而教育者本人一定是受教育的。因此,这种学说必然会把社会分成两部分,其中一部分高出于社会之上(例如在罗伯特·欧文那里就是如此)。"

具体来说,欧文在这个问题上的局限性主要是:第一,欧文不了解人与环境的辩证关系,把人看成是环境的消极产物。马克思主义认

①《欧文选集》上卷,商务印书馆,1956年版,第26页。

为一方面环境决定人,客观决定主观;另一方面人又影响环境、改造环境,主观反作用于客观。人与社会环境的关系不是消极的适应关系,而是积极的改造关系。怎样改造环境呢?只有通过三大革命运动的实践才能实现。"环境的改变和人的活动的一致,只能被看作是并合理地理解为革命的实践。"①在改造客观环境的同时,也改造了自己的主观世界。

第二,欧文把社会环境片面地理解为是社会的道德、法律、政治制度等属于上层建筑的成分,而不了解道德、法律、政治制度是由社会的经济基础决定的。这样一来,就陷入一个恶性循环:人们的观点是环境的产物,环境本身又是人们观点的产物,最终堕入"意见支配"。

第三,欧文把社会环境的改变寄托在少数个别人物身上,而不是人民群众的革命实践。欧文说:"运用适当的方法可以为任何社会以至整个世界造成一种普遍的性格,从最好的到最坏的,从最愚昧的到最有教养的,这种方法在很大程度上是由对世事有影响的人支配和控制着的。"②欧文所说适当的方法,主要是指改变人们的社会环境。但谁来改变呢?欧文认为,改变人们的社会环境的力量"在很大程度上是由对世事有影响的人支配和控制着的",即由少数统治阶级支配和控制的。而广大的人民群众则是"愚昧无知",不能"支配和控制"自己的命运的。所以,马克思说,欧文的"这种学说必然会把社会分成两部分,其中一部分高出于社会之上"。欧文为了改善人们的社会环境,不断地向英国维多利亚女王、俄国沙皇尼古拉一世、美国总统、法兰西共和国临时政府以及神圣同盟的君主们发出呼吁,幻想他们进行

①《关于费尔巴哈的提纲》,人民出版社,1995年版。
②《欧文选集》上卷,商务印书馆,1956年版,第16页。

社会变革和保护穷人的利益,但最终都遭到了失败。

三、关于教育的作用

欧文十分重视教育的作用,这是和他关于人的性格形成的学说一脉相承的。教育是环境的重要组成部分,当然也是决定人的性格的重要方面。

欧文认为,培养各个国民的性格是每一个国家的最高利益所在,因之教育也就是这个国家的首要任务。他提出教育在治理国家方面、在培养人才方面、在改造社会方面,都有着极其重要的作用。

从治理国家来看,欧文认为任何国家如果存在着偏见和贫困,而仅有的教育又坏到不堪设想的程度。那就必然会使人民的道德败坏、国家混乱。一个治国有方的国家应该把主要注意力放在培养国民的性格方面。而要培养性格,就必须有良好的教育。所以,欧文提出治理得最好的国家必然具有最优良的国家教育制度。"年青一代的教育如果规划得好,执行得好,那么国家往后所做的事情就没有一桩能有重大的危害性了"[1]。

从培养人才来看,欧文引用了一句俗话,叫作"从小训练,到老不变"。他认为教育下一代是最重大的问题。人们在幼婴时期和儿童时期被培养成什么样的人,成年后也就是什么样的人。教育可以轻而易举地把人训练成害人害己的恶魔,也可以训练成无限仁慈的造福者。教育对于造就和培养人才有着重要的作用,"不论儿童或成年人,教育受得最好的,工作也做得最好,并且要指导他们去做每一件正当的应做的事也远比旁人容易。"[2]欧文站在劳动人民的立场上,对于被资

---

[1]《欧文选集》上卷,商务印书馆,1956年版,第92页。
[2]《欧文选集》上卷,商务印书馆,1956年版,第141页。

产阶级称之为"坏人、恶人和毫无可取的人",寄予深切的同情。他提出社会上认为最坏的人和最好的人的子女,在教育上应当受到一视同仁的待遇。"把这些孩子教育好比把那些父母正在为之培养较好习惯的孩子照管好,对社会的益处要大得多。"①

从改造社会来看,欧文把教育作为改造社会的途径。他认为通过教育,人类社会才能治理好,才能培养出具有"合理的性格"的新人,而这种新人就能和平地改变旧的社会制度,建立社会主义社会。他说:"只有男男女女都被教育得在感情和行为上变成有理性的人,没有欺骗或犯罪的动机,而是用纯朴而适当的语言说真话的时候,美好的社会才能建设得起来。"②

欧文认为既然教育有上述重要作用,那么一个治理得好的国家,应该具有最优良的教育制度。欧文出于对劳动人民的同情,向当时的英国资产阶级政府提出了为全体贫民与劳动阶级安排一种国家教育制度。这个教育制度的要点是:

第一,指派德高望重、才识过人的人掌管教育部门。

第二,建立讲习所,凡将担任教师工作的人都应当在讲习所里学好教学法与教学内容。

第三,国内遍设讲习所,地点方便,并有足够的规模,可以容纳一切需要学习的人。

第四,给讲习所供应必需的开办费和维持费。

第五,订立计划,计划中的教学方式应该是最优良的教学方式。

第六,给各讲习所指派适当的教师。

---

① 《欧文选集》上卷,商务印书馆,1956年版,第112页。
② 《欧文选集》下卷,商务印书馆,1956年版,第4页。

第七，讲习所中关于身心两方面的教材应在实质上有利个人和国家[1]。

综上所述，我们可以看到，欧文认为教育在治理国家和培养人才方面的作用基本上是正确的，但他企图在不触动旧的社会制度的情况下，通过教育手段和平改造社会，这显然是难以实现的幻想。欧文为英国贫民和劳动阶级提出的国家教育制度，是十分珍贵的。随着英国社会生产力的发展，英国资产阶级为培养既能替主人创造利润，而又不侵扰主人安宁的劳动者，他们不得不给劳动人民以更多的受教育的机会，欧文的这个愿望才得到部分的实现。

四、关于人的全面发展的理想

欧文十分重视教育在培养人才方面的作用，他要培养的是什么样的人呢？欧文认为人要得到幸福，就必须使自己所有的才能、力量和志趣好好发展，以符合他的本性。然而直到现在，任何一类人，都不过是一小块残缺不全的碎片而已。他提出，为了目前一代和未来各代的幸福，需要通过教育"培养智、德、体全面发展的有理性的男男女女"[2]。在未来社会里，为人的全面发展提供充分条件。到那时，不会再有有害健康的劳动，也不会再有智力低下、麻木不仁的人，"代之而起的是一个充满积极精神和具备实用知识的劳动阶级。他们的习惯、知识、态度和性情，都将使他们之中最低劣的人物也远胜于古往今来的社会环境所造成的任何阶级中的最优秀的人物"[3]。

欧文认为要培养这种合乎理性的人，必须从童年起就要实施正

---

①《欧文选集》上卷，商务印书馆，1956年版，第91-93页。

②《欧文选集》下卷，商务印书馆，1956年版，第131页。

③《欧文选集》上卷，商务印书馆，1956年版，第341页。

确的教育。在教育中，欧文把体育放到重要地位。他认为必须保证每个人身强体壮、生气勃勃。因为人的幸福只有在身体健康和精神安宁的基础上才能建立起来。"要使孩子们有强壮的身体，就必须尽量使他们待在室外"①，户外活动对儿童的发育是有益的。对学龄期的儿童，应进行体操练习、游戏和舞蹈，随着年龄增长，要增加军事操。军事操的目的有二：一是"使自己能够抵御无理性人的行动，能够维护和平"，二是"使他们具有挺拔匀称的体形，养成精神集中、行动迅速和遵守秩序的习惯"②。

欧文主张必须进行劳动教育，这是欧文教育思想中十分宝贵的一点。伟大导师马克思对欧文的教育与生产劳动相结合的思想曾给予高度的评价。马克思说："正如我们在罗伯特·欧文那里可以详细看到的那样，从工厂制度中萌发出了未来教育的幼芽，未来教育对所有已满一定年龄的儿童来说，就是生产劳动同智育和体育相结合，它不仅是提高社会生产的一种方法，而且是造就全面发展的人的唯一方法"（《资本论》）。欧文在《论工业制度的影响》《论工厂雇用童工问题》和《致不列颠工厂主书》等文章中，多次深刻地揭露和批判了工厂主对童工的残酷剥削和压榨。他说："儿童几乎是从孩提时代起就被允许在我们的工厂中受雇，而一切工厂的环境又是或多或少地有害健康的。他们被禁锢在室内，日复一日地进行漫长而单调的例行劳动；按他们的年龄来说，他们的时间完全应当用来上学读书以及在户外进行健身运动。因此，在他们的一生刚开始时，他们的天性就受到了极大的摧残。他们的智力和体力都被束缚和麻痹了，得不到正常和自然的发展，同时周围的一切又使他们的道德品质堕落并危害他

---

① 《欧文选集》上卷，商务印书馆，1956年版，第108页。
② 《欧文选集》上卷，商务印书馆，1956年版，第64页。

人。"①他认为,如果没有贤明的立法措施防止这种性格发展,并改善童工的状况,这个国家迟早会陷入一种可怕的、甚至是不可挽救的危险境地。为此,他向英国议会提出一项关于童工问题的法案。这个法案的内容是:

第一,机器厂房的正规劳动时间每天限于 12 小时,其中包括一个半小时的进餐时间。

第二,10 岁以下的儿童不得受雇在机器房内工作,或者 12 岁以下的儿童每天工作时间不得超过 6 小时。

第三,男女儿童在阅读和写作能力还不能实际运用、算术四则还不能理解、女孩还不能缝制自己日用衣服以前,不得受雇在任何工厂工作……。②

当然,这一法案在当时的英国资本主义社会是不可能得到普遍实行的。欧文只是自己在拉纳克进行社会改革时,试验了这一法案的内容。他为 5 岁以下的幼儿举办幼儿园,为 5~10 岁的儿童举办初等学校;缩短少年工人劳动时间,为少年工人举办夜校,让少年工人白天在工厂做工,晚上在学校学习。尽管在教学内容上和劳动没有多大联系,但是他在实现了教育和生产劳动的结合,这在教育史上是一个重大的贡献。所以,马克思说我们在罗伯特·欧文那里可以详细看到,从工厂制度中萌发出了未来教育的幼芽。欧文在他以后的文章中,又一再宣传这一观点。他认为必须把教育看作是跟劳动密切相关的,而劳动又是教育的必不可缺少的一部分。当儿童"体力增长时,他们就将开始参加自己生产团体中的一切主要操作"③。在欧文所筹划的新

---

①《欧文选集》上卷,商务印书馆,1956 年版,第 159 页。

②《欧文选集》上卷,商务印书馆,1956 年版,第 139–140 页。

③《欧文选集》上卷,商务印书馆,1956 年版,第 841 页。

村里,明确提出了:"儿童将学习一些园艺、农业、某种手艺或生产技能"。而欧文所说的生产劳动,并不是手工业劳动,而是大工业生产的劳动,是"通过机械学与化学的帮助进行的"①。这样,欧文的这些观点,比起卢梭、裴斯泰洛齐把劳动教育局限在手工劳动的看法,则是一大进步。欧文的教育与生产劳动相结合的思想,对马克思主义教育学说有着直接的影响。马克思、恩格斯在创立科学的马克思主义教育学说的过程中,批判地继承了欧文的这一思想。马克思在《临时中央委员会就若干问题给代表的指示》《资本论》《哥达纲领批判》等著作中,都曾论述过这个问题。马克思在谈到童工问题时说:"在按照各种年龄严格调节劳动时间并采取其他保护儿童的预防措施的条件下,生产劳动和教育的早期结合是改造现代社会的最强有力的手段之一"(《哥达纲领批判》)。马克思的这一论述,显然受到欧文的影响。

欧文也提出了智育问题。他主张应该以有用的科学知识武装青少年,必须使每一个儿童从小就受到普通教育,使他们能务正业,使他们成为社会上最有用的人,同时也是最能享受社会生活的人。初等学校的学生,就应该学习语文、算术、地理等。在教学上应培养儿童作正确的推理,学会辨明真理和谬误,发展思维能力。

欧文反对宗教教育。他说:"人类接近理性生活时期的真正标志是:在人类的教育制度中不再宣传迷信、怕超自然的东西和怕死的思想。这一切荒谬行为为对自然规律的直接研究所代替。"②在道德教育问题上,应以集体主义精神教育儿童。对两岁以上的儿童,教育他们的格言是"要尽力使小朋友快乐",到了初等学校以后,仍然要遵守、

---

①《欧文选集》上卷,商务印书馆,1956年版,第329页。
②《欧文选集》下卷,商务印书馆,1956年版,第11—12页。

并且养成永远遵守这个原则的习惯。

欧文也注意美育。他主张儿童应学习舞蹈、唱歌、乐器等。他说："为了孩子们的健康和心灵，无论男孩或女孩，都得学习舞蹈。""声音悦耳的男孩和女孩将学唱歌，具有音乐欣赏力的男孩则将学习演奏某种乐器。我们打算让他们在本企业地区条件允许的范围内尽量得到丰富多彩的纯正娱乐。"①

应当指出，在欧文的人的全面发展的理想中，对于系统的科学知识的学习是不够重视的。他在拉纳克的改革活动中，仅对 10 岁以下的儿童施行初等教育，10 岁以后就要参加劳动。他在《新道德世界书》中提出，12~15 岁儿童学习掌握比较复杂生活问题的原则和实践方法，15 岁以后就要参加劳动。这样对于青年一代系统地掌握科学知识，是会受到一定限制的。但是，他在当时的条件下，就提出了人的全面发展的理想，确实是难能可贵的。这正是恩格斯所说的空想社会主义者"处处突破幻想的外壳而显露出来的天才的思想萌芽和天才思想"②。欧文的人的全面发展的理想，为马克思主义的人的全面发展学说提供了极为宝贵的材料。

五、关于未来理想社会的教育

在欧文的理想社会中，社会的基层组织是劳动公社（或称合作公社、方形村、协作新村等）。他说劳动公社是"全新的人类社会组织的细胞"③。在 1817 年写的《致工业劳动贫民救济协会委员会报告书》中，欧文开始提出了建立劳动公社的计划，在他以后一系列著作中，

---

①《欧文选集》上卷，商务印书馆，1956 年版，第 109 页。
②《社会主义从空想到科学的发展》。
③《欧文选集》下卷，商务印书馆，1956 年版，第 20 页。

论证了劳动公社的优越性，并研究和说明了公社的经济、教育等问题。

欧文设想的劳动公社建立在财产公有的基础上，没有阶级，没有剥削，是集体劳动的生产单位和消费单位。"每个新村形成一个由农、工、商、学结合起来的大家庭"，"人人从出生到成年，都应通过当时的最好方式受到教育和培养。"①欧文还具体规划了劳动公社的学校，他说："每一方形新村必须设有两所学校，必须有宽敞的运动场和游戏场"，"一所学校接受 2~6 岁的幼儿，另一所学校接受 6~12 岁的儿童。"②

欧文将未来社会的教育与资本主义工业城市的教育做了一个鲜明的对比，描述了未来社会的教育景象。他说：

在工业城市里，年幼的儿童无人照管，他们每时每刻都在受到坏习惯的腐蚀。

在所筹划的新村里，儿童将得到很好的照管，不仅防止他们染上坏习气，相反地还要培养他们的好习气。

在工业城市里，人们轻视儿童的教育工作。

在所筹划的新村里，一切儿童都将受到良好的教育。

在工业城市里，儿童很早就被打发出去学手艺，或被送到工厂去工作，而且每天要劳动 10—16 小时，工作条件一般都是对健康非常有害的。

在所筹划的新村里，儿童将学习一些园艺、农业、某种手艺或生产技能，而且只根据自己的年龄和体力从事劳动。

在工业城市里，负责儿童教育工作的都是一些无知而

① 《欧文选集》下卷，商务印书馆，1956 年版，第 129–130 页。
② 《欧文选集》上卷，商务印书馆，1956 年版，第 336 页。

有许多坏习惯的人。

在所筹划的新村里，负责儿童教育工作的将是一些见多识广而又有良好习惯的人。

在工业城市里，教育的常用手段是责骂。

在所筹划的新村里，教育是唯一手段，将是亲切关怀和灌输正确的思想。①

欧文在他的晚期著作《新道德世界书》中，把公社成员按年龄分为9组，进一步具体描绘了未来社会的教育。他认为5岁以下的儿童为第一组，他们先在保育室，后在幼儿学校受到良好的照顾，为形成良好的性格打下基础。5~10岁的儿童为第二组，这时他们开始学习文化和简单的生活与生产技能，并在7岁以后担任一些家庭和园艺中的辅助劳动。10~15岁的儿童为第三组，在10~12岁时，要领导第二组的儿童从事家务和各种游戏；而从12~15岁时，则要学习掌握解决比较复杂的生活问题的原则和实践方法，并在学习实践中生产出大量财富。学习的范围包括农业、矿业、渔业、食品制造等方面的各类生产以及保管食品的技能；学习衣料纺织、房屋建筑、家具制造、机器和各种工具制造的技艺；学习生产和制造社会所需要的其他一切物品的一般技艺等等。15~20岁的人为第四组，它的成员在智、德、体方面都将变为新人，这种人将大大超过地球上迄今存在过的一切人。20~25岁的青年是第五组，它的成员将担任一切生产和教育部门的领导者。25岁到满30岁的人组成第六组，主要负责保护和分配公社财富，以及从事科学艺术活动。30到满40岁的人组成第七组，主要负责公社的管理工作，保证社会的和平秩序和仁爱感情。40~60岁的组

---

①《欧文选集》上卷，商务印书馆，1956年版，第228页。

成第八组,负责公社的对外事务,向他人学习和传授经验。60 岁以上的老人属于第九组,他们负责保卫公社的宪法。总之,欧文认为,"在重新划分的社会中,一切新人都将受到良好的教育,得到正确的训练"。①

从以上欧文的论述中,我们可以看出,他提出了由农、工、商、学结合起来的公社方案,全面规划了公社的教育;他试图把教育与生产劳动结合,特别重视儿童的劳动教育,培养儿童的劳动习惯和技能,他构思了一幅消除体力劳动与脑力劳动对立的蓝图,公社成员人人都有享受教育、参加劳动、参加管理、从事科学艺术活动的权利。所有这些设想,都是十分宝贵的。他的这些天才的预测,在无产阶级专政的条件下,将逐渐变成现实。但是,欧文的设想在当时毕竟是一种幻想。因为他"没有估计到阶级斗争、工人阶级夺取政权、推翻剥削者的阶级统治这样的根本问题,而幻想用社会主义来和平改造现代社会。因此我们很有理由把这种'合作制'的社会主义当作彻头彻尾的幻想"②。尽管如此,欧文在教育史上的巨大功绩是不可磨灭的。

(原载《教育研究》丛刊 1979 年第 1 期)

---

① 《欧文选集》下卷,商务印书馆,1956 年版,第 48 页。

② 列宁:《论合作制》,人民出版社,1953 年版。

赞科夫的教学论思想与凯洛夫教育学

近几年来,赞科夫的教学论思想被逐渐介绍到我国,并日益引起广大教育工作者的关注。随着赞科夫的主要著作《教学与发展》《和教师的谈话》等书在我国翻译出版,对赞科夫教学论思想的评价、分析正在逐步深入。在评价赞科夫教学论思想时,遇到这样一个问题,即赞科夫教学论思想与凯洛夫教育学究竟是一个什么关系。搞清这个关系对于学习、研究赞科夫教学论思想是十分必要的。这有助于我们正确地评价赞科夫教学论思想,有助于我们正确地吸收赞科夫教学论思想中合理的部分。从分析赞科夫教学论思想与凯洛夫教育学的关系中,我们可以看到赞科夫的教学论思想哪些地方受凯洛夫教育学的影响,继承了凯洛夫教学论的观点,哪些地方发展了凯洛夫教学论思想,具有独创性。而这些独创性的东西是在什么条件下产生的,其中哪些地方适合我国的国情,从而可以被我们吸收。

当前,在讨论赞科夫教学论与凯洛夫教育学的关系时,有这样两种意见:一种意见认为赞科夫的教学论思想与凯洛夫教育学都是以辩证唯物主义为指导,都是在总结苏联教育经验的基础上建立起来的,它们之间没有什么本质的差别;另一种意见则认为,赞科夫教学论思想是一种全新的创造,和凯洛夫教育学是水火不容的、绝对对立的两个理论体系。这样两种对立的意见,究竟谁是谁非呢? 我以为前者过分强调赞科夫与凯洛夫思想体系之间的继承关系,而忽视了它们之间的差别;而后者则过分强调赞科夫教学论思想对凯洛夫教育学的发展,而忽视了它们之间的继承关系。

是否可以这样说,赞科夫教学论思想与凯洛夫教育学的关系,是一个继承和发展的关系。赞科夫教学论思想,特别是他早期的思想受到凯洛夫教育学的影响,这是人所共知的。赞科夫是《凯洛夫教育学》的四大主编之一。在这部教育学中,我们不能说只有凯洛夫的观点,而没有赞科夫的观点。现在的问题是,赞科夫并没有停留在凯洛夫教育学的观点上,而是随着时代的前进步伐,不断地探索新的教学论体系。他从1957年起进行了近20年的教学与发展问题的实验,建立了一个新的教学论体系。但是,即使在这样的情况下,他也没有完全否认传统教学论体系。他说:他的教学原则既不取代一般教学论著作中所提到的原则(直观性原则、自觉性原则、系统性原则、巩固性原则等等),也不与它们相提并论。当然,赞科夫建立的新的教学论体系,与以凯洛夫为代表的旧教学论体系有着明显的不同。这种不同之处,正说明赞科夫教学论思想对凯洛夫教育学的发展。

凯洛夫与赞科夫所处的时代

凯洛夫与赞科夫所处的时代是不同的。凯洛夫教育学的第一个版本出版于20世纪30年代末期,第二个版本出版于40年代末期。这本教育学在当时是为适应苏联建设社会主义的需要而写的。那个时期,苏联在国际上是全世界无产阶级革命的中心,是世界和平的堡垒;在国内有以斯大林同志为首的党中央领导,实行马克思列宁主义路线,坚持社会主义道路。凯洛夫教育学正是在这种形势下,在教育战线上与"左"右倾机会主义斗争取得了决定性胜利之后的成果。这本教育学总结了正反两方面的经验,吸取了国内外历史上先进教育思想家的合理成分,充实了教育理论的内容,是为了服务于苏联当时的社会主义建设。而赞科夫却处于一个新的时代。进入50年代以后,科学技术的发展迅猛异常,知识的更迭日新月异,"知识爆炸"、知识陈旧率加快、知识物化加速。这一新的形势,对教育提出了新的要求。如何适应形势的迅速发展,进一步改革教育,提高教育质量,这不仅是当时教育家关心的问题,而且也是政治家关心的问题。这就是从20世纪50年代以来,世界上许多主要国家掀起教学改革浪潮的原因。如美国的国防教育法及布鲁纳的课程结构论,日本的第二次、第三次教育改革,苏联赞科夫的小学教学新体系,法国的"哈比改革"等等,就是这种改革的反映。但是,如何进行改革呢?也就是说把教学改革的突破口放在哪里呢?有的国家侧重于课程设置,有的国家侧重于教育制度、教育方法,而赞科夫则把教学改革的突破口放在学生的一般发展上。这是赞科夫比其他教育家、政治家高出一筹的地方。赞科夫说:"在我们这个时代,学生的发展对他们将来的活动有着非常重大的意义!不管教学大纲编得多么好,男女青年在中学毕业后不可避免地要碰到他们不懂的科学发现和新技术。他们必须独立地并且迅速地弄懂不熟悉的东西并掌握它。只有具备一定的品质、有较高发展水平的人,才能更好地应付这种情况。"

凯洛夫与赞科夫面临的问题

正因为凯洛夫与赞科夫所处的时代不同,因此他们所面临的问题也就不同。凯洛夫当时面临什么问题呢?我们知道,苏联在20世纪20年代,各级学校深受"左"右倾机会主义路线的干扰,其中特别是"左"的路线干扰,学校劳动活动过多,否定教师、教科书和课堂教学的作用。教学秩序混乱,教学质量极低。从30年代开始,联共中央做出一系列关于学校问题的决议,严厉批判了反列宁主义的"学校消亡论"和资产阶级实用主义的"设计教学法"。凯洛夫负责主编的《教育学》,就是以这些决议为主要依据而建立起来的。这本《教育学》强调以系统的科学知识传授给学生，纠正学生"没有充分的普通教育知识"的根本缺点，以便为苏联当时的社会主义建设培养人才。而赞科夫所面临的问题就不同了。从苏共二十大以后，苏联逐步走上社会帝国主义的道路，形成美苏争霸的局面。争霸不仅要靠经济实力，更重要的是靠人才的积累。怎样更快更好地培养大量的人才，这就需要从教育入手，改革教育。仅靠过去那种以系统知识传授给学生的做法是不行了，还必须使学生得到一般发展。所以，赞科夫说："学生的一般发展对于他们毕业以后从事各种活动的意义，是无论怎样估计都不会过高的。""青年人在毕业以后总会或多或少地碰到他们所不熟悉的科学上的新发现和新技术。在这种情况下，只有具备相应的智慧、意志和情感品质的人，才能在他们所不熟悉的环境中迅速地辨清方向，顺利地采取对策"。

赞科夫教学论思想与凯洛夫教育学的基本观点

正因为凯洛夫与赞科夫所处的时代不同，面临的问题不同，这就决定了他们在教学论的一些基本观点上的不同。

在教学任务方面，凯洛夫教育学明确提出，教学的任务就是授予学生以自然、社会和人类思维发展的深刻而确实的普通知识。这一主导思想贯穿于凯洛夫教育学的整个教学论中。虽然凯洛夫教育学在有的地方也提到要发展学生的能力，但没有提出用什么内容和方法来发展能力。因此，在凯洛夫教育学中，发展能力的问题，实际上被传授系统知识所代替。而赞科夫则认为新教学体系的核心思想是，教学过程中既要使学生掌握应有的知识和技能、技巧，又要使学生得到思想的一般发展。在学生的一般发展取得重大进展的基础上，使学生真正高质量地领会知识和掌握技巧。赞科夫说："应当集中注意力朝着一个很重要的方向去探索，这就是：要找到这样的教育学途径，以便在学生的一般发展上取得最好的效果。""教学不仅要使学生掌握知识、技能和技巧，而且要达到学生的发展"。这样，赞科夫打破了教学只能同传授知识、技能和技巧相联系的老框子，把教学同发展联系起来，这是教学论中一次根本性的改革。由于凯洛夫和赞科夫在对待教学和发展关系问题上有所不同，因此在教学论的其他一系列问题上都有明显的差别。

在学生的学习任务方面，凯洛夫教育学明确提出学生并不负有发现新的真理的任务，他们的任务是要自觉地去掌握基本知识，不仅要把这类知识牢牢地记在自己的脑子里，并且还要学会利用这类知识。这样，实际上把学生的学习归结为掌握一些现成的经验。而这些现成的经验，自然由有经验的教师来传授。教师讲，学生听，教与学的关系也就变成讲与听的关系，把生动活泼的课堂教学变成了僵死的满堂灌的形式。而赞科夫则认为学生的任务不仅是接受现存的、系统的科学知识，而且要求学生走科学家追求真理的道路。"要逐步使学龄初期儿童形成一种自己去弄懂他所不懂的问题的内心需要"。"对教师来说，学生——这不单纯是一种可以向他的头脑里填塞知识，并且在他身上训练出准确无误地起作用的技巧的学习者，而是一个委托给我们教师来培育的年龄较小的人，他是我们的社会的未来的公民"。在赞科夫的教学实验班中，从不让学生坐享其成，等待教师来灌输，而是要求学生的学习具有向未知领域探索的性质，要让学生懂得应当做什么和应当怎样做。赞科夫很形象地指出，要学会游泳，就得下水。"如果总是用一根背带牵着儿童走路，他们长大了就会成为意志薄弱、消极被动的人"。

在教与学的关系方面，苏联在20世纪20年代深受实用主义教育思想的影响，否定教师的主导作用。30年代后期出版的《凯洛夫教育学》，为纠正这一偏向，又过分夸大了教师的作用，说什么"教师的每一句话对于学生来说具有法律的性质"。他提出以教师为中心、以课堂为中心、以教科书为中心，但这三个中心都只是强调了教师的教，而忽视了学生的学，实际上把学生置于消极被动的地位。赞科夫也非常重视教师的作用。他认为教师既是学生的年长的同志，同时又是他们的导师。无论对集体或者对每一个个别的学生，时刻都不能放松自己肩负的指导责任。但是，赞科夫在重视教师教的同时，则更为重视学生的内在的能动作用。赞科夫教学体系的着眼点放在学生的发展上，因而十分重视学生的情感意志方面的内部诱因。他主张在教学过程中充分调动学生的学习积极性，培养学生的独立思考能力。他认为儿童在课堂上的精神生活要积极、充实甚至要非常热烈。要改变教师单纯讲，学生单纯听的局面，要允许学生跟教师、跟同学一起交谈自己的想法，开展相互讨论。他说："如果班级里能够创造一种推心置腹地交谈心思的气氛，孩子们就能把自己的各种印象和感受、怀疑和问题带到课堂上来，展开无拘无束的谈话，而教师以高度的机智引导并且参加到谈话里去，发表自己的意见，就可收到预期的教育效果。"

在教学论的指导思想方面，凯洛夫教育学虽说是以辩证唯物主义为指导，但实际上形而上学的东西比较多。例如在教育作用问题上，他强调教育在人的发展中的主导作用，但却忽视儿童的内因；在教学的基本组织形式问题上，他强调课堂教学作为教学的基本组织形式，这是正确的。但他完全忽视生产实践、现场教学等其他教学组织形式的作用，把课堂教学当作唯一的教学组织形式的作用，这就难免陷入片面性；在课堂教学的结构上，他不管教学内容、不问教学对象，硬性规定几个环节，企图用一套固定的模式去处理错综复杂的教学活动，这不免机械烦琐，脱离教学实际。所有这些，说明凯洛夫教育学往往形而上学地强调矛盾的一个侧面，而忽视另一个侧面。不是从统一中把握对立，从对立中把握统一，因而在理论上出现了片面性，在实践上带来了不良影响。而赞科夫的教学论思想，由于是从长期的教育实验中总结出来的，因而比较符合实际，比较符合辩证法。例如在教学与发展的关系上，他正确地指出，教学与发展的关系是因果关系。他说"教学的结构是因"，学生的发展进程是"果"。这种因果联系很重要，因为它能决定学生的发展进程。发展过程的特点，除外部的决定性的影响外，还有内部的制约性。对立面的统一和斗争是这种内部制约性的基础"。显然，赞科夫的教学与发展相互关系的观点是很正确的，是符合辩证法的。在教育的作用问题上，他认为人的发展是外因和内因复杂地相互作用的结果。他首先十分重视儿童的内因的作用。他认为应该把人的发展看作是自己的运动，它的源泉是内部矛盾。另一方面，他又十分重视教育在人的发展中的重要作用，把它看作是人的发展的不可缺少的外部条件。他说："马克思主义的辩证法并不降低、更不否认外因。"一位现代杰出的马克思主义者毛泽东说："唯物辩证法认为外因是变化的条件，内因是变化的根据，外因通过内因而起作用"。赞科夫从这种观点出发进行实验研究，逐步认识到学生的发展规律，形成了他的一整套新的教学论体系。在教学形式、方法上，赞科夫主张从实际出发，根据教学内容、教学对象的不同情况，灵活运用多种多样的教学形式和方法。他要求每个教师打破旧的教学论要求的框框，对课程的结构、类型、教学方法等，进行各种新的探索。他批评传统教学法要教师按照固定的模式工作。他认为不同的教学任务，应该有不同的上课方法，不可能有一个现成的处方。他特别称赞那些敢于突破旧的格式，进行新的探索的教师。他说："有一位女教师，她在上课时并不遵循平常的程式去检查家庭作业、讲述新教材、当堂巩固，等等。在她的课堂上，开展着一个生动活泼的认识过程，这种认识过程已经是无法套用老的程式，也不能削足适履地去俯就老的上课程式了。她的课有精确的结构,这种结构不是由外来的只看表面的程式决定的,而是由教材的内在逻辑和儿童思维的进展情况所决定的。"所有这些说明,赞科夫的教学论思想富有生气,充满着辩证法的因素,是值得我们认真学习的。

在教学论的思想来源方面,凯洛夫教育学与赞科夫教学论也是不同的。凯洛夫教育学虽然吸收了当时巴甫洛夫高级神经活动学说的成就,继承了历史优秀的教育遗产,总结了苏联广大教师的教育经验。但总的说来,凯洛夫教育学,其中特别是1948年版的《教育学》,引证经典著作和联共中央的决议较多,从这些著作、决议中找教学论的理论体系,其内容都不是很丰富的。特别应该指出的是,凯洛夫教育学是总结苏联20世纪20年代的经验教训,根据30年代的客观要求而提出的。现在时隔四十多年,在科学技术飞速发展的今天,反映30年代水平的凯洛夫教育学,将会越来越表现出不适应时代的要求。而赞科夫的教学论思想则是建立在长期的教育实验基础之上的,他亲自深入教育实际,长期坚持教育实验,用经过提炼的科学事实来丰富教育理论。他善于吸收当时先进的科学成果,用以充实教育学的内容。例如他提出教学与发展相互关系的理论,正是吸收心理学家维果茨基的观点。维果茨基指出,教学应当创造最近发展区,然后使最近发展区转化为现有发展水平,认为教学应当走在发展的前面。根据维果茨基的这一观点,赞科夫实验体系的指导思想是要达到尽可能高的教学效果,以促进学生的一般发展。同时,赞科夫本人也是一位心理学家,他把心理学的研究成果带到教育学领域,使心理学观点成为探讨教育学问题,特别是教学与发展问题的重要因素。这样,心理学和生理学的科学成果,成为赞科夫教学论的重要理论基础,从而使教育学的理论更为丰富和充实。

以上我们从凯洛夫和赞科夫所处的时代、面临的问题以及在教学论的主要观点方面，说明了赞科夫教学论思想与凯洛夫教育学的不同之处。但我们比较的目的，并不是要用赞科夫去压凯洛夫。应该指出，凯洛夫教育学在一定程度上运用马列主义观点说明了一些教育规律，因而有些内容还是可以吸收和借鉴的。凯洛夫教育学的历史作用是不容否定的。有比较，才能有鉴别，我们比较二者的目的，是想要说明赞科夫教学论思想中，到底有哪些独创性的东西，这些独创性的东西，对我们来说又有哪些值得吸取。当然，赞科夫教学论思想中也有不少问题，例如他十分强调学生的一般发展，但究竟什么是一般发展？赞科夫对这样一个重要概念，缺乏规范性的、准确的定义。又如他提出高难度、高速度的教学原则，但究竟怎样难、如何快才算适度，使人很难掌握。所有这些，我们在学习赞科夫教学论思想时，是应该注意的。

（原载《外国教育动态》1981 年第 5 期）

发达国家教育督导制度之比较

教育督导是教育行政部门根据国家制定的教育政策，对各级学校进行视察、调查、考核、评价和指导，在各发达国家教育行政管理体制中占有重要的地位。这些国家建立教育督导制度的基本经验，可以概括为设置督导机构，明确督导职责，发挥督导作用，选拔督导人员等。分析与比较这些国家的教育督导制度，借鉴其中合理的因素，对于完善我国的教育督导工作有一定的现实意义。

一

由于学校的兴起和发展，公共教育制度的建立，就出现了如何组织和管理教育的问题。教育督导是在各级学校得到一定发展之后产生并发展的，是教育系统内部的监督和调节机构。发达国家为全面协调教育事业的发展，先后建立了健全的教育督导机构。

法国是建立教育督导机构最早的国家之一，1806 年 5 月，拿破仑颁布帝国大学组织敕令，作为全国教育行政最高权力的领导部门。在帝国大学组织中设总督学。在帝国大学之下划分为 27 个大学区，每个大学区分管几个省的教育行政领导工作。大学区按省分设大学区督学。总督学和学区督学协助帝国大学总监及学区总长检查各项命令的执行情况。二战以后法国的教育督导机构更为完备，法国的中央教育行政机关现为国民教育部，在国民教育部内设总督察室，并下设公共教育督察处、学校管理督察处、学校组织督察处、学校工作督察处。总督察室协助教育部长督导全国的教育工作。法国的地方教育行政单位为大学区。大学区教育行政首长为大学区总长,在大学区总长公署设有大学区督学处,负责督导中学教育工作,大学区以下的教育行政单位是省,省的教育行政机构为省教育厅。在各省教育厅内设有督学处,负责督导小学教育工作。

英国在 19 世纪初开始施行国家直接管理教育的措施。1839 年,英国政府首次设置"枢密院教育委员会",直接掌管、监督学校,扩大对学校教育的控制权,以后逐步建立督导机构。英国的督学分为中央和地方两级。中央督学由国王直接任命,亦称皇家督学,设在教育与科学部内,称为督学司。督学司机构庞大,人数众多。全英皇家督学514 人,其中 40 人在中央,其余分散全国各地。地方督学,又称视导员。在英格兰和威尔士共 104 个郡或市教育局下设视导处。视导处主任由教育局副局长兼任,称首席视导员,另外配备高级视导员多名,共同组成领导小组。地方教育局在业务上主要依靠视导机构对学校进行视察、督导、建议,以达到加强学校管理、改进学校工作的目的。

日本明治政府在 1871 年设立文部省,主管全国的教育事业。1872 年,日本制定了近代第一个教育改革法令《学制令》《学制令》把全国划分为 8 大学区,在各大学区设督学局,配备若干名专职督学。在中央文部省设督学本局,统辖督学事务,这是日本最早的督学机构。二战以后日本建立了从中央到地方的完整的教育督导体制。日本在文部省设立中央督学称视学官,分别就中小学和高等教育开展指导和联络工作,地方督学称指导主事。在都道府县和市町村教育委员会设置事务局,并规定事务局设指导主事,负责对中小学提供指导和帮助。

美国的教育管理体制是典型的地方分权制,教育督导主要由州、学区承担。各州教育董事会,是州的教育决策机关。各州均设教育厅,由厅长和一支督学队伍组成,受州教育董事会领导。州教育厅对学校的督导工作采用服务的方式,如宣传、引导与咨询等。而学区则是管理教育的基层组织。学区教育董事会任命一名督导长,统管整个学区的教育督导和行政管理工作。督导长一般聘用若干助理人员,分别掌管财政、计划、教学、人事等方面的工作。

以上可见,无论在中央集权制国家,还是在地方分权制国家,教育督导机构与各个国家的行政管理体制相一致,都设有督导组织,形成系统而完备的督学网络,检查与督促国家教育政策在学校落实情况。

二

督导机构建立之后,其职责是什么呢? 各国情况不尽相同,大致可分为三种类型,一种是以督察、检查为主,如法国、英国;一种是以指导、建议为主,如日本;一种是集督导权与行政权于一身,如美国。

法国在总督察室又分为三类的中央督学,一类是教学督学,按学科负责督导学校教师的教学工作;一类是学校组织督学,负责舆论宣传,鼓舞人员士气;一类是教育行政督学,负责检查学校行政工作及其财务开支情况。法国地方的省督学,负责督导辖区内的中小学,指导学校各项工作,并就教师的任用、升调及奖惩事项提出建议。

英国的皇家督学职权很大, 督导工作的对象是除大学以外的所有公私立学校、青年组织及继续教育学院等。概括起来,督学的职责有三,一是视察所有学校,考察与评估学校的办学水平,并提出建议与指导;二是上下沟通,加强中央与地方的联系,一方面下达中央政策,一方面反映地方意见,沟通两者之间的联系,保证全国教育事业的协调发展;三是教育行政部门的顾问。皇家督学大都学识渊博,经验丰富,与学术界保持密切的联系。督学的报告和建议也大都符合客观实际,因而往往受到教育行政当局的重视,成为教育决策的主要依据。

日本的督导工作，以导为主，以督为辅，在各国教育督导中别具特色。文部省的视学官在宏观方面就学校设置、教育管理、教学工作向各级教委提供指导、建议和帮助。地方的指导主事在微观方面就课程安排、教材使用、教法选择、学生个性调查、学校设备配置等提供具体指导。可见，日本的督导工作内容涉及各个方面，但它在做法上从一般监督检查逐渐发展到具体指导。

美国的督学职责又不同于上述国家，它的职责范围可以说集行政权与监督权于一身。据《伊利诺伊学校法》规定，地方教育委员会有权雇用一名督学，在地方教育委员会领导下负责学校的行政管理。督学作为地方学区的最高行政人员，手中握有大权，其通过任命、分配、提升和工资定级等手段对学校人员施加影响。而且地方教育委员会的决策多以督学的建议为依据，督学成为美国教育行政管理中举足轻重的人物。

以上可见，各国赋予督学的职责范围不尽相同，但是从另一方面来看，这些国家的督导工作又有许多共同的特点。这表现在：一是督导工作的独立性。各国的督学机构虽然设在相应的教育行政部门内，但其督导工作构成从上到下的体系，业务上独立于教育行政部门。二是督导工作的广泛性。从组织联系来说，上与教育行政部门联系，了解中央的教育政策；下与地方教育当局及学校联系，了解教育政策贯彻执行情况；纵向则与各种教育团体联系，协调各种关系。从督导工作内容来说也十分广泛，既在宏观方面督导教育政策贯彻落实情况，又在微观方面检查、指导教材、教法、设备等具体问题。三是督导工作的权威性。各国教育督导职权不尽相同，有的有监督权，有的只有指导权、建议权。但在其职权范围内，可以说都是扮演"钦差大臣"的角色。对督学提出的督导工作报告，被督导的学校或地方教育当局，必须在一定时间内做出反应。有的国家，如英国皇家督学的工作直接对国王和议会负责,其权威性就更大。

三

各发达国家督导工作的权限不尽相同,但是都要给教育工作以专门的指导和建议,对改进各级学校的教育工作有重要作用。这种作用主要表现在建议咨询,发现推广,评价水平,参与规划等几个方面。

1. 建议咨询。通过督学、检查,就全国的教育现状向中央教育行政部门提出建议,以对国家的教育决策起影响作用。地方督学可以就学校办学中的具体问题提出指导和建议,以改进学校工作。例如,以导为主的日本地方督学——指导主事,其任务十分具体。其包括指导学校确定教学科目、授课时间、组织教材;指导教师选择与使用教科书、教学参考资料;指导学校进行学生的学习辅导、就业与升学教育;指导学校开展有关学生个性研究、智力测验等活动。

2. 发现推广。通过督学、检查,总结和推广好的办学经验,促进研究与解决共同关心的问题。督学通常可以通过督导工作报告,传递信息,交流经验,指出问题,确定学校研究的课题。

3. 评价水平。各国督学是学校各项工作的分析评估专家。通过督学、检查,对全国、地方的教育水准和发展趋势进行分析,进而对学校的办学水平、教学质量做出评价。这样,通过分析评估对学校各项工作发生影响。

4. 参与规划。督学直接参与学校发展与规划过程中各个具体的环节,如学校目标的确定、计划的落实、人员与设备的配备等。特别是教师的培训、进修以及方案的制定,督学更需提出意见。

四

由于督导工作在教育事业发展中有着重要的作用,因此各国对督学人选的任职条件要求十分严格。法国的中央督学由教育部长在大学区督学或经验丰富的教授中挑选,最后由总统任命。担任法国地方督学的条件是,持中学教师证书,具有 5 年以上的教学经验,经省督学考试合格,由大学区总长上报,最后由教育部任命。

英国的皇家督学任职条件是,有大学毕业学历,且有 10 年以上的教学经验,经文官考试合格,并经首席主任督学面试合格,最后由国王任命。英国的地方督学即视导员,实行公开招聘制,要求应聘者具有多方面的专长和中小学的教学经验,并具有较强的组织才能和解决实际问题的能力,一般多从中小学校长和优秀教师中招聘。

日本的中央督学即视学官,多从高等学校有学识、有丰富教育实践经验的校长、教授中选拔,最后由文部省大臣批准。日本地方督学即指导主事的选任,必须是对教育有见识,是某一学科的专家,通过主考官考试,由相应的教委主任任命。

美国教育行政管理的基层组织是学区。学区督学任职条件是,获得硕士以上学位,有一定的教学经验,受过督导培训并考试合格,最后由督导长指定一个专门考察小组任命。据美国学者的一项抽样调查,督学一般都有一定的教学经历,平均 7.4 年;有较高的专业水平,获博士学位者占 15.4%,获硕士学位者占 65.7%;而且大都年富力强,精力充沛,平均年龄 38 岁。

可见,发达国家在选拔督学人员时都有较高的要求:或为学识渊博的大学教授,或为经验丰富的中小学校长,或为各级学校的优秀教师,都是某一方面的专家。这是各发达国家建立教育督导制度的共同经验。

(原载《外国教育动态》1981 年第 5 期)

布鲁纳论教学手段现代化问题

杰罗姆·S.布鲁纳是美国著名的教育心理学家。1959 年,美国在科德角的伍兹霍尔召开了有 35 位科学家、学者和教育家参加的会议。这次会议,主要讨论中小学的教学改革问题,同时"相当多地讨论了教学装置:影片、电视、视听辅助器、教学机器以及教师在教学中可以采用的其他装置"①。布鲁纳担任这次会议主席。《教育过程》一书,就是布鲁纳对大会讨论所做的总结报告。此书出版后,影响较大,被西方评论家誉为"最重要的和最有影响的教育著作之一"。此书共分六个部分,其中第六部分专门论述了教学手段现代化的问题。今天,在我国学校大力推广电化教学手段之际,了解布鲁纳有关这一方面的论述,取其精华,为我所用,是很有必要的。

一

20 世纪 50 年代中期以后,科学技术的发展迅猛异常。随着电子计算机等现代化装置的出现,西方各国教学手段逐渐现代化。特别是在美国,1958 年美国国会通过了《国防教育法》,该法案规定以巨额拨款补助各地方学校改善和充实现代化教学设备。但是,在美国国内对运用现代化教学手段的效果问题,众说纷纭,莫衷一是。在这种情况下,布鲁纳力排众议,大力提倡使用现代化教学手段。他认为现代

---

①布鲁纳:《教育过程》,文化教育出版社,1982 年版,第 10 页。

化教学手段作为一种教学辅助工具,如果把它组成一套辅助系统,协调一致地加以运用,对教师的教和学生的学都是十分有利的。这具体表现在:它可以使学生产生清晰概念和具体形象,它可以扩大学生的经验范围,帮助学生理解教材;它可以唤起学生的注意力,有吸引注意的短期效果;它可以减轻教师的一些负担。如果不使用现代化的教学手段,仅仅依靠传统的教科书,把教学限制在一成不变的课堂背诵上,会把生动的学科弄得呆板沉闷。布鲁纳说过这样一段话,可以说是充分肯定了现代化教学手段的重要作用。他说:"总起来说,现在有各种装置来帮助教师去扩大学生的经验范围,帮他理解所学材料的根本结构,并戏剧式表现他所学的东西的意义。也还有些装置现在正在发展,它们能减去教师肩上的一些教学负担。应该怎样协调一致地运用这些辅助工具和装置使之成为一套辅助系统,当然是个有意义的课题。"①

二

当时,在美国用于教学的现代化装置很多,其意义和作用也不尽相同。布鲁纳把它们分为这样几种类型:

1. 替代经验的装置。它可以给学生提供在普通学校所没法取得的材料。一般用于这种工作的装置有影片、电视、显微影片,幻灯片、录音带等。

2. 模型装置。它可以帮助学生掌握现象的基本结构,提供清晰的概念和具体的形象,引导学生理解他所看到的事物的概念化的结构。一般用于这种工作的装置有实验室实习、数学积木、程序设计等。

3. 戏剧式装置。它可以帮助学生辨认现象或观念,采取表演的方

①布鲁纳:《教育过程》,文化教育出版社,1982年版,第59页。

式说明,带有戏剧般的效果。一般用于这种工作的装置有科教片,人物传记影片等。

4. 自动化装置,如教学机器。它一步一步向学生呈现程序化问题或习题,逐步前进,给学生提供及时的校正和反馈。

以上各种现代化教学手段,如果在教学中协调一致,紧密围绕教学的目的和任务,就能产生有益的教学效果;反之,如果"作为骗人玩意儿的影片和电视演出,节目中缺乏内容或风格的电视系统,对琐细事物象形文字式的生动描绘,这些,对教师,对学生都没有帮助"。①

三

那么,在现代化教学手段逐渐发展以后,教师的作用是不是消失了呢?不是的。布鲁纳认为"教学的主要人物是教师而不是教学装置"。②这是因为教师在教学中有两个重大作用:

1. 教师是知识的传播者。他说:"传播知识在很大程度上依靠人们精通所要传播的知识。这是再明显不过的——不管教师是否采用其他的辅助工具。"③只有教师才精通所要传播的知识,可以完成这一传播知识的任务。同时,也只有教师才能确定教学的目的,根据教学目的,从事知识的传播,而"装置本身不能决定它们的目的。期望视听辅助器或教学机器做万应灵药的那种奔放热情,忽视了人们试图完成的任务的极端重要性"。④

2. 教师是学生的模范。布鲁纳说:"教师不仅是传播者而且还是

①布鲁纳:《教育过程》,文化教育出版社,1982年版,第64页。
②布鲁纳:《教育过程》,文化教育出版社,1982年版,第10页。
③布鲁纳:《教育过程》,文化教育出版社,1982年版,第62页。
④布鲁纳:《教育过程》,文化教育出版社,1982年版,第61页。

模范"。"教师也是教育过程中的直接个人象征,是学生可以视为同自己一样,并拿来同自己作比较的人物。"①这就是说,教师不仅教书,而且教人。教师的一言一行,一举一动,无不给学生以深刻的影响。布鲁纳曾举例说:教师如果看不到某门学科的好处及威力,就激发不出学生对这门学科的内在刺激力,教师如果不愿或不能表现直觉能力,那就不大可能在学生中鼓励直觉。所有这些教师对学生的影响,不是任何教学装置所能代替的。

布鲁纳认为教学的主要人物是教师,而不是教学装置。这并不是否定教学装置在教学中的作用,而只是说作为知识的传播者和学生的模范的教师,要根据教学任务,灵活运用各种各样的教学装置。在教学过程中,既不要否定教师的重要作用,也不要轻视教学辅助工具的应有价值。这二者是相辅相成,而不应该发生冲突的。"如果发展辅助工具时考虑到教学的目的和要求,便不会有冲突。"②

（原载《电化教育研究》1982 年第 3 期）

---

① 布鲁纳:《教育过程》,文化教育出版社,1982 年版,第 63 页。
② 布鲁纳:《教育过程》,文化教育出版社,1982 年版,第 64 页。

要素主义教育述评

要素主义教育是当代美国影响较大的一个资产阶级教育流派。这个流派是怎样形成和发展的?有些什么主张?哪些主张值得我们借鉴?这些问题都需要我们认真加以研究。

要素主义教育流派的形成和发展

任何一种教育思潮的出现,都是当代社会政治、经济的需要,并同当代科学文化的发展有着密切的联系。要素主义教育流派的形成和发展也不例外。

要素主义教育流派的形成和发展经历了两个阶段,第一阶段是1938—1945年。1938年"促进美国教育要素主义委员会"的成立,是这一流派出现的标志。当时,在要素主义教育流派与实用主义"进步派"的争辩中,要素派处于劣势。第二阶段是第二次世界大战后至20世纪60年代末,特别是在1956年创立"基础教育委员会"后,其势力大大超过实用主义"进步派"。

要素主义主要代表人物有:威廉.C.巴格莱、詹姆斯.B.康南特、阿瑟.E.贝斯特、H.G.里科弗。

要素主义教育流派的形成和发展,有两个重要原因:

一是要素主义教育流派的出现,是资本主义危机加深的表现。1929年席卷资本主义各国的经济危机给资本主义制度以十分严重的打击。这场危机使资本主义世界的工业生产下降了44%。美国

1932 年的工业生产与 1929 年相比,仅为 53%。这种危机十分沉重地打击了重工业部门,1932 年,美国的钢产量下降到 31 年前的水平。这次危机,使资本主义各国的阶级矛盾空前激化。美国的失业工人达到 1700 万,几百万失业工人举行了大规模的示威游行。工人革命运动的蓬勃发展,使得垄断资产阶级如履薄冰、惶恐不安。要素主义者惊呼:"美国人民面临着一个经济问题,无论其性质和范围都是史无前例的。现在全世界三分之二的失业人口集中在这个最富足的国家。""正当国内外情况处于非常危急的关头,美国教育竟然意外地软弱无能,这是特别不幸的。"①他们指出,由于实用主义"进步教育"的提倡,"美国的教育理论很久以来,已经把'训练'这个词从它的词汇中摒弃了",②以至破坏了传统的社会文化的稳定性,形成知识质量下降,纪律松弛,从而造成社会危机,削弱了美国资产阶级的统治。因此,要素主义者提出,为了使教育为解决美国社会内部矛盾、稳定资产阶级的统治,"教育理论必须是强有力的、生气勃勃的、积极的、而不是无能的、软弱的和含糊的",③必须重新恢复传统的教育来代替实用主义"进步教育"。这就是要素主义教育思潮出现的社会背景。

二是要素主义教育流派的盛行,是适应美苏争霸的需要。1957 年,苏联发射第一颗人造卫星成功,震动了美国朝野。不少人把苏联人造卫星上天比作科技领域中的"珍珠港事件",显示美国在军备竞赛中处于劣势。美国海军将领、要素主义教育流派代表人物之一里科

①《现代西方资产阶级教育思想流派论著选》,人民教育出版社,1980 年版,第 149 页。

②《现代西方资产阶级教育思想流派论著选》,人民教育出版社,1980 年版,第 157 页。

③《现代西方资产阶级教育思想流派论著选》,人民教育出版社,1980 年版,第 160 页。

弗在《教育与自由》一书中说："苏联人造卫星发射装置的有力冲击不仅深入星际空间，它也穿破了包着我们对美国现在和将来技术优势的自满信念的厚甲。""它极大地损害了我们对美国教育制度的信赖"。①他还指出，苏联发射人造卫星的事实说明，苏联的教育制度恰好能培养技术优势所需要的人。他认为美国教育的缺陷，"从根本上来说是对优秀智力的漠不关心，对心智问题的漠不关心"。②为了使美国在科技领域中保持领先地位，要素主义者极力主张改造实用主义"进步教育"，学习欧洲传统的教育经验，使儿童受到严格的训练，培养大批通晓数学、物理、化学、生物、外语等等学科的科学家。这些主张在美国曾引起轩然大波，是美国 20 世纪 50 年代中期以后课程改革的理论根据。于是，要素主义教育流派在各方面扩大了影响，成为当时美国教育的统治学派。

对实用主义教育思想的批判

要素主义教育是从批判实用主义教育开始的，它们之间表现出明显的对立和差别。

要素主义的代表人物巴格莱、贝斯特等人对实用主义"进步派"的教育观点进行了尖锐的批评。他们认为美国教育实施了"使人软弱的教育理论"，即进步教育理论。这种理论导致了学生知识下降等可怕的缺点。现在，"几乎在每一个方面对于我们大多数公立学校日前所提供的 12 年教育的结果有着普遍的不满"。"在每一个地区，有才

---

①《现代西方资产阶级教育思想流派论著选》，人民教育出版社，1980 年版，第 182 页。

②《现代西方资产阶级教育思想流派论著选》，人民教育出版社，1980 年版，第 193 页。

智的、负责的、公正无私的公民们对当前教育方针正在提出很多尖锐的问题"。①

要素主义派与实用主义"进步派"的争论,主要反映在以下几种对立的概念上:

表1　要素主义派与进步派之间的不同之处

要素主义派	进步派
社会要求	个人欲望
记录	自由
努力	兴趣
长远目标	眼前需要
书本教材	活动教材
教师主导性	学生自主性
种族经验	个人经验

巴格莱在《要素主义者的纲领》中,逐条地分析、指责了实用主义"进步教育理论"的错误。

从学校制度来说,进步教育论者使学校放弃了学业成绩的严格标准,学生缺乏读、写、算的基本训练。学生的升学,不是以学业成绩为标准,而是让全体学生"按照预定时间表"通过。这样,学校里的留级生没有了,缺乏基本训练的跳级生却出现了。

从课程设置来说,进步教育论者否定精密的和要求严格的科目,

---

①《现代西方资产阶级教育思想流派论著选》,人民教育出版社,1980年版,第173页。

如中学的拉丁语、数学、几何等等;要素主义者则认为这些学科对于人的心智训练是有价值的。巴格莱指责进步教育派不是鼓励有能力的学生去学习这些要求严格而精密的学科,而是有意采取降低程度的政策。在小学教育的课程改革运动中,首先强调的是围绕着当时社会的需要来建立教学计划,结果削弱了基础知识,夸大了浅薄的东西,贬低了顺序性和系统性,使小学教育的缺点加多、效能降低。

从教学内容来说,进步教育论者断然否认教材的逻辑系统、年代顺序和因果关系,轻视学习的系统性和循序性,热衷于搞"附带的学习"。所谓附带的学习,是指儿童在活动中附带发生的学习。例如,当研究地理时附带地学会了"地中海"等词汇。这种附带的学习,忽视了基本的训练。

从教学方法来说,进步教育论者广泛推行所谓"活动运动"。活动运动即是设计教学法的一种形式。它鼓励学生去发现问题和领会其有关的目的,在解决所发现的问题和达到有关的目的过程中学到想要学的东西。这是"附带学习"理论在教学方法上的运用。

从学校纪律来说,进步教育论者否定纪律和锻炼。要素主义者批评他们宽容初学者拒绝从事于不符合他兴趣的作业,他们以"民主""自由"为幌子,竭力反对服从。要素主义者主张加强纪律,加强自我训练。"所有这一切都不能改变根本的真理,即自由必须与责任携手并进,而有责任的自由总是经过努力得来的,而不是白送的"。①

总之,要素主义者从学校制度、课程设置、教学内容、教学方法和学校纪律等方面,对实用主义"进步派"进行了一系列的批判。结合着对"进步教育派"的批判,巴格莱等人提出了要素主义教育的基本

①《现代西方资产阶级教育思想流派论著选》,人民教育出版社,1980年版,第158页。

观点。

要素主义教育的基本观点

根据巴格莱、贝斯特等人的论述以及其后的拥护者的不断补充，要素主义教育的基本观点主要有以下几方面。

（一）重视教育、改革教育

1957年苏联发射第一颗人造卫星，引起美国朝野震惊。当时，要素主义的一些代表人物，就建议美国当局和教育界同仁要重视教育、改革教育，把教育作为美苏争霸的重要工具。康南特在《知识的堡垒》一书中说："我们是自由国家的公认的领袖。由于我们国家幅员大，财富多，在这些自由国家反对苏联意识形态的斗争中，我们是主要的保卫者。我们的中小学、学院和大学意识到这种责任对于教育的含义。"[①]里科弗也指出美国和苏联正处于一场脑力战役之中，现在就要采取行动，使美国有更多的受过训练的人，以保持世界的领导权。他引证怀海特的话说：在现代生活中，凡是不重视有训练的智慧的民族是注定要失败的。所有你们在陆上或海上的胜利，并不能改变这个命运。[②]里科弗以此来劝告美国当局重视教育、关心教育。为此，他在《教育与自由》一书中，向美国当局提出不少具体建议。这些建议主要是：

1. 要改革当时实用主义"进步派"教育。他认为教育要跟上变动中的时代，这就需要大规模的改革，类似教育中的革命。他说："有训练的人力只能从彻底改造过的教育制度培养出来，这种教育制度，有

---

①《现代西方资产阶级教育思想流派论著选》，人民教育出版社，1980年版，第164页。

②《现代西方资产阶级教育思想流派论著选》，人民教育出版社，1980年版，第193页。

着完全不同的目的和比较高的学术标准。"①

2. 要认清当时形势,重视教育,拿出一定经费办理教育。里科弗指出,面对日益强大的苏联,必须唤醒美国人民,认清我们民族所面临的危险,必须重视教育,重视人才的培养。他提出美国每年用于广告的经费相当于公立中小学教育经费的总和;用于设计和制造新型汽车的经费,相当于美国公立高等教育经费的3/4。里科弗列举这些数字说明,美国有力量和苏联竞争。

3. 要提高科学家和技术专家的待遇。他指出,在美国不要受很多严格的教育,就容易生活得很好,以致使很多年轻人宁愿选择走向实业成就和乡村俱乐部生活的轻松愉快的道路,而不选择走向科学的艰苦的学术工作的道路。为了抵消这些影响,必须提高专家的地位,提高他们的威信和物质报酬。

(二)传递文化共素是教育的核心

要素主义教育理论要求给学生以人类基本知识的要素,或称民族文化传统的要素。要素主义这一名称即来源于此。巴格莱说:"有效的民主要求文化上的共同性。在教育上这意味着要使每一个拥有足以代表人类遗产最宝贵的要素的各种观念、意义、谅解和理想的共同核心。"②学生应当学习人类的"要素知识",掌握一般原理,受到科学规律的基本训练和"永恒真理"的熏陶。所以,传递文化要素是教育的核心。由此出发,要素主义者主张,在课程设置上,反对适应当前需要的课程,主张学校必须具备由人类知识精华组成的稳定的课程。他们

①《现代西方资产阶级教育思想流派论著选》,人民教育出版社,1980年版,第190页。

②《现代西方资产阶级教育思想流派论著选》,人民教育出版社,1980年版,第158页。

认为"进步派"提倡的课程改革运动,明显的倾向是削弱基础知识,夸大浅薄的东西。其结果是教学质量下降。"企业界人士对他们所任用的大、中学毕业生的读、写、算技能和普通知识的贫乏感到惊慌"。①要素主义者主张课程应有计划的安排,有次序的传授。普通教育课程应重视读、写、算基础知识的教学,并开设数学、物理、化学、历史、地理、外国语以及古典语(拉丁文、希腊文)等基础学科。20 世纪 60 年代以后,他们又特别强调所谓"新三艺",即数学、科学和外语。

在教学过程上,反对儿童兴趣主义,主张教学过程的严肃性、计划性。在"进步派"的影响下,青少年厌弃严格训练和艰苦钻研,贪图安逸、沉醉于兴趣,缺乏长远目标。其结果是纪律松弛,犯罪增多。要素主义者认为让儿童从兴趣出发,获取零星琐碎的知识,是不能跨入文化宝库的。只有加强"努力"的概念,才能实现最有价值的学习目标。因此,对学生必须严格要求。"如果教育放弃严格的标准,因而对于学习所必需的努力不提供有效的鼓励, 那么许多人将虚度在学的12 年"。②

在师生关系上,反对儿童中心主义,主张树立教师的威信。在"进步派"的影响下,美国学生存在着"服从是怯懦的标志","一切学习作业由教师所强加是权威主义"等等认识。③要素主义者认为在教师与学生关系方面,教师是主导方面。儿童要成长为人,没有教师的指导与控制是不可能的。人类认识教师所肩负的这一责任不知用了多少

---

① 《现代西方资产阶级教育思想流派论著选》,人民教育出版社,1980 年版,第 173 页。

② 《现代西方资产阶级教育思想流派论著选》,人民教育出版社,1980 年版,第 160 页。

③ 《现代西方资产阶级教育思想流派论著选》,人民教育出版社,1980 年版,第 157 页。

年代。他们针对"进步派"提倡放任自流的做法,明确宣布:"要素主义者的要素之一, 就是当指导既是为个人福利所必需又是为民主集团的福利和进步所必需的时候, 承认未成年的初学者有权得到这种指导。成年人对未成年人所负的教导和管束的责任,对于延长人类的未成熟期和必需的依赖期具有生物学的意义。"①因此,他们提出"把教师放在教育宇宙的中心",充分发挥教师的主导作用。

(三)注重"天才"的发掘与培养

第二次世界大战后,特别是 20 世纪 50 年代中期以后,要素主义者从发展科学技术和充实国防实力的角度出发,鼓吹"天才"的发掘与培养。康南特说:"近年来对于我们不能培养出足够数量的科学家和工程师产生了不断增加的忧虑。换言之,没有足够的人适当配备我们的工业和国防设施。"②其原因之一,就在于没有注意对天才儿童的发掘和培养。为此,他建议"需要焕发地方的热情,发现并适当地教育那些智力特别高的人","应当能使我们的学校比现在更多地利用每个时代的丰富的才能资源"③。从 60 年代以来,美国中小学推行"能力分组"等等,就是以康南特的这些建议为基础的。

总括起来,要素主义教育观点与实用主义"进步教育"观点恰成鲜明的对比。这主要是由于帝国主义的经济发展和科学技术发展的要求。但我们必须看到,无论是实用主义教育,还是要素主义教育,它

---

①《现代西方资产阶级教育思想流派论著选》,人民教育出版社,1980 年版,第 157 页。

②《现代西方资产阶级教育思想流派论著选》,人民教育出版社,1980 年版,第 167 页。

③《现代西方资产阶级教育思想流派论著选》,人民教育出版社,1980 年版,第 169 页。

们都是为美国统治阶级的根本利益服务的。巴格莱曾明确地说:美国教育的首要功能就是保卫并强化美国民主的理想,"这些民主的理想就是包括在要素主义者的纲领中最首要的要素"。[①]这一段话,使我们清楚地看出要素主义的第一要素就是维护美国资产阶级的统治。但是在我们认清要素主义教育的阶级本质的同时,还得承认他们在某些问题上,为人类的认识提供了一些有价值的内容。例如他们在对实用主义教育进行批判和争辩的过程中,所揭露的矛盾和弱点,对我们有一定的启发。又如他们重视教育在社会发展中的作用,重视对人的丰富的才能资源的开发,重视基础知识的教学等等,对我们也有一定的参考价值。不过,要素主义教育由于片面重视灌输书本知识和强调传统教育方法的结果,也未能解决美国教育中存在的实际问题,教育质量仍未能显著提高,因之从 20 世纪 70 年代以来,要素主义教育在美国教育理论界便逐渐失去了占优势的地位。

(原载《外国教育动态》1983 年第 1 期)

---

① 《现代西方资产阶级教育思想流派论著选》,人民教育出版社,1980 年版,第 156 页。

巴班斯基教学方法体系述评

尤·克·巴班斯基是苏联教育科学院院士、副院长。他试图以唯物辩证法为指导,提出教学过程最优化的理论。这一理论,在苏联有很大的影响。近几年来,这一理论被介绍到我国以后,日益引起广大教育工作者的关注。但是,当前我国对巴班斯基教学理论的研究,仅限于教学过程最优化原理方面,而对教学方法体系的研究尚欠充分。本文试图对巴班斯基教学方法体系作一评介,以吸取精华,为我所用。

教学方法体系的理论基础

教学方法是巴班斯基教学过程最优化原理的重要内容之一。他认为教学最优化的一个重要措施,是对教学的方法和手段进行配合,使这种配合能在规定时间内最有效地解决面临的任务。一套合理的教学方法能提高课堂教学的教学和教育效果。这样就能在教学和教育过程中,节约教师和学生的时间和精力,并取得好的结果。

巴班斯基的教学方法体系是建立在辩证的系统方法论基础之上的。他说:"要使教学最优化,就必须以辩证的系统来对待教学过程,所谓辩证的系统观点,就是必须把教学过程的所有成分,师生活动的内外条件都看成是相互联系的东西,必须仔细考虑各种可能的解决办法,并自觉地从中选择出在当前条件下,教学任务、内容、形式和方法的最好方案"。由于巴班斯基将辩证的系统方法论运用于教学方法的研究,从而形成了他的教学方法体系的别具一格的特色。这些特色表现在：

第一，以完整性的观点看待教学方法。过去，"由于对教学过程的成分、教学论的诸原则、各种教学方法的论述缺乏完整的观点，因而往往片面地迷恋它们的某个方面（如控制论方面、心理学方面等），这就造成某些教学方法和教学形式流于绝对化"。所谓完整性的观点，就是要保证全面地包含研究对象和各种成分，有关方面和相互关系，并阐明它的系统特征。他认为用完整的观点对待教学方法问题具有特别重大的意义。因为"教学方法是师生为达到教育和培养人的目的而进行的相互联系活动的方式。由于活动的方式和性质是多方面的，所以，教学方法也是多种多样的。因而，企图制定经常使用的、数目有限的几种教学方法是错误的"。

第二，以相互联系的观点看待教学方法。过去，人们对"教学方法"概念的理解是单一的，在教学过程中人为地把各种方法割裂开来。这样，就造成把丰富多彩的教学方法简化成有限的几种方法，人为地去寻找一种不存在的万能教学法的后果。其实，"教学方法"的概念是综合的。以辩证的系统方法论看待教学方法，在于强调各种教学方法的辩证统一。因为从事任何教学活动总是几种方法结合在一起，各种方法总是互相渗透、相互补充。那种在一定条件下适当而有效的方法，在另一种条件下、对另一课题和另一类型的教学工作可能完全不适用。所以，巴班斯基指出："教学的方法和形式，具有一定的补偿可能性，因而同一种任务可能用不同的方法和形式来解决。"

第三，以动态的观点看待教学方法。过去，人们对教学方法的认识往往是静止的，把固定的教学方法套在复杂多变的教学活动上。唯物辩证法告诉我们，世界上任何事物都是在不断变化、发展和运动之中。根据这一原理，巴班斯基十分强调："不仅要研究教学的主体和客体的活动，而且要研究在活动中流通着的信息内容本身，并且要把

'过程'看作一定的物质元素的变化和发展,来揭示这一现象的动态性实质。"他认为以动态观点看待教学方法,一方面要看到,在教学过程中教师与学生都在发生变化,教师在挑选教学方法和形式时,已经能够同时考虑更广泛的因素;另一方面也要看到,教学方法本身也在不断地发展、完善。例如,随着磁带录音、录像、计算机辅助系统等教学技术手段的采用,给学生传授知识信息的一套方法,近年来就有了很大的改变。

从以上我们可以看出,巴班斯基以辩证的系统方法论的观点看待教学方法,有助于克服过去教学方法研究中的各种形而上学的弊病。

教学方法的分类

巴班斯基认为,教学方法是教师与学生之间相互联系的活动方式与途径。这种活动是为了在教学过程中使教学、教育和学生的发展达到一定的目的。由于任何一种这样的活动都以组织、刺激和检查为前提,所以,教学方法也就分为三类,如图 1 所示。

首先,巴班斯基对于教学方法的分类,是有科学根据的。他认为马克思把活动分为引起、调整和控制三个阶段。这样,按照完整的观点,教学方法至少可以分为三大类:第一类,教学认识活动的组织和进行(借以保证个人对教材的加工过程);第二类,教学认识活动的刺激和动机(借以保证教学活动最重要的调整职能,保证意志和情绪的积极化);第三类,教学认识活动效率的检查和自我检查(借以实现教学过程中的控制和自我控制的功能)。

巴班斯基提出的第一大类方法,是根据列宁关于认识论的原理。列宁曾指出:"从生动的直观到抽象的思维,并从抽象的思维到实践,这就是认识真理,认识客观实在的辩证的途径。"巴班斯基通过传授

检查学习认知程度的效果的方法	直视检查法
	实习检查法
	口述检查法

刺激认知活动的方法
- 刺激学习义务感引起学习动机的方法
  - 创造意志紧张情景
  - 说服
  - 鼓励或责备
  - 提出要求
- 刺激学习义务引起学习动机的方法
  - 创造情绪情景
  - 有趣的习题
  - 讨论
  - 认识性游戏

组织认知活动的方法
- 从教室影响程度分
  - 学生的独立学习法
  - 教师指导下的学习
- 从学生如何掌握教材分
  - 复述法
  - 问题探索法
- 从教材本身逻辑安排分
  - 演绎法
  - 归纳法
- 实践法
  - 操作
  - 实验
  - 图解
- 直观法
  - 练习
  - 演示
  - 说话
- 口述法
  - 讲演
  - 讲述

图 1　巴班斯基教学方法的分类

知识与感知教材的方法——讲述法、直观法等,以建立学生的"生动的直观";通过归纳法、演绎法、问题探索法等,启发学生的思维活动,通过练习、实验室实验、实际劳动操作等,让学生把获得的知识用于实践。这样,从生动的直观到抽象的思维,再到实践,在教学方法上形成了完整的认识过程体系。

巴班斯基提出的第二大类方法,是根据唯物辩证法关于外因通过内因而起作用的原理。唯物辩证法认为,事物发展的根本原因,不是在事物的外部而是在事物的内部。"外因是变化的条件,内因是变化的根据,外因通过内因而起作用"。学习动机是直接推动学生进行学习的一种内部动力。他认为通过认识性游戏、讨论有趣的问题、创造情绪情景和提出要求、鼓励、责备、说服和创造意志紧张情景的方法,激发学生学习兴趣和学习义务感,引起学习动机。这对于充分调动学生的学习积极性、刺激学生的学习认识活动是十分重要的。

巴班斯基提出的第三大类方法,是根据控制论的基本原理。控制论的原理告诉我们,教学过程是知识信息的传递过程。在教学过程中,师生之间、个体感受与效应之间是依靠信息和反馈信息来进行的。一切控制系统都利用反馈来实现其控制。对教学过程的调控,也必须通过教学反馈。教学过程中,教学的反馈形式和内容是多种多样的,但最主要的是对教学效果的检查。巴班斯基具体提出了检查学习认识活动的方法——口述检查法、直观检查法、实习检查法等。依靠这种教学反馈信息,采取最优的措施,进行最优的调控,取得最优的效果。

巴班斯基不仅对教学方法进行了系统的分类,而且对各个教学方法做了精辟的分析。他说:"从方法论的意义来说,重要的不仅在于把实践中成功的教学方法加以概括、进行统一的分类,而且在于强调各种教学方法的辩证统一。"根据辩证统一的观点,巴班斯基认为:第一,每一种教学方法都有其优点和不足之处。例如,口述法能在最短的时间内传达大量的知识信息,可以向学生提出问题并指出解决问题的途径,有助于发展学生的抽象思维。但是片面的使用口述法,就会妨碍学生掌握教材,特别对于直观形象思维类型的学生来说更是如此。直观法对发展直观形象来说是有益的。可是如果过多地使用这种方法,就会抑制学生的抽象思维和想象力的发展。实践法有利于加强理论与实践的联系,形成学生的技能、技巧。但片面使用这种方法,不能保证系统而深刻地掌握理论知识以及发展有逻辑的语言和思维能力。复述法有助于成功地学习实际材料,但过多地使用这种方法,往往会造成形式主义地掌握知识、甚至死记硬背教材。问题探索法,有利于培养学生分析问题、解决问题的能力。但这种方法比口述法、直观法费时较多,在学校中不可把它作为唯一的教学方法。因此,巴班斯基提出必须根据具体情况,选择合理的教学方法,以达到最优化的效果。

第二,各种教学方法是相互渗透、相互补充的。一个教学活动,一般不只要采用一种教学方法,而要采用互相配合的一系列方法。他认为采用多种多样的教学方法,有以下好处:从发展学生的认识能力来说,采用多种多样的教学方法,有利于全面发展学生的认识能力。因为把多种方法结合起来,可以使学生最好地揭示自己认识的可能和能力,发现最适合于自己掌握知识的方法。从激发学生的学习兴趣来说,采用多种多样的教学方法,有利于调动学生学习的积极性。由于各种各样的教学方法,各有不同的效果。这样,就使学生的认识活动十分活跃,引起并增加了他们的认识兴趣,避免了由于活动单调而降低学习兴趣。从提高教学质量来说,采用多种多样的教学方法,有利于受教育者发挥自己学习认识活动中的优势。因为运用多种多样的教学方法,能够把学生的各种感性知觉——听、观察和各种运动知觉吸引到学习活动中来。这样,就可以使学生以各种记忆方式和思维方式去理解教材,提高学习质量。"当然,多样化应当遵守一定的分寸,以免分散学生的注意力,不要使教学变成活动种类变幻多端的万花筒"。

从以上我们可以看出,巴班斯基对教学方法的分类似有烦琐之处,但他突破传统教学论的束缚,对教学方法进行辩证系统的分析确有独到之处,对我们有重要的启发。

多种教学方法的合理结合

多种教学方法的合理结合,这是教学活动本身的特点所要求的。巴班斯基指出,教育劳动的一个典型特点是它不容许有千篇一律的现象。一方面这是由于教学过程每一次都是在新的班级中进行,在那里,学生已经具有另一些特点,教学的物质可能性也有所变化。而另一方面还在于教师本身也在变化和成长着,他变得越来越有经验,在挑选教学的方法和形式时,已经能够同时考虑更广泛的因素。

那么,怎样使多种多样的教学方法合理地结合起来呢? 巴班斯基遵循教学规律,提出了一系列的要求。

第一,以真理具体性的原理为指导运用教学方法。

巴班斯基以辩证唯物主义关于真理具体性的学说为依据,明确指出抽象的真理是不存在的,真理永远是具体的。某种方法对某种情况可能是最优的方法,但在另一种情况下,它可能就不是最优的方法。把真理具体性的方法论原理转用于教学过程,就必须分析教学的具体任务、内容的特点、师生的可能性,并根据每种情况,按照一定的标准,选择适当的解决办法。这个标准是:在一定条件下,既取得最大可能的教学效果,而师生又只花费最少必需的时间。

巴班斯基根据真理具体性的方法论原理,对各个教学方法做了精辟地分析。他认为运用各个教学方法时，必须考虑具体的时间、地点和条件。例如，如何运用学生独立学习的学习方法呢？他认为如果内容很简单，如果学生具备独立学习教材的基础，如果有时间让学生像平时自学教材那样较慢地学习这一专题时，就可以采取独立学习的方法；相反，如果教材复杂，如果学生没有自学教科书的基础，如果学习这一专题所安排的时间不够用以自学，就不能采取独立学习的方法。又如，如何运用探索法呢？他认为如果教材具有中等难度，如果学生在解决问题情景过程中有独立"充实"知识的基础时，如果学习这一专题有时间讨论疑难问题时，就可以采用；相反，如果教材十分复杂或是极为简单，如果学生没有足够的解决疑难问题的知识基础，如果在本课的教学过程中没有足够的时间来讨论疑难问题时，则不能采用。再如，如何运用演绎法呢？他认为如果教材内容是以演绎方式叙述的，如果学生具有用演绎法学习的基础，如果改变教材叙述的逻辑性不致使学生产生实际困难，不致使学生在家庭作业上消耗大量时间时，就可以采用；相反，如果教材内容是以归纳方式叙述的，而改变这种方式会给学生带来困难，如果学生不具备用演绎法来掌握这一专题的基础时，则不能采用。

第二，注意学生的年龄特点运用教学方法。

巴班斯基认为每个年龄组的学生都有自己现实的学习潜力、一定发展水平的工作能力、主导的思维活动品质、个性意志范围和情感范围。教师的任务就是要研究、认识学生的年龄特点和个性特征。教师在教学过程中善于考虑到学生的年龄特点和个性特征，这是提高教学教育效率的最重要前提之一。对低年级学生来说，虽然现在的小学生比过去同龄人具有更大的学习潜力，能进行更复杂的概括和更抽象的活动，有可能运用启发式教学和局部探讨教学法。但低年级学生比高年级学生的工作能力弱，而且容易疲劳。他们是直观形象的思维类型,而不是口头讲述型。因此,在给低年级学生上课的时候,为了使他们在课堂教学的全过程中保持注意力集中和认知积极性,必须广泛运用各种直观手段,采取各种教学方法和教学形式的合理交替,运用游戏的形式进行教学等等。对中年级学生来说,学习潜力增长了,随意注意的能力提高了,有可能把逻辑推理与直观形象结合起来;与此同时,随着生理上急剧地发育,少年儿童更容易感到疲劳。这就要求教学方法多样化,要经常变换教学方法,不断举出新鲜实例可保持学生的注意力以及他们对复杂教材的兴趣。对高年级学生来说,他们的思维能力、理解能力和逻辑记忆能力增长了。这些有利条件使教师能广泛地运用问题探索法和演绎教学法。运用直观教学法的性质改变了,可以更广泛地运用图表、挂图、图式、抽象的带有信号标志的直观手段。在完成实验和实习作业等任务时,还可以采取讨论、独立探索和研究的方法,这是高年级教学过程中所独有的。不过,在教育教学过程中,应当以辩证的观点对待低年级、中年级和高年级学生的年龄特点,不能限制和压抑学生的潜力,而要逐步引导他们向更高的水平前进。

第三,根据班级的发展水平运用教学方法。

巴班斯基认为,在教学中任何一种方法,实际上都不能认为是最佳的,必须根据学生学习水平的变化综合地加以运用。因此,教师应十分了解各个班级发展的水平。班级的基础知识水平高,学习教材时就要适当地增加用实践法学习教材的分量,减少浅显的直观方法的作用。相反,在知识基础较差的班级里,原则上要大量使用座谈法和直观法,在一定程度上要减少独立学习教材的分量。在这种班级里,为了使学生保持积极的认识兴趣,以保证掌握知识,需要变换使用多种多样的教学方法。

巴班斯基认为,合理使用最优的教学方法,不仅要了解各个班级的发展水平,而且还要了解在同一班级内各个学生发展的水平。诸如他们用探索法学习的水平、用演绎法掌握教材的水平,独立从事实践活动的水平,学习中自我检查能力发展的水平等等。根据这些情况,才能把教学过程中的组织、刺激和检查等教学方法结合起来。对于优等生,教师要向他们提供较为复杂的学习任务,例如增加作业的范围和数量,布置一些创造性习题,完成或改进一些演示仪器和实验仪器的作业。对于差生,从根本上要求较多地使用各种各样的教学方法和直观手段,以便解除其厌烦情绪并保持其掌握所讲专题的兴趣。对于班上大多数中等水平的学生来说,应力求最佳地组织教学过程,突出教材中的重点,选择最合理的教学方法、手段和形式,发动学生进行自我监督,为该班教学创造最佳学习条件。

第四,考虑教师的特点运用教学方法。

巴班斯基认为,教学方法的最优化不是排斥教师的创造性,而是以教师的创造性为先决条件。教学方法的选择是由不同水平的教师来进行的。教师根据自己个性特点,选择教学方法,这是提高教学效果的重要措施。"教师的技巧在于,他在教学过程中能够最大限度地发挥自己个人的知识和能力,有的擅长于朗读文艺作品;而另一位教师擅长于唱歌;第三位教师能够制作编码信息或在黑板上绘出非常美丽的图画;第四位教师是讲故事的能手,教师凭借他自己的这些长处,就可以更有效地运用课堂教学的教学方法"。

从以上我们可以看出,巴班斯基对合理使用多种教学方法的分析,冲破了传统教学论的影响,是符合教育实际的。

总之,巴班斯基以辩证唯物主义为指导,吸取现代系统论、控制论的优秀成果,总结广大教师的先进经验,对教学方法进行了系统的分类,并对如何运用教学方法做了精辟的分析,从而形成了一个完整的教学方法体系。这一教学方法体系,虽然还在不断地完善和补充,但是经过这几年苏联教育实践的检验,是行之有效的。今天,我们研究和汲取巴班斯基教学方法体系中的合理因素,对于发展我国教育事业,将会是有益的。

参考资料

1. 巴班斯基:《教学论方法论的若干迫切问题》。

2. 巴班斯基:《改进课堂教学方法的若干问题》。

3. 巴班斯基:《教学教育过程中要注意学生的年龄特点和个性特征》。

(原载《外国教育动态》1983 年第 6 期)

空想社会主义者卡贝的教育思想

埃蒂耶纳·卡贝是 19 世纪三、四十年代法国著名的空想社会主义者。阐述和分析他的教育思想,对于探索空想社会主义教育思想的发展规律,从中汲取合理的成分,是十分有益的。

一、卡贝的主要活动与《伊加利亚旅行记》

埃蒂耶纳·卡贝(1788—1856 年)生活在法国历史上斗争极为复杂的时期。他出生在法国一个贫苦的工匠家庭,以后受过教育,当过教师。20 年代初,卡贝参加密谋革命组织烧炭党,反对封建王朝复辟;30 年代初,他因站在资产阶级民主主义立场上,宣扬激进的政治主张,反对七月王朝,受到迫害,逃亡英国。在流亡英国期间,是卡贝从政治上的激进主义转变到共产主义的关键时期。此时,他系统研究了莫尔、康帕内拉、欧文和其他空想社会主义者的著作,博采他人之长,逐渐形成了自己的思想体系,成为著名的空想社会主义者。1839 年,卡贝重返法国,开始了大规模的共产主义宣传活动。1840 年,出版了他的篇幅最大的著作《伊加利亚旅行记》。这本著作采用游记小说的形式,抨击旧的私有制度,宣传未来的理想社会,通俗易懂,脍炙人口,深受广大群众的欢迎,使卡贝的共产主义宣传获得空前的成功。40 年代初,卡贝领导的伊加利亚派共产主义者仅在法国就达 50 万人,是"法国土人的基本群众"①。

卡贝的《伊加利亚旅行记》一书,是空想社会主义史上一部重要著作,它尖锐地批判了旧的私有制度,细致地描绘了未来的共产主义社会。全书分为三卷,第一卷描写与展现了一个按共产主义原则组织起来的社会情况;第二卷指出了怎样建立一个共产主义社会;第三卷从理论上阐述共产主义制度的一些原则。卡贝设计的伊加利亚社会是以生产资料公有制为基础的共产主义社会。人人各尽所能地从事劳动,产品由国家无偿分配,人人都过着平等、幸福的生活,人民是国家的主人,一切重大问题都由全国人民直接讨论或由人民代表讨论,公民轮流担任各种公职。卡贝的这一著作,曾受到科学社会主义创始人的高度称赞。恩格斯说,"伊加利亚派共产主义者的计划吸取了圣西门、傅立叶计划中一切合理的东西,因此他们大大越过了先前的法国共产主义者"。②卡贝的共产主义学说,虽然深刻地揭露了旧的私有制的种种弊害,为人民群众指出了美好的共产主义前景,提供了启发工人觉悟的宝贵材料,但是,他的这种共产主义的历史观是唯心主义的。卡贝多次鼓吹通过说服教育、人性感化和公众舆论的办法来实现他的理想社会。这种反对革命,幻想和平的思想,违背了阶级斗争的客观现实,找不到创造新社会的社会力量,因而只能是一种虚幻的、无法实现的理论。马克思和恩格斯把卡贝建立乌托邦幻想国讽刺为"创立小伊加利亚,即袖珍版的新耶路撒冷"。③

二、《伊加利亚旅行记》中的教育思想

卡贝在《伊加利亚旅行记》中,以很大的篇幅专门论述共产主义

---

①②《马克思恩格斯全集》第 1 卷,人民出版社,1974 年版,第 580 页。
③《马克思恩格斯选集》第 1 卷,人民出版社,1974 年版,第 283 页。

社会的教育问题,可是,在过去出版的教育史著作中,从未提到卡贝的教育思想,这种状况显然是不公正的。卡贝在教育问题上的论述,其内容是非常丰富的,它包括对私有制度下教育的批判和对未来共产主义教育的设想。

(一)对私有制度下教育的批判

卡贝在《伊加利亚旅行记》中深刻地揭露了不平等的社会制度,认为生产资料私有制是不平等社会制度一切弊害和罪恶的根源。他认为不平等的社会制度,对整个社会的舆论、风俗、习惯、文化教育都起着极其有害的影响。在不平等的社会制度下,人们享受教育的权利也是不平等的。贵族阶级为维护不平等制度,不让穷人受到任何可能使他们意识到自己应当同其他人一样享有平等权利的教育。他说:"贵族所以要垄断公共教育,目的就是为了麻痹人民,使人民永远处于无知状态"①。

他还尖锐地揭露在私有制度下,统治阶级把教育作为阶级统治的工具,灌输统治阶级的思想意识。"贵族们因为害怕人民觉醒,便只允许那些忠于贵族的教师任教,而只许他们讲授那些对贵族有利,或者至少无害的知识。任何教师胆敢在谈论政治时不引导学生盲目遵从女王和服从贵族的法律,便被当场作为叛国处决"②。同时,卡贝还指责贵族统治阶级把宗教引入学校,以此作为愚弄人民的工具,宣传一些所谓上天新降的神谕和其他种种奇谈怪论的行为。

卡贝认为,在私有制度下,不仅学校教育成为统治阶级的工具,而且家庭教育也同样浸透了统治阶级的精神。穷人孩子的父母都在贫穷的重压和旧社会制度统治下,变得愚昧无知和颓唐堕落,本身就

①《伊加利亚旅行记》第二、三卷,商务印书馆,1976年版,第37页。
②《伊加利亚旅行记》第二、三卷,商务印书馆,1976年版,第36页。

不过是些成年的"孩童",又怎么能培养自己的子女健康成长呢? 至于贵族们自己,因为原来从父辈接受的就是不良的教育,对自己的孩子也只能进行同样的教育。他们引导自己的子女为非作歹,对其灌输各种偏见,使其自视高人一等。

卡贝对于劳动人民在私有制度下,被剥夺受教育的权利,教养很低、缺少知识的状况深表同情。劳动人民之所以处于这种状况,并不是先天的,而是由于他们出生以后所处的种种不同情况所造成的。如果把所有的人们都放在绝对相同的环境下, 他们的知识和教养将完全相同,或者起码是都具有足够的知识和教养,差异的程度绝不会形成真正的不平等。因此,使人们在知识与教养上不平等的原因并不出于自然,而是社会制度造成的。他说:"如果说确实有某些人天生在智能上比较优越,那么,同样确实无疑的是:自然并没有从人类中划分出一整个特殊的类别或阶级,天生具有他们世袭遗传的特殊智能,使他们得以凌驾于其他人之上,成为天之骄子,或者使某一个民族高出于其他的民族,就像人类高出于其他的动物那样"[①]。

卡贝在对私有制度下的教育进行了一系列的揭露和批判之后,最后得出了一个正确的结论,这就是:在私有制度下,无论是学校教育还是家庭教育,都是人类社会的一种灾难。究其原因,都是那个不平等的社会制度必然导致的后果。他大声疾呼:"要诅咒这种万恶的教育制度及其万恶的根源和后果"[②]。由上可见,卡贝虽然未能区别奴隶社会、封建社会和资本主义社会的教育,但是他对私有制度下的教育的揭露和批判却是异常尖锐和深刻的。他的这一观点,在有的地方甚至接近科学社会主义创始人马克思、恩格斯关于教育本质问题的

①《伊加利亚旅行记》第二、三卷,商务印书馆,1976年版,第107页。
②《伊加利亚旅行记》第二、三卷,商务印书馆,1976年版,第36页。

分析,这也是卡贝超过以往空想社会主义者的地方。可是,卡贝对私有制度下教育的批判又是不彻底的,他从超阶级观点出发,对私有制度下受到不同教有的人们,不论是贵族或市民、富人或穷人、国王或臣民都表示同情,"理性、哲学和正义怎能不严厉要求我们原谅和同情一切受这种教育毒害的人们呢?"①卡贝的这种思想,正是他反对暴力革命,宣扬和平共产主义的观点在教育思想上的反映。

(二)未来共产制度下的教育

卡贝在《伊加利亚旅行记》一书中,不仅揭露和批判了旧的社会制度,而且精心描绘未来共产主义社会的蓝图,其中包括未来共产主义社会的教育制度。

他十分重视未来共产主义社会的教育问题。其原因有二:一是他把教育作为实现共产制度的条件之一。他认为消除私有制度弊病的办法之一就是要进行良好的教育,使教育为实现共产制度服务。"教育的目的应该是培养能够实行共产制度的公民和工人"②。二是他把教育看作是共产制度的根本和基础。如果没有良好的教育,共产制度不可能十全十美。在共产制度下,正因为每个人都受到良好的教育,所以我们每个人才能认真履行自己在社会政治生活中的一切义务,也才能充分地享受这种政治生活中的一切幸福。所以,他说:"在我们看来,教育是我们整个社会政治制度的根基,我国人民和他们的代表最重视的恐怕就是教育了"③。在卡贝设想的共产制度下,教育事业成为公众关心的主要事业之一,国家建立专门的教育机构,研究和讨论教育工作,增加教育经费,配备足够的教师,并把教师看作最重要的

①《伊加利亚旅行记》第二、三卷,商务印书馆,1976年版,第37页。
②《伊加利亚旅行记》第二、三卷,商务印书馆,1976年版,第74页。
③《伊加利亚旅行记》第一卷,商务印书馆,1976年版,第102页。

公职人员。对在教育事业上做出重大贡献的人，共和国为他建立塑像，以示尊敬和纪念。卡贝这种重视教育，把教育看作社会的基础的观点，是很值得重视的。

1. 系统的教育制度

在他设想的共产制度下，建立一个人数众多的专门委员会，参考古今的一切教育制度，搜集各种各样的方案，然后制定共和国的教育制度，由人民或法律制定规定和执行。

在这里，人人都有平等的受教育的机会。一切人都关心使儿童受到良好的教育，都关心把他们培养成为优秀的爱国者、公民和根据理性、真理行事的人。在共产制度下，全部教育划分为普通教育（或称基础教育）和专门教育（或称职业教育）两个阶段。

所谓普通教育，包括两大部分：一部分是家庭教育。5 岁以前，孩子受的是家庭教育，由父母负责在家庭中进行。另一部分是公共教育，孩子到了 5 岁就开始受这种教育，一直到十七八岁，是在国立学校里由教师负责进行，其内容包括人类应有的基本知识。

所谓专门教育，是指女孩满 17 岁，男孩满 18 岁时，开始接受专门教育，或称职业教育。这种教育的目的是使每一个人都能掌握他将要从事的科学工作或生产事业的一切必要的理论和实践知识，以便他们在日后的工作中能做出出色的成绩。这种教育为期长短不一，因为各种职业所需要的专门知识、范围不尽相同。它既包括理论方面的教育，也包括实践方面的教育。所谓理论方面的教育，就是在课堂里进行的，讲授这门职业的理论和历史；所谓实践方面的教育，就是在工厂里进行，学徒们在这里经历若干阶段的实习后，开始用他们的劳动为社会做出贡献。而选择务农的青年人，要受一年的专门教育，然后就回到他们家长的农庄去继续完成学业，使自己成为尽可能优秀的农民。

按照卡贝的设想,经过普通教育和专门教育训练出来的青年人,个个都是优秀的劳动者。他的这种观点是非常正确的,特别是他的职业教育主张,反映了当时法国资本主义生产发展的客观要求。过去,德国被认为是最早提出职业教育的国家,而卡贝的这一主张却比德国1872年普通学校法中提出的职业教育还要早30多年。不过卡贝十分强调家庭教育,而未提出学前公共教育问题,这显然又比欧文的学前公共教育思想保守落后得多了。

2. 全面发展的教育内容

为了"培养能够实行共产制度的公民和工人",卡贝提出了全面发展的教育内容。他说:"教育是共产社会的基础,必须普及于每个人。其内容包括体育、智育、德育、公民教育和生产教育"[1]。卡贝在《伊加利亚旅行记》中,对教育内容的各个方面作了具体的论述。

关于体育,卡贝认为"这是所有其他教育的基础"[2]。共产社会对孩子们的保护不是从他们出生时才开始,而是始自他们还在母胎里的时候。年轻夫妇一结婚,就受到如何保护母亲和婴儿健康的教育,专门开设婴儿养育学作为妇女的必修课程。孩子一生下来,就致力于培养他们从事体育活动的习惯。5岁以前在家由父母指导,上学以后由教师指导,目的是使孩子身体四肢和各个组织器官健全地发育。体育活动的项目有:步行、跑步、跳跃、登高、爬山、游泳、骑马、跳舞、溜冰、击剑及军事训练等。这些活动既是锻炼,又是游戏,能使身体强壮,发育健全。

关于智育,卡贝认为共产制度下,学校的智育训练也丝毫不比体育锻炼逊色。5岁以前,孩子受的是家庭教育。在这一时期,父母教自

①《伊加利亚旅行记》第二、三卷,商务印书馆,1976年版,第383页。
②《伊加利亚旅行记》第一卷,商务印书馆,1976年版,第103页。

己的孩子学习本国语文，练习读书写字，教给他们许许多多日用知识。孩子到了 5 岁就开始接受普通教育，一直到十七八岁。学习的课程有：语文（包括朗读、书法、文学）、数学、物理、化学、地理、动物、植物、农业机械、工业基本知识、音乐、美术等等。女孩从 17 岁起，男孩从 18 岁起，一直到 20 岁或 21 岁，一边劳动，一边学习。学习的课程有：世界史、生理卫生、公民教育课程以及有关养育子女的知识。他认为一个民族如果人人从 5 岁起，即开始学习和掌握这样一些重要的科学知识，那么这个民族的文化水平无疑是很高的。

关于德育，卡贝认为在共产制度下，学校的德育同体育、智育一样受到重视。"因为我们觉得人的心灵比较他的身体和智力更为重要"①。

儿童最初的品德教育是在家庭中进行。母亲在孩子身上培植的一种感情，就是敬爱父母，习惯于关心、帮助和爱护别人；在儿童的体力逐渐增强以后，就开始培养他们照料自己的习惯，凡是自己能做的事情，就不求助于别人，养成从事各种家务劳动的习惯。儿童上学以后，培养他们习惯集体生活，习惯于彼此平等相待，友爱相处。

对儿童进行品德教育的途径与方法是什么呢？首先，卡贝提出家庭教育是培养儿童良好品德的基础。家庭生活甚至可以说是一种长期的道德教育，是一种生动的德育课。如果从儿童能听能说的时候起，他耳朵听的、嘴上说的和行动上做的，都是符合道德的事情，这对儿童良好道德品质的养成将起很好的作用。

其次，设立生动的德育课，对儿童进行系统的道德教育。儿童入学后，有一种专门的德育课，每个儿童都要连续上 12 年，内容是让儿童懂得他们应尽的一切义务、应该具备的优良品德和应当避免的一

①《伊加利亚旅行记》第一卷，商务印书馆，1976 年版，第 119 页。

切恶劣行为和习惯。在上这种品德课时,采取联系历史事实,对比英雄人物与罪人恶棍,对比伟大的德行与严重的罪孽来讲授。此外,在卡贝描述未来共产社会的学校里,为全体学生制定了一部《学生法典》,作为学生的道德行为准则,人人都必须遵守。如果某个学生犯了错误,由学生们自己组织"法庭"来查证和审理。对学生的处罚是根据他过错的大小和责任的轻重,按照学生法典来确定。为了使学生们认真遵守这个法典,经常举行讨论会,由他们自己来审议和投票表决对犯错误学生的处理。这样,通过集体讨论,分辨是非,教育全体。

再次,卡贝认为社会教育必须与学校教育相配合。他要求所有出版物如小说、诗歌、剧本等等,都要和学校教育相配合,教人向往高尚的品德,禁止任何不道德作品的出现。

关于公民教育,卡贝主张孩子们从小时候起,就要学习怎样当好一个公民。他们在学校里讨论学生法典,参加集体活动,进行选举,出席学生"审判会",这一切都在训练儿童习惯于公民生活。不过,严格意义上的公民教育是从 18 岁开始的。公民教育的内容有:伊加利亚历史、伊加利亚的社会和政治制度、伊加利亚的宪法和法律、公民和公职人员的权利、义务以及必要的军事训练。这种公民教育的目的,在于"培养他们成为优秀的爱国者,成为好儿子、好丈夫、好父亲、好邻居,一句话,成为一个名副其实的人"①。

关于生产劳动教育,卡贝认为在共产制度下,财产公有,共同劳动。每个人都具有平等的权利与义务,享受着同样的福利,也承受着同样的负担。因此,所有的人都是国家的劳动者,都为社会劳动,毫无例外地要参加一种生产行业,掌握一种生产技能。社会舆论是以劳动为荣,以不劳动为耻。这样,"在教育上,从小就教儿童热爱劳动,尊重

①《伊加利亚旅行记》第一卷,商务印书馆,1976 年版,第 130 页。

劳动"①。"男女儿童不论其家庭贫富,只要年在 10~15 岁之间,都必须自己选习一种劳动技能"②。卡贝所设想的学校里,实行教育与生产劳动相结合。在教育内容上,所有的儿童在 18 岁以前,除必须接受各门学科的基本知识外,还要学习各种生产劳动知识,教他们懂得有关各种生产工艺、原料(矿物的、植物的、动物的)、工具和机器的一般知识。在教育方法上,实行理论与实践相结合。不仅限于课堂讲授理论,而且要到生产现场参观、见习和实际操作。例如让孩子们在专门的工厂里学习使用钳、刨、锯、锉和其他主要的工具。让孩子们到田地里,给他们讲解农业生产知识,了解农业生产劳动的情况,并适当参加一些农业生产劳动。他认为实行这种教育与生产劳动相结合有许多好处:一可以使学生学会一点技艺,为他们将来选择职业做好准备;二可以调剂学生的学习生活,使劳动成为一种既富于趣味、有益于健康,又十分有教育意义的活动,三可以使学生在学习阶段,就为社会做出初步的贡献。

由上可见,卡贝提出的全面发展的教育内容范围广泛、科目齐全,他的这些观点直到今天仍然值得我们吸收。特别是他提出公民教育的主张,让儿童从小就要学习怎样当一个公民,习惯于公民生活,这一观点是非常新颖的。在他以前的教育家中还从未有人提到过,这也是卡贝超过前人的地方。卡贝关于公民教育的主张,对于我们今天向青少年学生进行法制教育,也仍然有着重要的启发作用。

3. 以发展儿童智力为核心的教育方法

为了向儿童正确实施体育、智育、德育、公民教育和生产劳动教育,卡贝设想在共产制度下建立专门的教育委员会来研究、选择最好

---

①《伊加利亚旅行记》第一卷,商务印书馆,1976 年版,第 138 页。

②《伊加利亚旅行记》第二、三卷,商务印书馆,1976 年版,第 85 页。

的教育方法,以有助于达到教育目的。他提出的教育方法主要是:

(1)引起学生学习兴趣,实行教学与游戏相结合。他提出要使学习成为学生的一种乐趣,教师应该用非常巧妙的方法启发儿童热烈的求知欲。例如学校环境的优美、设备的齐全、教师的耐心细致和经验丰富、讲解通俗明晰、教科书内容引人入胜、印刷装订精致美观等等,都可以引起学生学习兴趣。但是,在这些方法中,最主要的是实行教学与游戏相结合。他说:"我们希望给儿童教授尽可能多的知识,所以我们采取一切可能想象的良好方法来使每一门课程学起来既容易又能引起兴趣。我们的原则是每一堂课都应当是一次游戏,而每一次游戏又必须成为一堂课"①。

(2)充分利用直观教具,实行理论与实践相结合。要使每门学科的教学富有趣味,还必须充分利用直观教具,让学生能够观察、见习。为此,卡贝曾设想在未来共产社会里,各门学科都设有专门的博物馆,如自然史、矿植物、古今动物、地质和生理等等博物馆。上地理课,就让学生直接到地理博物馆观察,使学生看到各种地图和模型、地球表面的各种形态、行政区域、人口、河流和山脉等等。上天文课时,让学生到天文博物馆直接操作表现星球运行的奇妙仪器,使学生用肉眼逼真地看到天文学上各种难于理解的现象。除了这种直接观察以外,更重要的是实行理论与实践相结合。他说:"在各种教学方法中,甚至在体操课或做游戏的时候,我们都始终把理论和实践结合起来。"②例如初级算术和几何课,不仅是通过一些教具引起学生学习兴趣,更重要的是把理论与实践结合起来。让学生在参加各个工厂、农村的劳动中,学会计算、磅秤和量度各种原材料和产品,学会丈量土

---

①《伊加利亚旅行记》第一卷,商务印书馆,1976 年版,第 113 页。
②《伊加利亚旅行记》第一卷,商务印书馆,1976 年版,第 116 页。

地和当场解决各种三角几何上的问题。

（3）发挥学生的学习积极性，培养学生的思考和判断能力。他认为未来共产制度下教育的原则，就是不断训练儿童的理解力和判断力，使他们习惯于推理，经常探索事物的原因，找出理由，做出解释。因此，他提出"最有效的教学方法之一，就是不断地培养学生思考和判断的能力"①。

为了培养学生的思考和判断能力，卡贝对教师提出了一系列的要求。

首先，教师要善于保护和发展儿童的好奇心。他认为一个教师要培养学生不懂就问的习惯，解答学生提出的各种问题，以鼓励和发展学生的好奇心，"儿童的好奇心，只要是可以用来对他们进行教育，我们就决不能加以压制"。"您可以设想一下，养成这样一种随时随地对各种事物都认真地观察研究，寻根究底的习惯，作用该有多大啊！"②

其次，教师要善于调动学生学习的积极性，而不要包办代替。教师的讲解是必要的，但这不是教学的全部。他正确地提出：教师"指导学生们研究问题，让他们自己思考问题，而不去代替他们思考"③。

再次，教师要耐心、细致地对待学生。他认为教育上的一条重大原则就是要求教师必须像慈父对待自己儿女那样来对待自己的学生，"教师如果因为学生有点缺点，犯了点过错就责骂他，讨厌他，甚至对他发脾气，在我看来，是十分愚蠢和错误的"④。

以上卡贝提出以发展儿童智力为核心的各种教学方法，是相当正确的。这一方面是由于他熟读康帕内拉、莫尔、欧文等人的著作，吸

---

①③《伊加利亚旅行记》第一卷，商务印书馆，1976 年版，第 118 页。

②《伊加利亚旅行记》第一卷，商务印书馆，1976 年版，第 116 页。

④《伊加利亚旅行记》第一卷，商务印书馆，1976 年版，第 115 页。

收了他们教育思想中精华的部分，另一方面是由于卡贝本人在青年时期当过教师,有一定的教学经验。卡贝在教学方法上的这些主张,直到今天仍然是值得我们重视的。

（原载《西北师院学报》1984 年第 3 期）

巴班斯基教学过程最优化理论与我国教学改革

尤·克·巴班斯基是苏联教育界颇有影响的人物。他在推动教育学理论发展方面,最重要的贡献就是提出了教学过程最优化理论。这一理论,曾经在 20 世纪 80 年代介绍到我国。今天,我们重新学习这一理论,仍然可以从中得到许多启示,对当前我国教学改革仍有现实的积极意义。

一、综合研究教学过程,有助于找出全面提高教学质量的途径

传统教育学在一定程度上反映了教学的规律性,其中合理的部分至今也未失去价值。但是,它的缺陷在于没有系统考察整个教学过程,往往孤立地研究教学的任务、内容、形式和方法,片面地论证其中某一方面,而忽视了它们之间相互联系、相互作用的关系。由于对教学过程的各个成分缺乏完整的观点,因而往往片面地迷恋它们的某个方面,这就造成许多形而上学的弊病。以凯洛夫主编的教育学来说,许多地方只讲部分,忽视整体。特别是把一个复杂的、综合培养人的教学过程,仅仅看成是一个传授知识的过程,而不考虑教学过程的其他成分,这显然是片面的。

与传统教育学相反,巴班斯基以辩论的系统方法作为教学论研究的方法论基础,把教学过程看成一个系统。巴班斯基根据马克思关于任何活动都有目的、手段和结果三个成分的原理,认为教学过程的结构成分包括:教学目的和任务、教学内容、教学方法、教学组织形式

和教学结果。而这些结构成分是一个完整的系统,必须置于比较有机的联系中加以研究。因为教学过程的各种成分的存在和发展不是孤立的,而是相互渗透、相互影响、相互制约。例如目的决定活动的内容和方法。内容不仅影响教学的方法,而且,当教学方法发生变化时,内容也在发生变化。因此,巴班斯基明确指出:"要使教学最优化,就必须以辩证的系统方法看待教学过程,所谓辩论的系统观点,就是必须把教学过程的所有成分,师生活动的内外条件都看成是相互联系的东西,并自觉从中选择出在当前条件下,教学任务、内容、形式和方法的最好方案。"只有这样,才能找到全面提高教学质量的途径。

巴班斯基的这一观点,是值得我们重视的。长期以来,我们深受传统教育学的影响,在教育工作中不是全面地研究教学过程的各个方面,而是孤立地研究其中的某一个方面。例如当改革教学内容时,忽视教学形式与方法;当改革教学方法时,又往往忽视教学内容与形式。这种缺乏辩证系统的观点,顾此失彼的做法,往往事倍功半,难以全面提高教学质量。这一教训,是值得我们汲取的。当前科学技术发展的趋势以及新技术在生产中应用所带来的变化,向我国教育战线提出了一系列问题,如中小学教育的普及教育结构的改革、教育质量的提高、多种办学形式的发展、教师队伍的建设等等。这些问题是相互联系、相互影响的。如果孤立地研究其中某一方面,收效往往甚微;如果以辩证的系统方法全面看待这些问题,就能综观全局,高瞻远瞩,既考虑当前的需要,又考虑长远发展的要求,不断进行改革,不断提高质量。

二、全面看待教学的职能,克服单纯升学率的思想

教学的职能是什么?传统教育学把教学过程归结为以科学知识与实际的技能、技巧武装学生的头脑,把完成智育的任务当作教学的

唯一任务,看作衡量教学质量的唯一标准。凯洛夫主编的《教育学》明确提出,教学的任务就是授予学生以自然、社会和人类思维发展的深刻而确实的普通知识。这一主导思想贯穿于这本《教育学》的整个教学论中。虽然在有的地方也提到要发展学生的智力,但没有提出用什么内容和方法来发展智力。因此,发展智力的问题,实际上被传授系统知识所代替。20世纪50年代中期以后,科学技术的发展迅猛异常,知识的更迭日新月异,凯洛夫主编的《教育学》只强调教学的教养职能和教育职能,而忽视教学的发展职能,显然不适应时代的要求。于是,赞科夫以教学与发展的关系问题,向以凯洛夫的教育学为代表的传统教学论提出尖锐的批评。他认为新教学体系的核心思想是,在教学过程中既要使学生掌握应有的知识、技能和技巧,又要使学生得到理想的一般发展。赞科夫说"学生的一般发展对于他们毕业以后从事各种活动的意义,是无论怎样估计都不会过高的"。赞科夫的这一观点,对教学论的研究有新的突破,其意义不可低估。但是,他在强调教学的发展职能的同时,又似有贬低教学的教学职能和教育职能之嫌。

而巴班斯基吸收上述二者的合理因素,正确地、全面地提出教学的职能是以最大的教学效果促进学生最理想的教养、教育和发展。他说:"所谓最优化的教学,就是在教养、教育和学生发展方面保证达到当时条件下尽可能的成效,而师生用于课堂教学和课外作业的时间又不超过学校卫生学所规定的标准。"他并且进一步把这三项任务具体化,所谓教养的任务,就是让学生掌握必要的基本知识和基本技能,阅读书籍的技巧,快速读写的技能,自我检查的技巧等等。所谓教育的任务,就是包括世界观的培养,思想政治教育和道德教育、劳动教育、体育和美育等等。所谓发展的任务,就是包括发展智力、培养意志、情感、认识兴趣和能力等。巴班斯基认为这三项任务要在教学过程中统一实现,不能只抓一项任务而放弃其他任务。评价教学效果,要从这三方面来衡量,而不是仅仅衡量其中的一个方面。可见,巴班斯基的这一观点,比起过去片面地强调教学的某一个职能来说,显得全面、正确得多,在教学论的研究上又有新的发展。

巴班斯基全面看待教学职能的观点,对我国教育工作者有重要启示。长期以来,由于传统教育学的影响,只看到教学的教养职能,把人的大脑仅仅看作储存知识的仓库,忽视教学具有多方面的职能。理论上的错误,导致行动上的盲目,给教育工作带来不良影响。不少地方片面追求升学率,重视智育,轻视德育和体育;重视知识,轻视发展;重视毕业班和尖子学生,轻视非毕业班和大多数的一般学生。这种状况严重地阻碍了我国教育方针的全面贯彻,很难为上一级学校培养合格新生和四化建设的劳动后备力量。这是应该引起我们高度重视的。当前科学技术的迅猛发展,使传统教育面临着巨大的挑战,传统的"仓库"理论显然已经过时。现代教育对受教育者的要求,已经不仅是学到什么,而更主要的是学会怎样学习。这就需要我们在教育工作的指导思想上,改变以传授知识为主的思想,树立以发展智能为主、全面看待教学职能的观点。

三、重视研究学生,摆正教与学的关系

传统的教学理论是以教为主体的理论。它片面强调教师在教学过程中的主导作用,忽视学生在教学过程中的主动性。学生只是被看作教育影响的客体,而没有看到其既是教育的对象,也是教育活动的主体。以20世纪30年代后期凯洛夫主编的《教育学》来说,它虽然纠正了苏联20年代否定教师主导作用的做法,但是它从一个极端走向另一个极端,又过分夸大教师的作用,说什么"教师的每一句对于学生的学习生活来说具有法律的性质"。他提出以教师为中心、以课堂

为中心、以教科书为中心。这三个中心都只是强调教师的教,忽视学生的学,实际上把生动活泼的课堂教学变成了僵死的满堂灌的形式,置学生于消极被动的地位。后来有人批评这种做法是"教育中无儿童",是"教论",而不是教学论,这种评论不无道理。

与传统的教学理论相反,巴班斯基强调学生在教学过程中的主动性和主体地位,同时又重视教师在教学过程中的主导作用,并且从理论上进一步论证教与学的关系问题。他提出在整个教学系统中包括人(教师、学生)、条件、教学过程等信息因素。因此,教学过程中"教与学的最优结合,才能保证整个教学过程的最优化"。"如果不对学生的特点和活动条件进行系统的研究,教师就不能将教学与教育任务以及教育影响的手段具体化,这将导致课堂教学计划的公式化、教师行动的盲目性"。所以,在巴班斯基教学过程最优化的理论中,既重视教师的主导作用,又重视学生的学习积极性,把教与学双方最优化有机地结合起来。"通过教师的努力和学生的努力协调一致,在同样的时间或更短的时间内,取得更高的效果"。为了达到这个目的,巴班斯基总结苏联广大教师的经验,提出了一系列研究学生、了解学生的办法。首先,要掌握学生的实际可能性。所谓学生的实际可能性,就是学生经过努力之后,在各方面究竟能达到什么程度。其次,要有一个比较完整的研究学生的大纲。他认为这个大纲应包括的项目有:政治思想和道德修养、学习态度、主要兴趣和爱好、智力的发展、一般学习技能和技巧、文化素养、学习毅力、学习纪律等等。再次,要有一整套研究学生的方法,例如谈话法、观察法、诊断性作业、教育会诊等等。在过去的教育著作中,像巴班斯基这样作详细的论述研究学生和了解学生实属少见。这反映了现代教学论的一个重要特点,也是巴班斯基对传统教学理论的进一步发展。

巴班斯基关于重视研究学生,强调学生在教学过程中的主动性和主体地位的思想,对我国学校教学工作来说,具有现实意义。多年来,我国学校教育工作中忽视学生"学"的现象比较严重。在指导思想上,片面强调教师的主导作用,忽视学生在学习活动中的主体地位,没有把教与学的最优化有机地结合起来;在教学方法上,片面夸大讲解法的作用,有时甚至把它当作唯一的教学方法,使教师讲,学生听几乎成为固定的模式,没有把各种教学方法合理地结合起来。这些做法,不利于学生在德智体几方面生动活泼地、主动地得到发展。现代化的建设迫切需要具有创造能力的人才,可是我们的"高分低能"学生并未减少,究其原因固然很多。但是,在教学指导思想上,没有树立学生的主体地位,无疑是重要原因之一。现代科学技术的发展,向学校提出了调动学生的积极性,尽量发展其独立精神,把教师的主导作用与学生学习积极性有机地结合起来。国外在这方面的改革主张、国内在这方面的实验很多。1983 年 5 月,国际理科及数学课程发展情报所负责人洛卡德教授在我国讲学时指出,在教与学关系问题上,50 年代与 70 年代相比较已发生了很大变化。这主要是:当前在教学理论上这种发展趋势,是值得我们注意的。这种趋势的特点主要是重视学生的主体地位,摆正教与学的关系。今天,我们要提高教学质量,不仅

表 2

50 年代	70 年代
教师灌输给学生	启发学生主动学
教师主宰一切	教师引导
教师演示多	学生自己做试验多
教师讲解问题	教师讲如何解答问题
教师交代结论	学生自己归纳总结

要研究教师如何教,更要研究学生如何学。正如巴班斯基指出的:"教学过程不仅需要教师的活动,而且需要学生的活动,如果学生没有在一定程度上自己组织这种活动,教学的最优化是不可思议的。"

巴班斯基教学过程最优化的理论提出之后,在苏联影响很大,许多学校运用这一理论并取得一定的效果。但由于这一理论还处于初创阶段,因而也不是十分完善的。正如任何人不可能穷尽真理一样,巴班斯基的教学理论也不可能尽善尽美。现在看来,巴班斯基教学过程最优化理论还有一些局限性。这主要表现在:

第一,巴班斯基教学过程最优化的理论,实际上仍限制在课内的教学活动上,对如何最优化地组织课外、校外活动还很少涉及。我们说,课外、校外活动是开拓学生视野,培养学生的智力不可缺少的途径。在这一点上,巴班斯基与苏霍姆林斯基的教育思想相比较,前者显然是逊色的。

第二,实行巴班斯基教学过程最优化理论,对教师提出了极为严格的要求。因为实施最优化的教学,关键是拟定最优化的教学方案。教师在教学过程中,不仅要考虑教学目的、任务、内容、方法、形式和结果,还要考虑人、条件、时间等因素。如果没有一批受到严格训练的教师,这一理论恐怕也是难以推广的。

第三,巴班斯基在论述教学过程最优化理论时,有的地方也不是十分严密的。这表现在,在不同出处的著作中,对同一问题常有不同的提法,使人难以理解。例如关于教学过程成分的组成问题,一说六个成分,一说五个成分,一说四个成分。又如关于教学原则问题,一说十三个原则,一说九个原则,一说十个原则。这些问题说明,巴班斯基教学过程最优化理论还在不断发展、完善之中,这也是一个理论初创阶段难以避免的问题。

以上这些问题,是我们在研究巴班斯基教学理论时应该注意的。

尽管他的这一理论还有许多不足之处，但仍不失为当代先进的教学理论。我们今天学习和研究巴班斯基的教学理论，最主要的是学习他以辩证的方法作为教学论的方法论基础，以及他勇于改革的精神。至于他的一些具体做法则要从我国教育实际出发，切不可生搬硬套，要把借鉴外国的经验和总结自己的经验结合起来，创立具有中国特色的新的教学论体系。

（本文是作者 1984 年 6 月在华东师范大学比较教育研究所举办的巴班斯基教学思想研讨会上的报告）

评永恒主义教育

永恒主义教育是现代西方资产阶级教育流派中提倡复古的一个流派,它由于宣扬宇宙精神的永恒存在而得名。这一流派是怎样产生的,有哪些主张,目前影响如何? 本文试图对此作一初步评价。

永恒主义教育思想产生的历史背景

永恒主义教育流派产生于 20 世纪 30 年代初,主要代表人物有美国的罗伯特·赫钦斯(1899—),莫蒂默·丁·艾德勒(1902—),英国的里·德·利文斯通(1880—1960 年),法国的阿兰(1868—1951 年)等。

永恒主义教育的出现不是偶然的,而是有着重要的历史背景,它的出现是资本主义危机加深的表现。我们知道,1929 年秋,资本主义各国陆续卷入经济危机的深渊之中。这场危机是一次历史上空前严重的世界性危机。

从经济损失来看,这次危机延续 4 年之久(1929—1933 年),美国最早陷入危机,遭受的打击也最为严重。这次危机不仅涉及工业生产,而且还扩展到农业、财经等部门,并且各种危机交织在一起。危机震动了整个资本主义体系,使资本主义世界遭受了 2500 亿美元的损失,比第一次世界大战的损失还要多八百多亿美元。

从生产速度来说,危机十分沉重地打击了工业生产各个部门,使整个资本主义世界的工业生产急剧下降。当时,各主要资本主义国家的工业生产指数,如果以 1929 年为 100 的话,到 1932 年美国下降为 53,德国下降为 59,意大利下降为 66,法国下降为 69,英国下降为 82。

从阶级矛盾来说,这次危机充分暴露了资本主义制度的腐朽性,使资本主义各国的阶级矛盾空前激化。在危机年代,资本主义各国各有 4000 多万工人失业和数千万农民破产。其中美国有失业工人 1700 万,德国有 700 万,英国有 350 万,意大利有 100 万,法国有 100 万。广大失业工人饥寒交迫,流离失所,而资产阶级却大量销毁剩余物质。严酷的阶级斗争事实,启发了广大群众的觉悟,促使他们投入无产阶级解放的斗争。法国在 1930 年爆发了 1700 次罢工,约 85 万人参加。美国 125 万失业工人举行示威游行。德国在危机年代发生一千多次罢工。英国发生水兵暴动。

群众革命运动的蓬勃发展,使得各国垄断资产阶级如临深渊,惶恐不安,想方设法,寻找出路。永恒主义教育思想正是在这样的历史背景下应运而生。当时,永恒主义者看到整个资本主义社会是一个"动荡的世界",失去了文明的精神基础。而在美国教育界占统治地位的进步派教育理论又软弱无力,使人们不知什么是善与恶。因此,永恒主义者提出"应该给一切人以更高的教育,这不是熟练的技术,不是知识,而是自制的能力,抵制意气用事的能力"。永恒主义者就是想以这种教育的永恒性,去维护资本主义社会的稳定性。所以,从永恒主义教育思想产生的背景,就可以明显地看出它的阶级性。

反对适应论,主张永恒论

永恒主义教育流派是在 20 世纪 30 年代初反对进步派教育思潮中出现的。当时,在美国教育界处于统治地位的是进步派。进步派的教育原理是适应论。这种理论认为人生活在进化中的世界里,观念、价值观点和世界本身都在不断变化，因而知识是动态的而不是永恒不变的，课程的设置也必须适应这种变化。而永恒主义教育思想的哲学基础是古典实在论，认为事物的精神（"共相"）先于物质本身（"个别"）而独立地、永恒地存在着。因此，他们认为教育的性质是不变的，教育的基本原理是永恒的。在永恒主义者看来，进步派的适应论是极端错误的，他们之间在许多教育问题上表现了明显的对立和差别。

在教育目的问题上，进步派的教育理论在于使青年一代适应他们的环境，不管这个环境是好的还是坏的。适应环境的方法就是学习有关环境的事实，注重当前直接的需要。而永恒主义者则反对进步派提出的这种适应环境的教育，认为教育是未来生活的准备，而不是生活。教育的目的是培养"有理性"的公民去参加未来的社会生活。永恒主义的主要代表人物赫钦斯说："所谓改善人，意味着他们的理性、道德和精神诸力量的最充分的发展。一切人都有这些力量，一切人都应最充分地发展这些力量。"①

在教学过程上，进步派认为儿童生来是好的，但学校和教育损坏了儿童的本性。学校必须是儿童自发活动、自然生长的环境，让学生听任自己的兴趣、爱好学习一切。进步派的这种主张虽然强调培养儿童的学习独立性和创造性，注重儿童的兴趣和特点，但由于忽视系统知识的掌握，导致教学质量下降。因此，遭到永恒主义者的激烈反对。他们批评进步派的这种做法是把学生的学习过程变成尝试错误的过程，把教师的教变成一种无目的辅导，教师只不过是学生的伴随者。永恒主义者强调掌握系统知识需要一个人付出艰苦的努力，而不是一时的兴趣。如果沉湎于简单的兴趣、爱好，就会丧失稍鼓勇气、稍加

---

①《现代西方资产阶级教育思想流派论著选》，人民教育出版社，1982 年版，第 219 页。

专心即可到手的那种更高的快乐。阿兰说："什么儿童乐园，什么寓教育于娱乐之中等等的发明，我是不太相信的"，"谁不在开头吃些辛苦，谁就终久愚昧无知"，①赫钦斯引用剑桥大学三一学院院长休厄尔的话，批判进步派的这种教育主张是"助长和发展他们的任性、固执、个人的爱好和癖好，但这不是教育"。②

在课程设置上，进步派从适应环境的理论出发，注重眼前的、直接的需要，开设的课程名目繁多、五花八门，甚至当时美国很多名牌大学，开设有美容学、捕鱼和踢踏舞等许多"无聊课程"。赫钦斯说："设想一下你所能想到最无用、最幼稚、最不相干的科目——设想一下各种室内游戏，设想一下自我美容，设想一下你喜欢设想的任何东西——我愿担保给你们从美国高等学校设置的课程中找出来。"③永恒主义者认为这些课程除了消磨时光以外，毫无意义，反而造成教育质量下降的严重后果。他们指出很多人受了十几年的教育，但缺乏基本知识，许多中学生读、写、算的能力很差。艾德勒引用当时纽约州立大学评议会的一个调查材料，说明当时教育质量的情况。这个调查材料说："多数男女学生一放学，仅仅为消遣而阅读，主要的是阅读第二流的或劣等的小说杂志和日报。而且所阅读的是最简单、质量最差的东西。"这些学生甚至对他们在学生时代所出版的最优秀的小说毫无所知，更坏的是他们一旦离开学校，往往就不再接触书本。他们大多数人不知道怎样去阅读，以致不喜欢读阅。"艾德勒引用这个材料说

---

①《现代西方资产阶级教育思想流派论著选》，人民教育出版社，1982年版，第243页。

②《现代西方资产阶级教育思想流派论著选》，人民教育出版社，1982年版，第204页。

③《现代西方资产阶级教育思想流派论著选》，人民教育出版社，1982年版，第213页。

明,在进步派适应论的影响下,教育质量差,学生水平低。为了改变这种状况,永恒主义者提出教育上的恒与变的问题,认为教育要重视恒的方面,不应为了适应当时此地的变,而忽略教育的永恒因素。为此,他们提出,"课程应当主要地由永恒学科组成。"①"如果学生必须受教育的话,那么在任何领域里整个科目发展所寄托的永恒课程,就必须掌握起来"。②

为什么课程应当由永恒学科组成呢? 他们提出的所谓理论根据有如下几点:

第一,以所谓"培养人的理智"为依据。他们认为人是理性的、道德的和精神的生物。因此,"由理智美德的培养所组成的教育是最有用的教育"。③ "任何普通教育计划必须以这样的理智的行为教导学生"。④永恒主义者这种重视人的理智能力的发展,从表面上看来是正确的,但从实质上来看,却又是别有用心的。在资本主义社会,劳动人民受剥削、受压迫,而永恒主义者要人们不要去追求"物质上的满足",而要注意道德和精神的改善。在阶级矛盾异常激烈的年代,他们不要人们参加罢工斗争或示威游行,不要犯上作乱,而要按照理性控制自己的行为。赫钦斯在《教育中的冲突》一书中,曾引用亚里士多德的一段话论证这个问题。他说:"必须平均的不是人们的财产,而是他

①《现代西方资产阶级教育思想流派论著选》,人民教育出版社,1982年版,第206页。

②《现代西方资产阶级教育思想流派论著选》,人民教育出版社,1982年版,第203页。

③《现代西方资产阶级教育思想流派论著选》,人民教育出版社,1982年版,第199页。

④《现代西方资产阶级教育思想流派论著选》,人民教育出版社,1982年版,第201页。

们的欲望,除非他们按照事物的性质受到足够的教育,这是不可能做到的。"①从这里可以看出,永恒主义者鼓吹培养人的理智的目的,在于维护资本主义社会的稳定秩序。

第二,以所谓"共同人性"为依据。他们认为各个不同的人,都有一个共同的本性。因而,对每一个人的教育也应该是相同的。赫钦斯曾说:"人的职能,作为一个人说,在每个时代和每个社会都是相同的,因为这是作为一个人的本性所造成的。一种教育制度的目的在使此种制度能够存在的每个时代和每个社会都是相同的,那就是作为人而求人的进步。"②因此,他们提出,每一种健全的教育方案,都必须具有某些永恒不变的特点,在课程上必须由永恒学科组成。这种以所谓"共同人性"为依据的主张,显然是不正确的。因为人是社会的产物,不能脱离具体的历史条件和社会关系去考察人的本质。离开人的社会性,离开人的社会历史发展的超阶级的、共同的"人性",是根本不存在的。

第三,以所谓"传授真理"为依据。永恒主义者认为,教学意味着知识,知识是真理,真理在任何地方都是相同的。因而,教育的任务是使人适应永恒不变的真理,而不是适应现实的世界。赫钦斯提出:"如果教育被正确地理解的话,任何为全体人民设计的课程的核心,在任何时间、任何地方,在任何政治、社会或经济条件下,都是相同的。"③

---

①《现代西方资产阶级教育思想流派论著选》,人民教育出版社,1982 年版,第 221 页。

②《现代西方资产阶级教育思想流派论著选》,人民教育出版社,1982 年版,第 219 页。

③《现代西方资产阶级教育思想流派论著选》,人民教育出版社,1982 年版,第 201 页。

我们说，这种鼓吹永恒真理的说教也是站不住脚的。因为一定的教育，是一定的政治经济的反映，并为一定的政治、经济服务。学校的教学内容不仅受社会生产发展的客观要求所制约，在阶级社会中，它直接为阶级利益所决定。学校给予学生什么样的知识、技能和技巧，反映一定阶级的要求。不同社会、不同国家，有着不同的教育目的，也就有着不同的教学内容。

以上就是永恒主义者提出学校应由永恒学科组成的"理论根据"。那么，什么是永恒学科呢？

永恒学科的课程体系

永恒主义者把教育目的看作是发展永恒的理性、道德和精神力量。那么，怎样发展人的这种永恒的理性、道德和精神力量呢？他们认为永恒的学科是训练理智的最好办法。所谓永恒学科，"首先是那些经历了许多世纪而达到古典著作水平的书籍"。赫钦斯和艾德勒推行读古书的运动，阿兰主张"和古代伟大人物的思想取得接触"，利文斯通提出教育的未来必须回到希腊、回到柏拉图。

他们为什么极力提倡学习古代的著作呢？这是因为在他们看来：

第一，古典著作是普通教育的基本部分。"因为没有它们，要想懂得任何问题或理解当代世界是不可能的。"[①]他们认为古典著作适用于知识的每个部门。柏拉图的《理想国》对于理解法律是重要的，亚里士多德的《物理学》对于了解自然科学和医学是有益的，牛顿的《原理》有助于懂得近代科学的基础。因此，赫钦斯提出："美国普通教育的一切需要似乎通过这种课程而予以满足。"[②]

---

①② 《现代西方资产阶级教育思想流派论著选》，人民教育出版社，1982 年版，第 207 页。

第二,古典著作是影响学生思想和品德的工具。永恒主义者认为资本主义社会在物理、化学、生物和冶金学等方面都取得很大成就。但是,这些科学、技术、经济所研究的是关于方法而不是关于目的,对于它们的研究愈多,那么就愈需要在教育上和生活上加强"善和恶"的知识科目的学习。否则,在动荡不安的年代,人们就会干出不利于资产阶级的、缺乏"理智"的行动。在永恒主义者看来,古典著作就可以对青年一代进行"品格陶冶",确立"善与恶"的观念。赫钦斯说:古典著作"可以帮助学生养成阅读的习惯,掌握鉴赏和批评的标准。这些习惯和标准将使成年人在完成他的正式教育以后,对于当代生活中的思想和运动能明智地进行思考和行动。它将帮助他参与他的时代的理智活动"。[①]

第三,古典的学问是各门学科得以生长的土壤。利文斯通提出各门学科的形成和发展都需要依靠古典学问这个土壤。例如,为什么要在中学学习拉丁语呢? 他认为不掌握拉丁语,"任何关于欧洲的法律和历史、拉丁系语言、甚至英语、爱尔兰语的专门研究都是不可能的"。[②]又如,为什么要学习希腊语呢? 他认为希腊语虽然不是近代各门科目的代替物,但是它对近代的各门科目有一种矫正和辅助的作用。掌握了希腊语,有助于研究希腊文学;而掌握了希腊文学,又有助于研究近代各国文学。

从这样一个指导思想出发,永恒主义者提出一套学校的课程计划。

在大学课程方面,赫钦斯在美国圣约翰学院推行 "百种大书计

①《现代西方资产阶级教育思想流派论著选》,人民教育出版社,1982 年版,第 209 页。

②《现代西方资产阶级教育思想流派论著选》,人民教育出版社,1982 年版,第 252 页。

划"。他们取消选科办法,选择大约120种古典著作作为大学课程。在这些著作中,包括从古希腊诗人荷马的《伊利亚特》,到近代黑格尔的《逻辑》等。其中有3/4是1800年以前的著作,有2/3是1700年以前的著作,20世纪的著作只有两种。赫钦斯说:"一个从来没有读过这些著作的人,是不能称得上是受过教育的。"①

在中学课程方面,利文斯通主张学习希腊文、拉丁文、逻辑学、修辞、文学、数学等,为学习古典著作打下基础。

在小学课程方面,永恒主义者认为主要是进行读、写、算的基本训练,同时要求儿童熟记古典著作中的个别部分。

以上就是永恒主义者设计的课程方案。他们极力推行读古书,其目的在于以此对学生进行"品格的陶冶",形成"理性的人生观"和"永恒的道德"。因此,从课程上,加强古代著作,排斥实利主义的内容,从教材上,以系统教材代替设计教学;从教法上,以基本的学习代替儿童的兴趣主义。总的看来,在永恒主义教育思想中,虽然重视文化遗产,强调系统的书本知识学习。但是,他们企图用共同的人性、永恒的道德、不变的教育内容,向学生灌输传统的文化思想,目的是维护资本主义社会的永恒秩序。永恒主义教育思想与要素主义教育思想虽然都反对进步派的教育观点,都属于新传统教育派。但是永恒主义与要素主义也有所不同。要素主义偏重于现代的、自然科学的知识,而永恒主义则偏重于古典的、人文学科的知识。永恒主义教育思潮,自20世纪30年代初产生之后,曾在二次世界大战前后一度膨胀。但由于这种教育思想不适合时代发展的趋势,其影响必然逐渐消失。

(原载《外国教育动态》1985年第6期)

---

①《现代西方资产阶级教育思想流派论著选》,人民教育出版社,1982年版,第207页。

发达国家普及义务教育的历史经验

普及义务教育是现代文明的基础和标志，是提高民族素质和培养现代化人才的奠基工程。1985 年 5 月，《中共中央关于教育体制改革的决定》指出："我们完全有必要也有可能把实行九年制义务教育当作关系民族素质和国家兴旺发达的一件大事，突出地提出来，动员全党、全社会和全国各族人民，用最大的努力，积极地、有步骤地予以实施。"今天，我们认真研究发达国家普及义务教育的历史经验，借鉴其中合理因素，对于我国有步骤地实施九年义务教育，将会有所裨益。

一

所谓义务教育，"即依法律规定适龄儿童和青少年都必须接受，国家、社会、家庭必须予以保证的国民教育"。[①]在欧洲封建社会解体和资本原始积累的时期，由于手工业、商业和海外贸易的发展，要求更多的人掌握一定的科学文化知识，于是提出普及初等教育的问题。早期英国空想社会主义者莫尔（1478—1535 年）在政治上主张人人平等，在经济上主张财产公有，在教育上主张"凡是儿童都要学习"。他的这一普及教育思想，在当时虽然是难以实现的，但是表达了资本原

---

①《关于教育体制改革的文件》，人民出版社，1885 年版，第 5 页。

始积累时期被剥夺了生产资料的早期无产者的愿望和要求。以后,捷克著名资产阶级教育家夸美纽斯(1592—1670年)又进一步系统地指出这一问题。他对当时社会贫富悬殊,穷人子女无权入学的状况十分不满,明确提出:"不独有钱有势的人的儿女应该进学校,而且所有城镇乡村的男孩和女孩,不论贫富贵贱,都应该进学校。"①他的这一主张,适应了当时发展资本主义生产力的要求,对于反对封建文化专制主义,为新兴资产阶级争取受教育的权利,起了进步的作用。但是,资本主义各国真正实施普及义务教育,则是在19世纪50年代以后才开始的。

美国于1852年由马萨诸塞州第一个通过《义务教育法》后,初等教育迅猛发展,到1919年亚拉巴马州最后通过义务教育法,美国花了67年时间基本普及了初等义务教育。

英国于1870年由国会正式颁布《初等教育法》,亦称福斯特法,规定实施5~12岁儿童的强迫教育。1880年正是规定初等教育免费就学,到1918年实现全面的免费初等义务教育。

法国于1833年颁布基佐教育法,规定每个乡设立一所初级小学,每个市建立一所高等小学,大力发展初等教育。1882年公布费里教育法,规定6~13岁为义教育期,到1925年全国实现这一任务,法国花了九十二年时间基本普及初等义务教育。

德国从普鲁士的腓特烈二世在位的1763年,颁布强迫教育法令,规定5~12岁的儿童必须到学校受教育。德国统一后,1872年的普通学校法,进一步规定6~14岁的8年初等教育为强迫教育义务教育阶段。这一任务直到1888年才实现。如果从腓特烈二世1763年提

---

① 夸美纽斯:《大教学论》,人民教育出版社,1979年版,第47页。

出强迫义务法令算起，德国花了 125 年之久才实现普及初等教育的任务。

日本从明治维新之后，非常重视教育。1872 年日本政府颁布《学制令》"邑无不学之户，家无不学之人"的要求。1886 年又颁布《小学校令》，做出普及小学四年义务教育的决定。到 1907 年，日本基本实现了这一任务，只用了 35 年时间，其速度之快，是西方欧美各国难以比拟的。

为什么在 19 世纪 50 年代以后，各主要资本主义国家才开始实行普及义务教育呢？

从政治上来说，是因为资本主义工业化的深入发展，促使工人数目的巨大增长和阶级斗争的激化。工人运动的兴起，马克思主义的传播，劳动人民日益觉醒并不断要求受教育的平等权利。资产阶级为了缓和这种日益尖锐的阶级矛盾，不得不给劳动人民一定的受教育的权利。

从经济上来说，19 世纪下半叶以后，欧美各国在完成产业革命的基础上，资本主义经济更加迅速发展。大工业的迅速发展，对劳动力的质量提出了新的要求。资产阶级为了追求更多的利润，不得不让广大工人群众掌握一定的文化科学知识。因此，各主要资本主义国家的统治阶级相继实施普及教育。

二

我们研究各主要发达国家实施普及义务教育的问题，不能脱离它的经济制度、政治背景和历史传统，对于他们每一具体做法都要作具体分析。各个国家的具体情况不同，实施普及义务教育的年限、速度、做法各有差异。但是，不管有多少差异，他们在实施普及义务教育中有许多共同的基本的历史经验，这些基本的历史经验是什么呢？

(一)把普及义务教育作为一项基本国策

在现代社会里，各主要发达国家都十分重视推行普及义务教育。认为普及义务教育的程度是一个国家文明程度的标志，是促进国家现代化的"原动力"。

以日本来说，从 1868 年明治维新以后，提出"教育立国"的政策，全国上下重视兴学育才。1872 年日本政府公布的《学制令》，明确提出"教育应该普及于全体人民，要使农村中没有文盲家庭，家庭中没有文盲的成员"。在此后整整一个世纪中，日本的教育获得了显著进步。1880 年，日本在校学生占同龄儿童的比例，初等教育为 41.1%，中等教育和高等教育分别为 1.0% 和 0.3%。可是，90 年后，即 1970 年，入学的比例，初等教育高达 99.8%，中等教育高达 82%，高等教育也达到 17%。这些比例超过了英国、法国和其他西欧国家。这样，日本的教育有力地促进了其经济的发展。日本前文部大臣荒木万寿夫曾说："明治以来，直到目前，我国社会和经济的迅速发展，特别是战后经济发展的速度非常惊人，为世界所注视。造成此情况的重要原因，可归结为教育的普及和发达。"

再以苏联来说，十月革命前俄国经济、文化十分落后，广大劳动人民无权受教育，文盲占全国居民的 70% 以上。十月革命胜利后，无产阶级革命政权大力开展对旧教育的改造。列宁把普及义务教育作为当时俄国无产阶级专政的最迫切的任务之一，他在亲自起草的《俄共(布)党纲草案》中明确提出："对未满 16 岁的男女儿童实行免费的普遍义务综合技术教育"，"由国家供给全体学生膳食、服装、教材和文具"。[①]在列宁这一思想的指导下，苏联从 1930 年普及初等义务教

---

①《列宁选集》第 3 卷，人民出版社，1972 年版，第 746 页。

育,1934年起普及七年制义务教育。后来由于战争的原因,使这一任务受到影响。到1975年苏联宣布完成了普及十年制义务教育的任务。

20世纪50年代中期以后,科学技术的发展迅猛异常,生产力突飞猛进,国际的竞争十分激烈。竞争不仅靠经济实力,更重要的是靠人才的积累。而要更快更好地培养大量的人才,就需要从教育入手。因此,普及教育问题成为世界各国普遍关心的重大问题。许多国家把普及教育作为一项基本国策,突出地提了出来。据联合国教科文组织《1960—1982年世界教育统计概述》介绍,在199个国家和地区中,宣布实行义务教育的有168个,占84.4%。而在这168个国家和地区中,实行4~6年义务教育的国家和地区占29.7%;实行七至九年义务教育的国家和地区占43.5%;实行十至十二年义务教育的国家和地区占26.8%。目前一些主要发达的国家,正在实施10~12年的义务教育。

(二)制定教育法令,是实施普及义务教育的法律保证

从发达国家实施普及教育的历史来看,他们不断制定教育立法,随时提出新的要求,以保证普及教育的实施。

从19世纪以来,英国工人阶级经过不断的斗争,要求限制劳动时数,并要求工人子女能受教育,迫使资产阶级在1834年颁布"工厂法",规定童工每天应受3小时的初等教育。1870年,英国政府又颁布了"初等教育法",规定各个地方实施5~12岁的强迫教育。1918年颁布费舍法案,提出废除小学学费制,把义务教育年限延长到15岁,在有条件的地方,还可延长到16岁。这样,英国从1870年颁布初等教育法,到1944年法案的公布,形成了一个完整的普及义务教育法令。

日本是教育法令较为完备的国家。它的普及义务教育法令,是从

1872 年颁布的《学制令》开始的。1886 年颁布的《小学校令》,规定从 6~9 岁的儿童受 4 年义务教育的制度。1900 年颁布《改正小学校令》,又规定 6~11 岁学龄儿童受六年制免费义务教育。1947 年颁布《教育基本法》《学校教育法》,将义务教育的年限由 6 年延长为 9 年。可见,日本的普及义务教育是建立在法治的基础之上的,借助法律的权威,保证普及义务教育顺利实施, 这也是日本普及义务教育的速度高于其他国家的原因之一。

(三)增加教育经费,是实施普及教育的物质基础

实施普及义务教育,要有一定的人力、物力、财力做保证。各发达国家在普及教育过程中,教育经费逐年增加,认为教育投资是具有生产性的投资,这也是他们普及义务教育得以成功的原因之一。

以美国来说,美国用于开发人力资源的教育资本,从 1900 年的 630 亿美元增加到 1957 年的 5350 亿美元,增加了 8 倍多。而同一时期,美国用于物的生产投资,由 1900 年的 2820 亿美元增加到 1957 年 12690 亿美元,只增加了 4.5 倍。

以日本来说, 他们一贯认为教育投资是一种非常重要的生产投资,为了扩充教育的规模和提高教育的水平,必须增加教育所需要的费用。日本是世界上最舍得花钱办教育的国家。从 1950 年至 1960 年的 55 年时间,日本增加教育投资的速度远远超过增加物的资本投资的速度,我们从表 2 可以看出①:

①参见:《日本的经济发展和教育》,吉林人民出版社,1978 年版,第 11 页。

表3　日本物的资本和教育资本的演变

年代	物的资本(万亿日元)		教育资本(百亿日元)	
	实额	指数	实额	指数
1905	5.8	100	31	100
1919	10.1	174	81	260
1930	23.1	398	186	600
1955	21.7	374	588	1731
1960	39.8	686	711	2286

　　有了教育经费之后,如何分配呢? 教育经费的分配必须同教育事业内部的各种比例相适应,以保证各级各类教育能够按比例发展。发达国家在实施普及义务教育的过程中, 十分注意把教育经费的大头用于基础教育。我们从表3可以看出:[1]

表4　各发达国家教育经费的分配率

国名	初等教育%	中等教育%	高等教育%
日本	42	45	13
美国	43	32	25
英国	50	40	10
联邦德国	52	38	10
法国	53	39	8
苏联	39	43	18

---

　　[1]参见:《日本的经济发展和教育》,吉林人民出版社,第126页。

表5　1960年各发达国家大、中、小学生人均费用的比较
（以每名小学生的平均费用为1）

国名	日本	美国	英国	西德	法国	苏联
小学	1	1	1	1	1	1
中学	1.5	1.4	1.2	1.9	3.2	1.2
大学	5.7	4.6	1.3	4.8	4.0	4.5

（四）建立一支合格的教师队伍，是实施普及义务教育的关键

各发达国家在实施普及义务教育过程中，大力发展师范教育，重视师资培养。日本从1872年颁布《学制令》以来，就着手在各府、县设立师范学校。到1878年，师范学校发展到100所，平均每个县有两所以上。当时，师范学校一律公办；师范生享受公费待遇和免除兵役等等。到1944年，日本已有75%左右的教师具有法定资格，为普及九年制教育输送了大批合格师资。

苏联在十月革命后不久，列宁和俄共（布）就提出大量培养师资的任务。在当时教育人民委员部的文件中一再提到，造就社会主义教师队伍是最重大的任务之一。1918年8月和1919年8月曾先后召开全俄第一次和第二次师范教育会议，会议制定了师范学院章程，建立新型的师范教育机构。到20世纪20年代末，苏联形成了一个完整的师范教育系统。这个系统包括：1.中等师范学校：设有学校、学前和政治教育等科。2.高等师范学校：包括师范学院和综合大学的教育系。3.师资训练班：高级和普通短期训练班。前者附设于技术、农业和社会经济等学院；后者附设于中等专业学校及教育系统的其他机关。4.第二级学校的师范班。到1926—1927学年，苏联已有师范学院30余所，在校学生超多17000人，为革命前俄罗斯高等师范学校学生总

数的 5 倍多。到 1930 年全国在职教师人数发展到 471000 名。这样就为苏联普及四年制教育和后来普及七年制教育准备了大量师资。

上述各发达国家实施义务教育的共同的基本的经验，对我国有步骤地实施九年制义务教育会有一些启示，值得我们重视、研究和参考。

（原载《教育研究》1986 年 1 期）

空想社会主义者傅立叶的教育思想

沙利·傅立叶(1772—1837 年)是 19 世纪初期法国伟大的空想社会主义者。傅立叶的著作数量很多,内容丰富,涉及哲学、政治、经济、教育等各个方面的庞杂体系。1827 年,傅立叶在他的第三部重要著作,即《经济的和协作的新世界,或发现依情欲分类的吸引人的劳动和适合天性的劳动的方法》一书中,曾以很大的篇幅,专门论述未来和谐制度下的教育问题。科学社会主义创始人马克思、恩格斯,对傅立叶一系列杰出思想给以很高的评价。在谈到傅立叶的教育思想时,马克思和恩格斯曾经指出:"这些观点是这方面的精华,并且包含着最天才的观测。"可是,在过去的教育史著作中,很少有人专门论述傅立叶的教育思想,当然更谈不到全面地评价了。本文根据傅立叶在教育方面的论述,试图说明傅立叶的教育观点为什么"是这方面的精华,并且包含着最天才的观测",从而批判地汲取其中合理的内核。

对资本主义教育制度的揭露和批判

博立叶的空想社会主义思想,最突出的特点是机智而深刻地讽刺和批判了资本主义制度。正如恩格斯所说:"在博立叶的著作中,几乎每一页都放射出对备受称颂的文明造成的灾祸所做的讽刺和批判的火花"。博立叶从对当时社会的考察中,看到这种文明制度的种种罪恶。他说:"文明制度过去是,将来也只能是一个罪恶的渊薮","是幸运的对立物,是颠倒世界,是社会地狱"。①

　　傅立叶在批判资本主义社会制度的论述中，包含着对资本主义教育制度的揭露和批判。

　　(一)在教育的指导思想上,傅立叶认为资本主义社会的教育违反儿童的本性、需求和兴趣。他说:"在文明制度的教育中,你在任何地方都找不出符合本性的方法的一点点痕迹，也找不到对本能和性别所做的严格区别"。②他认为这种违反儿童本性的教育表现在教育目的上,总希望按照一个模子培养所有的儿童。在古代斯巴达,它希望儿童都成为清汤的朋友,而在资本主义的法国,则希望儿童成为商业的朋友。"它要儿童服从符合等级精神的各种不同的道德,以及服从适应内阁的更迭精神的各种不同原则"。③这种违反儿童本性的教育,表现在教育方法上,是简单化、千篇一律的。儿童一年到头,从早到晚被幽禁在教室内,只做一种工作,这就是学习。这种监禁儿童的做法和教学方法的单一化,不能不使儿童产生反感。

　　傅立叶认为,由于资本主义社会的教育违反儿童的本性和兴趣,它严重地摧残了儿童的健康。他指出"文明制度下的教育是违反健康的,它使儿童随着在教育上的精力消耗,身体相应地衰弱下去"。④即使是富有阶级的儿童，虽然有保姆和医生的照顾，而且有良好的营养,但他们的身体远不如一百个半饥饿、不断遭受恶劣天气影响、以黑面包充饥的乡村儿童强壮。

　　傅立叶还认为,这种违反儿童本性的教育,不仅摧残了儿童的健康,而且压抑了人才的成长。本来儿童从小就有爱好劳动的天性,富

---

①《博立叶选集》第二卷,第三卷,321页,商务印书馆,1979年版,27页。
②③《博立叶选集》第三卷,商务印书馆,1979年版,278页。
④《博立叶选集》第三卷,商务印书馆,1979年版,217页。

有创造精神,可是由于文明制度教育的不合理,把富人的子弟培养成好吃懒做的人,穷人的子弟只能把精力用于打架、闹事一类活动上去。本来自然界在赋予人的天才方面是很慷慨大方的,而人也本来是被赋予能力发现和发展这些萌芽。可是,"这些萌芽被文明制度的教育践踏和扑灭了。"①"这件事便是对文明制度一切教育体系的谴责:它们没有提供从人的幼年起识别和揭示他们的二三十种而不是单独一种劳动才干的任何手段。恰恰相反,它们却使一切性格都恶化了"②。

(二)在理论与实践的关系上,傅立叶认为资本主义社会的教育是一个颠倒的世界。他说:"文明制度的教育在进程上具有相反的意义,它把理论摆在实践的前面——这是真正颠倒世界。"③这种颠倒世界的教育,做了一件蠢事,即把儿童整年地关在某个学校中,把理论摆在实践的前面。它们不善于诱导儿童在实践中学习,而是虚度光阴去求取他们根本不感兴趣的知识。在这种情况下,儿童既对学习感到苦恼,也对教师感到苦恼。如果让儿童通过实际活动去学习,"他们在每次只有两小时的百堂冬季课中所学到的东西,将远远超过强迫把他们送到被称作寄宿学校的幽禁所中三百天内所学到的东西"。④

在教育手段上,傅立叶认为资本主义社会的教育是强制性的。他说:"文明制度下的儿童只有在穷困、惩罚、藤条、皮规尺的威胁下,才迫不得已养成学习的习惯。"⑤他认为在这种情况下,学生的学习不可能是自觉自愿的,教师和学生的关系也不可能是真诚一致的。有一些

---

①《博立叶选集》第一卷,商务印书馆,1979年版,119页。
②《博立叶选集》第三卷,商务印书馆,1979年版,219页。
③《博立叶选集》第三卷,商务印书馆,1979年版,280页。
④⑤《博立叶选集》第三卷,商务印书馆,1979年版,281页。

儿童,最多是八分之一的儿童顺从地接受学习,而不是要求学习,而其余的 7/8 的儿童对学校感到烦恼,只想逃学。

从上述可以看出,傅立叶从教育的指导思想上、从理论与实践的关系上、从教育的手段上,揭露和批判了资本主义教育制度。他虽然是从人性论的角度去揭露资本主义教育的,没有、也不可能运用历史唯物主义的基本原理,去揭示资本主义教育的阶级本质问题。但是,傅立叶指出了资本主义的教育"要儿童服从符合等级精神的各种不同的道德,以及服从适应内阁的更迭精神的各种不同原则"。这种观点,对于资产阶级理论家鼓吹的教育是不从属于社会关系的独立力量的荒谬理论,是一个有力的揭露;对于今天那些美化资本主义制度的人,也是一个有力的抨击。

和谐制度下的教育

傅立叶从对资本主义制度的批判中得出的结论是:文明制度的各种弊端是恶性循环,必须跳出这个深渊。傅立叶提出代替资本主义制度的叫作"和谐制度"或称协作制度。他设计的和谐社会的基层组织叫"法郎吉"。法郎吉是一种生产和消费的联合组织,它既组织生产,也组织社会生活。法郎吉的人员都过着集体的生活,儿童从小受集体的照管。傅立叶在描绘未来的和谐社会的生活图景时,特别关心教育事业。他提出,在和谐制度下,"教育将是必须首先加以安排的结构部门。"①"使儿童在幼年时就养成适合和谐制度人的心灵的一切服务的习惯,亦即养成公正和诚实,协调表现均匀一致的习惯。"②可见,博立叶把培养法郎吉新生一代的教育,看作是巩固、完善和谐制度的

①《博立叶选集》第三卷,商务印书馆,1979 年版,217 页。
②《博立叶选集》第三卷,商务印书馆,1979 年版,284 页。

重要一环,是实现未来理想社会的重要条件。

傅立叶设想,法郎吉是城乡结合、工农结合的生产单位。在这里人人都要学习,人人都要参加劳动。每个成员按照自己的兴趣、爱好,在同一天要从事各种不同的劳动。为了适应这种需要,"协作教育的目的在于实现体力和智力的全面发展。"①这种全面发展的人,既"从事生产劳动,又从事艺术和科学的劳动。"②傅立叶认为,这种全面发展的人,只有在和谐制度下才有可能实现。到那时,将会涌现出数以千计的荷马式的诗人、牛顿式的数学家、莫里哀式的剧作家以及各种各样的卓越人物。

由上可以看出,傅立叶针对资本主义社会制度及其旧式分工对人的发展的危害,提出改造旧式分工的设想,并明确提出人的全面发展的内容是体力和智力的充分发展。傅立叶的这一观点,远远超过早期资产阶级思想家提出的德、智、体、美和谐发展的主张,这在教育史上是一个重大贡献。当然,傅立叶的这一思想还有一定的局限性。他是从人性自身需要出发的,还没有从社会生产的发展规律上认识人的全面发展的客观必然性。即使是这样,马克思主义创始人高度评价傅立叶的这一思想。恩格斯在《反杜林论》一书中说:"在他们两人看来(指傅立叶和欧文——引者注),人应通过全面的实践活动获得全面的发展,劳动应当重新获得它由于分工而丧失的那种吸引人的力量,这首先是通过经常调换工种和相应地使劳动的每一'会期'(用傅立叶的话)不过长的办法来实现。他们两人远远超出了杜林先生所承袭的剥削阶级的思维方式。"为了能够培养这种体力和智力全面发展的人,博立叶从教育制度,教育措施、教育方法上作了精心的设计。这

①《博立叶选集》第三卷,商务印书馆,1979 年版,217 页。
②《博立叶选集》第四卷,商务印书馆,1979 年版,11 页。

个设计的主要内容是：

（一）适应法郎吉组织原则的幼儿教育。傅立叶设想，在法郎吉中，由于共同劳动和公共服务事业的发展，妇女将获得完全的解放，成为法郎吉中完全平等的成员。任何妇女不管如何富有，都必须参加集体的生产劳动和科学、艺术活动。这样，作为经济单位、教育单位的家庭将会消失，教育制度应该贯彻法郎吉的原则。在这种情况下，儿童从摇篮时期开始，教育就要以整个社会为基础。他设想 3 岁以前的儿童全部住在托儿所中，儿童的全部生活费用由社会负担。在这里，有各种完善的设备，有专门照料儿童的保姆、护士。傅立叶认为对儿童进行这种早期的集体的教育，有如下好处：一是可以减轻家长的负担。傅立叶认为在文明制度下，人们既没有单独的房间来安顿婴儿，又没有一定的物质来满足婴儿的需要，这种小家庭对幼儿来说，简直是一种地狱。可是，在和谐制度下，儿童受到精心的照顾，家长不用操心儿童的衣食住行和学习。二是可以避免家长的溺爱和不良的影响。傅立叶认为在文明制度下，家长以各种有害的怪癖毒害儿童。而在和谐制度下，道德禁止家长溺爱儿童，如果幼儿有什么毛病、缺点，就会及时受到保姆的教育与帮助。三是可以使幼儿的体力和智力得到健康发展。在和谐制度下，担任培育幼儿的保姆、护士是经过一定训练的，是从非常机敏、适合儿童性格的人中挑选出来的，并"不像法国的保姆那样，乱哼一些小曲或用狼来恐吓孩子。"[1]经过早期的、集体的教育培养出来的儿童，"到 4 岁时，力气就会比文明制度时期的 6 岁儿童大得多，智力的发展更会远远超过大部分 10 岁的儿童。"[2]

从上述内容可以看出，傅立叶提出早期的幼儿教育的主张，基本

---

[1]《博立叶选集》第三卷，商务印书馆，1979 年版，229 页。
[2]《博立叶选集》第三卷，商务印书馆，1979 年版，147 页。

上是正确的。这些观点,为以后学前教育的发展产生过积极的影响。但是,他在论述这一问题时,完全否定家庭教育的必要性,这不免过于偏激和片面。

(二)适应儿童天性的教育主张。傅立叶认为文明制度下的教育是违反儿童天性的,而和谐制度下的教育则要适合儿童的天性。他提出适应儿童天性进行教育的主张,是建立在他的情欲学说(即情欲引力论)的基础之上的。他认为人的情欲是人的本性的反映,教育的任务就在于适应和发展人的这种自然本性。他说:"教育应发展自然所赋予的一切萌芽并适应于自然的教育。"①

怎样实施这种适应儿童天性的教育呢?傅立叶根据他的情欲引力论认为,一是要充分了解儿童的爱好、兴趣和性格。他认为所有儿童中占支配地位的爱好是喜好探索、观察、浏览和不断地使作业多样化的倾向。教育工作者就应该善于引导儿童去观察、思考,并且根据儿童不同的性格和爱好,分别编组,以便进行教育。二是要按照儿童不同的年龄阶段进行教育。傅立叶把儿童分为婴儿时代(从零岁到 2 岁),幼儿时代(从 2 岁到 $4\frac{1}{2}$ 岁),中期幼年时代(从 $4\frac{1}{2}$ 到 9 岁),年长幼年时代(从 9 岁到 $15\frac{1}{2}$ 岁),混合童年时代(从 $15\frac{1}{2}$ 到 20 岁)等 5 个年龄阶段。在不同年龄阶段,教育的侧重点是不同的。在第一、二阶段,着重发展儿童的天然禀赋,锻炼儿童的外部感官;在第三阶段,着重发展儿童的体力;在第四阶段,着重发展儿童的精神的能力;在第五阶段,让儿童参加众多的"谢利叶"小组活动,在那里施展才干。三是建立和谐制度,让儿童得到充分发展。他认为在文明制度下,人类情欲的发展是畸形的,不可能有任何适合天性的教育。只有在和谐

①《博立叶选集》第一卷,商务印书馆,1979 年版,118 页。

社会中"孩子在按情欲组成的谢利叶中获得了适合天性的教育,他在学习上用不着来自任何方面的鼓励和监视。"①

从上述内容可以看出,傅立叶提出适应儿童天性进行教育的主张,有其正确的一面。因为教育是培养人的事业,它的工作对象是正在成长的青少年。在教育过程中,教育者必须自觉地认识和掌握人的身心发展规律。这样,教育的效果才会事半功倍。但是,傅立叶提出的这一主张,不是建立在科学的人体解剖生理和心理学的基础之上,而是以唯心主义的情欲引力论为基础的。他企图运用这种情欲引力论去解释社会历史现象,认为资本主义制度之所以不合理,是因为不合乎人的天性,而他所设想的和谐制度之所以合理,是因为满足了人的天性。这样,势必抹杀客观存在的阶级和阶级斗争的事实,导致阶级调和论。博立叶自己就曾这样说过:"我们要提醒注意的是,儿童在符合本性的教育下所取得的成就或不需父亲或教师的任何鼓励而自愿参加劳动和学习,将是实现这种阶级融合的主要手段之一。"②当然,傅立叶提出针对儿童的不同特点和不同年龄阶段进行不同的教育的观点,确有可取之处。但是,他提出的划分儿童年龄阶段的方法,没有什么科学根据,可以说是一种主观的猜测。

(三)教育与生产劳动相结合的思想。傅立叶在教育史上的另一个重要贡献,就是提出了教育与生产劳动相结合的思想。他说:"我们现在的教育是把科学和劳动分开的,而在协作制度下,科学和劳动永远是结合在一起。在这里,儿童将同时从事农业和工业生产以及科学和艺术的活动。"③为了实现这种教育和生产劳动相结合,傅立叶精心

---

① 《博立叶选集》第一卷,商务印书馆,1979 年版,96 页。
② 《博立叶选集》第三卷,商务印书馆,1979 年版,356 页。
③ 《博立叶选集》第三卷,商务印书馆,1979 年版,259 页。

设计了一系列具体的办法。他提出从两岁起就接触劳动,3 岁进入小工厂,法郎吉有专门适合儿童的小工具和小型生产项目,并且要求儿童从小就能对社会做出贡献,例如男孩打扫马厩、清除污物,女孩美化环境等等。教育工作者的任务,在于借助合理的诱饵把儿童的全部才能都引向生产劳动和正当的学习上。这样,儿童"到 15 时,将会差不多熟悉他的法郎吉和邻近法郎吉内的农业、工业、科学和艺术的一切部门。"①

博立叶为什么如此重视和谐制度下的劳动教育?按照傅立叶的说法,实施劳动教育一是社会制度的要求。他认为文明制度充斥着欺骗和令人厌恶的劳动,"而协作制度则被称为以诚实和诱人的劳动为基础的正面世界"②。在这个世界里,人人都必须参加劳动。在这种情况下,教育的任务在于培养法郎吉的新一代成员,使他们形成劳动习惯和技能。"如果说,人必须依靠农业劳动和工业劳动而生活,那么,在使他成为学者以前,就必须使他成为乡村的主人和工厂的生产者。和谐制度下的教育步骤就是如此。"③二是实施劳动教育有利于儿童体力和智力的全面发展。傅立叶指出,文明制度下的教育压抑和歪曲儿童的才能。这种教育只会使儿童脱离劳动,使劳动变成一件令儿童可恨的事,并鼓励他去从事破坏性的活动。与此相反,和谐制度下的教育,其目的在于实现体力和智力的全面发展。在和谐制度下,儿童从小就要参加劳动,在劳动中使儿童的劳动天赋有所表现,"他们在那里轮流锻炼自己的体力和智力,使之都能得到充分的发展"④。三是

---

①《博立叶选集》第三卷,商务印书馆,1979 年版,243 页。

②《博立叶选集》第三卷,商务印书馆,1979 年版,19 页。

③《博立叶选集》第三卷,商务印书馆,1979 年版,374 页。

④《博立叶选集》第三卷,商务印书馆,1979 年版,65 页。

实施劳动教育有利于儿童获得科学知识。傅立叶认为在和谐制度下，儿童学习的目的是为了在劳动上应用，这样可以激发儿童学习科学知识的热情。如果儿童的学习同生产劳动脱离，那么，这种学习对儿童来说永远是一种苦恼，而教师也同样苦恼地进行儿童所不希望接受的那种教育。傅立叶曾经列举一个具体事例，说明儿童参加劳动可以促进他去掌握科学知识。这个例子是：有一个儿童，从 3 岁起就显示出对修理皮鞋职业的爱好，并想去参加修鞋工厂的劳动。对此，教育工作者应善于加以引导，不能压制和阻挠。这样，这个儿童"从修理皮鞋开始，那他便会很快产生一种诱惑力，试图熟悉缝制皮鞋，熟悉制革生产，从而试图在制革的各种不同过程方面熟悉化学，然后试图在某种饲养体系和某一类牧场下所能够提供的兽皮的质量方面来熟悉农艺学了。"①

从上述可以看出，在傅立叶时的教育与生产劳动相结合的主张中，尽管有许多不科学之处，如要让 3 岁儿童参加劳动，让 4 岁儿童熟练参加 20 种劳动谢利叶的工作等等。但是，他明确指出和谐制度下的教育是与生产劳动相结合的，并试图通过这种办法，使人的体力和智力获得全面发展。这种观点，无疑是难能可贵的，对于我们今天纠正一些学校忽视劳动教育、片面追求升学率的倾向，仍然具有借鉴意义。

总之，傅立叶对资本主义教育制度做了深刻、尖锐的揭露和批判，并以毕生精力，详细制订了和谐社会的方案。在这个方案中，精心描绘了和谐社会的教育事业。由于历史条件的限制和唯心史观的影响，傅立叶对未来社会的教育有许多离奇荒唐的幻想，但其中也闪烁着一系列合理的因素。如培养体力和智力全面发展的人，早期的幼儿

---

①《博立叶选集》第三卷，商务印书馆，1979 年版，243 页。

教育,适应儿童年龄特点进行教育的主张,教育与生产劳动相结合等等,"这些观点是这方面的精华,并且包含着最天才的观测。"傅立叶的这些天才的观测,为马克思主义教育学说的建立,提供了极其宝贵的思想材料。

(原载《教育史研究》1990 年第 2 期)

试论杜威教育思想在旧中国的影响

杜威是现代教育史上最有影响而又最有争议的大教育家，其实用主义教育思想影响波及世界许多国家，其中也包括中国。杜威对旧中国教育的影响是其他外国教育家不可比拟的，因此要深入研究中国现代的教育思想和教育制度，杜威其人及其教育思想是不可忽视的。而过去在这方面的研究工作只停留在对杜威教育理论的阶级属性、政治目的和唯心主义世界观的剖析上，只强调其消极因素，而对杜威及其实用主义教育理论在旧中国教育界曾经起过一定的积极作用不敢正视，缺乏对杜威教育思想影响旧中国教育这一历史事实的全面的客观性评价。笔者试就此作些初步分析，以弥补这一不足。

一、杜威教育思想在旧中国的传播

五四运动前后，杜威教育思想在中国广泛传播，这绝非偶然现象，其中既有复杂的时代背景，又潜藏着深厚的社会基础。

杜威教育思想的传入，首先是因为当时有接受它的思想基础。辛亥革命推倒帝制后，中国的资本主义生产和商品经济有所发展，西方的文化思想随同商品蜂拥而至，强烈冲击着建立在小农经济基础上的儒家文化思想体系。中国人对西方文化的认识，经历由抗拒到"中学为体，西学为用"或全盘西化最后到中西文化贯通的漫长历程。东西方文化的竞争较量，客观上刺激了当时中国的仁人志士，他们不再傲慢地视本国传统文化为"夏威夷"式，而是大力翻译和介绍西方的科技文化思想,试图寻求富国强兵的教世良方,作为杜威教育哲学体系重要来源的康德、黑格尔、斯宾塞、达尔文等人的思想陆续被介绍到中国,这样就为杜威教育思想的移植孕育了土壤。此外,明清以来占据中国思想界主要地位的王守仁的"知行合一"哲学思想与杜威的"从做中学"有某种相似之处。美国教育家孟禄评价说:"中国王(阳明)学甚好,在美国亦有相似之学,与王学知行合一之说相同。"①孙中山先生大力提倡的"知难行易"又加深了国人对杜威"从做中学"的认识,中国经历过新文化运动和五四运动的洗礼,科学和民主的思想深入民心,共和精神家喻户晓,普及教育成为社会大潮,中国教育界先后接受了德国和日本的教育影响,在此基础上进行了 1912 年的资产阶级教育改革,积累了一定的经验,奠定了教育改革的基础。以上三个条件为杜威教育思想的传入准备了思想基础。

其次,美国在华势力的不断增长为杜威教育思想的流入充当了后盾。美国原属英国殖民地,1776 年独立后,不到一百年便跃为世界强邦,这个奇迹使中国为之惊讶和振奋,急于研究美国的社会政治和教育制度,力图探索其由弱变强的原因。同时,美国利用战争良机排斥其他列强在华势力,结束了战前列强共霸中国的格局。为了达到独占中国的目的,美国不断向中国表示"亲善"。在教育方面,美国在华创办许多教会学校,办学上完全采用美国学校模式,注重提高教育质量,并允许教会大学在美国立案,颁发美国大学认可的各种学位。在招生上放宽限制,设立奖学金。并鼓励毕业生到美国研究院攻读学位,以此吸引中国青年。当时,日本报评论道:"近来美国人在中国之教育设施,其计划最有系统,亦最有生机,中国上下人士均甚信赖之,其

---

①陈能磐:《中国近代教育史》,人民教育出版社,1982 年版,第 261 页。

所立学校之毕业生前途亦最有望。"①另外,美国采取广招中国留学生的办法扩大其影响。它率先于1908年退还"庚子赔款",用以开办清华大学,成立"中华文化教育基金委员会",专门吸引中国青年留学美国,还把手伸到日本,鼓动留日中国学生改赴美留学,与日本展开争夺中国留学生的斗争。当时中国兴起了赴美留学的热潮,人们惊呼"中国留学生满布于美国"。据统计,中国选派留美学生在1919年达1170名,自费生人数大增。②美国为扩大在华影响,对中国做出种种"善意的表示",如声称帮助中国取消袁世凯与日本签订的丧权辱国的"21条",拒绝批准《凡尔赛条约》,提供优惠贷款等,以此博取中国人民尤其是知识分子的好感,为中国教育的美国化铺平道路,逐步排除了日本教育对中国的影响。因此,杜威教育思想在中国流入和传播得到美国政府及其教育机构的广泛支持。

第三,杜威教育思想在旧中国的传播适合中国资产阶级实业救国和教育兴国的强烈愿望。中国的民族工商业在战争期间得到长足的发展,外资企业的增多要求学校教育培养大批具有知识和技能的工人和技术人员,但腐朽的封建教育制度根本无法满足资本主义生产的需要。科举制度的废除,标志着中国封建教育的衰落,科技救国的实业教育思想应运而生,集中表现在留美学生所选择的专业方向上,留日生一般将留学与革命相联系,所以醉心学习社会学科,尤其以政法为时髦;而留美生是将留学与国家建设相联系,所以很多人学习理工农医类专业,重视实用学科。此外,1912年发起的资产阶级教育改革,被袁世凯、张勋和段祺瑞掀起的复古浪潮淹没,封建买办性的教育得以复活,学校恢复了尊孔读经。在这种情况下,中国资产阶

---

① 舒新城:《中国近代教育史资料》,人民教育出版社,1983版,第1082页。
② 李喜所:《近代中国的留学生》,人民出版社,1987年版,第309页。

级急需借用杜威教育思想抵御复古教育思潮的泛滥。

最后，杜威教育思想在中国的流行与他本人来华讲学及弟子们的宣传有直接关系。1919年5月1日，杜威应中国学术团体的邀请来华讲学，在中国逗留了两年零三个月，走遍中国11个省市。杜威在北京和南京做了系统的讲演，轰动一时，京沪报纸逐日报道并刊登其讲演文章。当时的《新教育杂志》在1~3卷各期中，以宣传杜威的哲学思想和教育思想为主要内容，杜威当时被誉为"美国教育大家，世界思想领袖"，先后被聘为北京大学法学名誉博士和中华职业教育社名誉董事。他在中国着力宣传其实用主义教育理论：教育即生活，学校即社会，儿童中心主义，从做中学，平民教育和职业教育思想。他的理论由于孟禄、麦柯尔、柏克赫斯特等人的来华讲学日臻完善，又经过教育界名流蔡元培、蒋梦麟、胡适、陶行知等人的大力宣传，出版了《民本主义与教育》（邹恩润译，1928年）。以杜威为代表的实用主义教育思想在1919—1928年期间统治了中国教育界。胡适认为，自从中国与西洋文化接触以来，没有一个外国学者在中国思想界的影响有杜威这么大。美国芝加哥大学教授吉特评论说："杜威博士在中国所给予的影响，比其在美国本国所给予的影响较大。"[1]在杜威教育思想的促动下，中国教育界在思想上形成以蔡元培、胡适为首的改良主义教育救国论，在组织上成立了中华平民教育促进（1923年）、中国儿童教育杜、中国社会教育社、中国民生教育学会等教育团体，掀起了平民教育运动、民生教育运动，触发了新的教育改革。

可见，杜威教育之所以能在20世纪初期流行中国，是多种因素合力作用的结果。

---

①姜琦：《现代西洋教育史》，商务印书馆，1935年版，第519页。

二、杜威教育思想在旧中国的影响

杜威的教育理论是建立在行为科学的心理学研究成果基础上的新理论体系,这一理论的阶级属性是非常明显的,国内许多学者已做过分析。但是,我们也应看到,杜威教育理论也不乏合理的内核,它在传入中国以后,当时在反抗封建复古教育,发展中国教育学方面发挥了一定的积极作用,主要表现在:

第一,杜威教育理论的传播推动了当时的教育改革。杜威认为,教育目的从属于教育过程,目的在于培养适应环境的人,反对任何外加的教育目的。在这一思想的影响下,1919年10月,全国教育会联合会在太原举行第五届年会,通过"废止教育宗旨,宣布教育本义"的议案,认为"从前教育,只知应如何教人,不知研究人如何教。今后之教育,应觉悟人应如何教,所谓儿童本位教育是也。施教育者,不应持定一宗旨或主义,束缚受教育者。'养成健全人格,发展共和精神'二语,经本会讨论,认为适合教育本义"。①可见,这一点与杜威强调培养学生"养成智慧个性"、"养成共同活动的观念和习惯"十分相似。教育宗旨由"忠君爱国"转变为"养成健全人格,发展共和精神"无疑是一大历史进步,表明中国教育界开始注意个性发展与社会改革的结合。1922年的教育改革也深受杜威教育思想的影响。回顾中国的学制史,1902年以前全国尚无统学制的规定,后来颁布《癸卯学制》和《壬子癸丑学制》,基本上仿效日本和德国学制,它的产生本是清末社会政治、经济、文化变革的产物,也是新学与旧学、学校与科举、改良派与保守派斗争妥协的结果,体现"中学为体、西学为用"的精神。即使

---

①华东师大教育系、教科所编:《中国现代教育史》,华东师范大学出版社,1984年版,41—42页。

这种不彻底的、充满封建色彩的学制改革也遭到封建保守势力的扼杀。袁世凯通过《教育部整理教育方案草案》《特定教育纲要》《国民学校令》等几乎全盘否定了资产阶级教育改革的成果,导致中国近代教育的大倒退。这种倒行逆施遭到中国教育界的批判,他们借助杜威教育思想在中国传播之机,开始酝酿新的教育改革。因此,1922年的学制改革基本上是模仿美国"六三三"学制而来的。当时提出的七项改革标准,如"适应社会进化之需要,发挥平民教育精神,谋个性之发展,注意国民经济力,注意生活教育,使教育易于普及,多留地方伸缩余地",显然受杜威教育思想的影响。

第二,杜威教育思想的传播活跃了中国教育界。如果探寻"生活教育论""民生教育论""活教育论"的根源,我们会发现它们总是与杜威教育思想有某种历史渊源。民主教育家陶行知1914年秋赴美留学,亲受杜威的教诲,1917年回国后即大力宣传杜威教育思想,自称"是把外国教育制度拉到中国来的东洋车夫之一"。他批判传统教育,提倡"生利主义之职业教育",改"教授法"为"教学法",鼓励学生自治,怀着"要使全国人民都有受教育的机会"的美好愿望,毕生致力于平民教育运动。根据中国的现实,陶行知又把平民教育运动的重心落到农村,建立了"生活教育理论",强调"教学做合一"。陶行知的理论基础直接起源于杜威,两人的不足都是混淆了教育与实际生活、学校与现实社会的界线,教育作为一种特殊的社会实践活动,有其内在独立性,不可能混同于社会生活,与生活亦步亦趋。如果说杜威是在学校里设计"社会生活",那么陶行知走得更远,他是把学校置于社会生活中,此外,陶行知的"教学做合一"也是直接从杜威的"从做中学"演绎出来的,两人都强调实践活动是获得知识的源泉,以行求知,但陶行知更多地注意到教师的主导作用,应当说"教学做合一"比"从做中学"更为全面。再者,陶行知也吸取了杜威的民主教育思想。杜威认为

"科学,通过其在发明和技术上的应用,是近代社会中产生社会变化和形成人生关系的最伟大的力量,"①陶行知接纳这一观点,回国后致力于乡村教育运动,提倡科学下嫁运动。不过,陶行知的民主教育比杜威主张的更为彻底,施教对象更为广阔。从改良主义走上革命道路,陶行知的思想逐步摆脱了杜威的资产阶级世界观影响。

陈鹤琴提出的"活教育"理论同样也深受杜威教育思想的影响。陈鹤琴留美期间受到杜威的陶冶,他承认"活教育"理论与杜威教育思想的联系:"我们提倡的活教育是和杜威的学说配合的,因为活教育和杜威学说,其出发点相同,其所走的路子相同,其所用的方法也相同。"陶行知将中国的教育概括为"读死书,死读书,读书死;教死书,死教书,教书死"。意指中国教育在教材、教法和学习方法上生硬死板,缺乏活力。故陈鹤琴提出要变"死"为"活",因此提倡"从做中学,从做中求进步",培养儿童"做人、做中国人、做世界人",他的兴趣主要集中在幼儿教育和初等教育方面。中国的幼教事业起步较晚,大多数幼儿机构"重养不重教",或是宣传《四书》《五经》,或是滥输宗教信条。对此,陈鹤琴极为不满,他主张以大自然、大社会为儿童直接学习的对象,认为"儿童与环境和社会相接触的机会愈多,他的能力也愈充分"。他要求教师善于利用自然界和社会状况组织教学,使各科目发生联系,提出"五指活动"课程(即健康活动、社会活动、自然活动、艺术活动、文字活动),采用单元教学法,目的在于使儿童在生活、智力、身体等方面和谐发展。

第三,杜威教育理论的传播,推动了中国平民教育运动。在中国兴起平民教育运动,既反映了广大人民要求受教育的愿望,也是科学

①杜威:《人的问题》,傅统先、邱椿译,上海人民出版社,1987年版,第39页。

和民主思想在教育领域内的具体表现。推进平民教育运动的组织有"平民教育社"(1919年)、中国教育改进社、中华职业教育社等机构，这些机构的负责人如陶行知、晏阳初、梁漱溟、黄炎培等均受过欧美民主风雨的熏陶，直接或间接受过杜威教育思想的影响。在杜威教育思想的启示下，中国教育家注意把教育与社会生活相联系、重视教育的实效，把扫盲教育和初等教育与提高人民生活水平相联系。在杜威的倡导下，中国教育界大兴教育实验之风，有著名的河北定县教育实验(晏阳初)、山东邹平乡村教育实验(梁黄溪)、河南乡村教育实验(李廉方、李秉德)，表现出中国教育家努力把理论与实际相结合的倾向。这些教育家采取的共同方式是学校、社会、家庭三位一体，教育目标是使"农民科学化，科学简单化"，含有普及教育，开启民智的意思，具体内容是以文艺教育除愚，以生计教育治贫，以卫生教育治弱，以公民教育治私。

第四，杜威教育理论的传入也推动了中国职业教育的进步。杜威的职业教育思想很吸引中国教育家的注意。杜威是从最广泛的意义上来理解职业教育的，即职业是使个人的特殊能力和社会获得平衡的唯一手段，职业既包括专业性的和事务性的职业，也包括任何一种艺术能力、特殊的科学能力以及有效的公民品德的发展。在杜威看来，最理想的学校就是职业学校。他力图把职业教育和普通教育相结合，以适应大工业社会的需要。杜威的这一教育思想对我国职业教育的发展道路产生了深刻的影响。中国的职业教育起步于洋务运动，1866年洋务派举办的福建船政学堂是中国第一个职业教育机构。但是职业教育体制的正式确立是在1902年的《钦定学堂章程》颁布之后，1916年9月在资本主义经济较为发达的江苏省成立起第一个职业教育研究会，1917年5月黄炎培等人发起组织中华职业教育社。黄炎培早年受教于蔡元培门下，1915年赴美考察教育，亲受杜威教育思想的熏染，他把职业教育当作是改革中国旧教育空疏无用的工具，目的是"使人人获得生活的供给乐趣，同时尽其对群之义务"，这个主张与杜威的职业教育思想很相近。中华职业教育社试行富教合一，沟通职业教育与普通教育的联系，注重学用结合，开办各种职业学校和补习学校，推广职业指导和农村教育实验，在解决失业青年工作、农村复兴方面取得了成效。

第五，杜威的职业教育思想也触发中国的"民生教育思想"。邰爽秋是我国30年代民生教育的倡导者。1923—1927年，邰爽秋留学美国，获得哥伦比亚大学教育学博士，当时正值杜威在该校任哲学教授，故受其影响较深。邰爽秋归国后眼见中国教育凋敝的现实，提出生计教育(即民生本位教育)的主张。这个理论的核心是以发展人民生计的经济活动来改进民众生活，扶植社会生存，保障群众生命而达到民族复兴的目的，落脚点是教育要切合实际，为生产服务，为工农服务。为配合其理论宣传，邰爽秋发起了"念二"运动，活动原则是"寓一切教育于民生建设之中，以发展民生的经济活动为经，以文字、公民、卫生、休闲、自卫、救国种种教育为纬，制为大单元设计"。为实施民生教育，邰爽秋于1936年创建中国民生教育会，1939年创办中国民生建设实验院，用以培养干部和专业技术人才。另一方面深入城乡巡回教学，还发明了普及教育车，效果很显著。邰爽秋主张的民生教育也是杜威职业教育思想在中国的扩充。

三、杜威教育思想在旧中国的命运

杜威教育思想之所以能在旧中国得到广泛传播和发展，成为统治中国教育界的主流。主要原因是因为杜威教育理论本身具有一定的科学性和实用性。其次是这一理论适合中国资产阶级改革旧教育的需要。它的积极作用在于，推动了中国教育宗旨、教育制度和教学方法、师生关系等方面的改革，活跃了中国的教育思想界。在杜威的影响下，中国涌现出众多的学术团体，开展了广泛的教育实验工作，推行了职业教育运动、平民教育运动、民生教育运动、乡农教育运动。杜威宣传的教育要与社会生活相联系、儿童本位思想等，促使国人更关心教育问题，注意儿童的身心发展，改善师生关系，推行教育民主化，认识到教育的经济功能作用，客观上抬高了教育在旧中国的地位，中国教育界出现短期的繁荣。因此说，杜威教育思想对旧中国教育的积极作用是多方面的。

但是，虽然杜威教育思想在旧中国有其生长的土壤，但后天环境却注定了它不能在中国开花结果。这个原因首先归结于杜威教育思想的本身缺陷所致。杜威教育理论是反抗旧教育秩序的有力破坏工具，但是在中国的教育实践中却不是积极行动的最好指南。其次，杜威教育思想产生于资本主义经济高速发展的美国，他的着眼点在于使教育为美国民主政治和工业化社会服务。而在半封建、半殖民地的中国，是以小农经济为主，资本主义经济发展缓慢的国家，在这样的国度里实施杜威教育理论，并以此来解决中国教育问题必然是行不通的。在实施杜威教育思想时，其中必然涉及社会政体问题，因而必须赋予生活以政治色彩，而不单纯是自然的"儿童生活"。中国资产阶级先天不足，后天失调，难以与强大的封建买办势力相抗衡，教育改革的实施遇到重重阻力。而陶行知、黄炎培、邰爽秋、陈鹤琴等具有教育救国论的改良主义思想的知识分子后来走上革命道路的例子，就证明杜威的改良主义思想在中国是行不通的。

（本文与曾天山合写，原载《天津教育学院学报》1991 年第 2 期）

三、教师问题研究

教师的任务是最光荣的任务
——马卡连柯论教师

安·谢·马卡连柯(1888—1939 年)是苏联著名教育理论家和教育实践家。他把自己的一生贡献给苏联的教育事业,并以自己非凡的才能,探索社会主义教育的理论和方法,从而创立了一个崭新的教育体系。他的 7 卷本全集约有 200 万字,内容丰富,取材广泛,深入地论述了教育理论的各方面。今天,在纪念这位伟大的教育家 100 周年诞辰之际,学习他关于教师问题的论述,对于加强教师的修养,提高教师的素质,搞好当前的教育工作,是十分有意义的。

一

马卡连柯把教育看作是社会生活的一个重要方面, 是一项崇高的事业。"它关系到国家的未来,民族的兴旺。"而不好的教育是我们将来的痛苦、辛酸,是我们对其他的人们和整个国家的罪过"。①在整个教育工作中教师是一支不可缺少的主力军,是责任最重大的工作。因此,他指出:"教育家在我们苏联是最受尊重的工作者。教师的任务是最光荣的任务——为我们生活中各个部门造就许多干部。"②

马卡连柯不仅从理论上说明教师工作的意义, 而且以自己全部

---

①《马卡连柯教育文集》下卷,人民教育出版社,1985 年版,第 129 页。
②《马卡连柯教育文集》上卷,人民教育出版社,1985 年版,第 24 页。

教育实践活动为人民教师树立了光辉的榜样，他先后从事教育工作30多年，他的一生是忠诚地为人民教育事业服务的一生。十月革命前，马卡连柯在铁路职工子弟小学工作了10年（1905—1914），积累了丰富的教育经验。1917年，马卡连柯作为成绩优异的学生毕业于师范专科学校，相继担任克留科夫铁路小学和市立小学校长。从1920—1935年，先后主持创办"高尔基工学团"和"捷尔任斯基公社"。当时苏联国内战争刚刚结束，国民经济百孔千疮，国家不可能有充足的经费用于教育事业。但是，生活的艰苦、设备的贫乏、工作的困难，并没有吓倒马卡连柯。相反，他十几年如一日，呕心沥血，辛勤操劳，以惊人的毅力和非凡的组织才能，克服重重困难，探求并实验新的教育方法和组织形式，把高尔基工学团和捷尔任斯基公社建成了一个模范的教育单位，把三千多名流浪儿童和少年违法者教育成为社会主义有用的公民，其中不少人成为工程师、医师、教师、科学家、劳动模范和战斗英雄。马卡连柯的教育实践活动，就其惊人的成就来讲，不仅在苏联教育史上写下了新的一页，而且也是世界教育史上的杰出的成就。正如无产阶级文学家高尔基在1933年评价马卡连柯的教育成就时所说："照我看，你那有伟大意义和十分成功的教育试验是具有世界意义的。"今天，我们学习马卡连柯的教育思想，首先要学习他公而忘私，忠诚人民教育事业的献身精神，为发展我国教育事业做出自己应有的贡献。

二

马卡连柯不仅指出了教师工作的重要意义，而且进一步论述了教师工作的特点。这些特点主要是：

（一）教师工作的目的性。教育工作的根本目的是培养什么人的问题。但是，苏联当时有许多教育工作者不重视教育目的问题。马卡连柯对此提出批评说:"最可怪的是教育工作目的几乎变成被遗忘了的范畴。"①他认为确定教育目的是教育工作中最主要的问题,"如果我们不向自己提出一定的政治目的,那我们简直就不能去教育人,也就没有权利进行教育工作"。②这就是说,教师工作不是为教书而教书,而是教书育人,把青年一代培养成社会主义社会有用的公民。他说:"教导员和学生初次会面的时候,应当给自己提出一个实际的目的:把这个男孩子或女孩子教育成为真正有教养的苏维埃人、劳动者、有技术、有学识、有政治修养和高尚道德的身心健全的公民。教导员永远不应当忘记自己工作中的这个目的,简直连一分钟也不应当忘记。当教师明确自己的工作目的以后,应该努力工作,为达到这个目的而顽强奋斗,绝不允许有任何不负责的态度。"

(二)教师工作的创造性。马卡连柯认为教育学是最辨证、最灵活的一种科学,也是最复杂、多样的一种科学。因为教育学的研究对象是揭示如何培养青少年的客观规律的一门科学,而青少年又是各不相同、形形色色的。所以,教师工作不能墨守成规、死搬硬套,而应勇于创造。他说:"在我们教育工作中,我们有权拒绝创造吗?不能够,我们决不能拒绝教育工作中的创造性。"③马卡连柯一生的教育活动,可以说是创造性的活动。当年,他创办高尔基工学团时,旧的经验已不适用,新的经验又没有出现。可以说,没有任何捷径可循。但是,他并没有退缩,而是不断探索、不断创造。他不是从书本上的公式出发,而是分析实际情况,以新的教育原理代替陈旧的原理,以新的方法造就新人,从而总结出许多有价值的教育思想和教育方法。例如追求远景

---

① 《马卡连柯教育文集》上卷,人民教育出版社,1985 年版,第 71 页。
② 《马卡连柯教育文集》下卷,人民教育出版社,1985 年版,第 11 页。
③ 《马卡连柯教育文集》上卷,人民教育出版社,1985 年版,第 144 页。

的方法、平行影响的原则、要求与尊重相结合的思想等等,丰富和充实了苏联教育学。

（三）教师工作的示范性。马卡连柯认为教师的自身行为在教育上具有重要意义,教师行为的每一瞬间,都在教育着儿童。因此,作为一个教师必须严格要求自己,处处为学生做出表率。凡是要求学生做到的,教师首先要做到。一个教师靠什么取得学生的信任、从而影响学生呢?是靠动听的言词,空洞的说教吗?不是,而是靠教师的实际表现。他说:"假如你的工作、学问和成绩都非常出色,那你尽管放心:他们全会站在你这一边……相反地,不论你是多么亲切,你的话说得多么动听,态度多么和谐,不论你在日常生活中和休息的时候是多么可爱,但是假如你的工作总是一事无成、总是失败,假如处处都可以看出你不通业务,假如你做出来的成绩都是废品和'一场空'——那么除了蔑视之外,你永远不配得到什么。"①

（四）教师工作的技巧性。马卡连柯认为教育工作是一项复杂、细致的工作,要正确地组织教育过程,培养一代新人,就必须掌握教育技巧。教师是否掌握教育技巧,关系到教育效果的好坏。为什么在许多学校里,有的教师上课时,学生很安静地听,有的教师上时情形就会很坏。"这只是因为一个教师有教育上的技巧,而另一个教师没有教育上的技巧"。

马卡连柯认为教育技巧是多方面的,作为一个教师应掌握以下一些主要技巧:

教师要善于组织学生集体。他曾多次指出只有在坚强自觉的集体中,才可能有真正的共产主义教育。"教师的使命就是建立这种模

---

① 《马卡连柯全集》一卷,人民教育出版社,1985 年版,第 231 页。

范的组织,爱护它,改进它,把它传给新的教师"。①组织学生集体的教育技巧包括正确选择集体的干部,形成集体的正确的舆论和优良的传统,善于唤起集体生活的乐趣,把比较简单的快乐变为更复杂的快乐,使学生集体生活保持朝气蓬勃。同时,教师还要善于组织集体的活动,例如课外阅读活动、节假日活动、文体活动、学生会议等等。

教师要善于观察青少年的个性特征。他认为一个教师应该了解每个学生的志向、兴趣、弱点和长处,这样才能更好地进行教育工作。如果不了解青少年的个性特征,就会"忽视人的多样性和硬把教育的任务问题放进对所有的都适用的一句话里面,那会是不可思议的粗枝大叶"。在这方面,马卡连柯为我们树立了良好的榜样。他善于观察学生的各种表情、行为,从而了解每一个学生的复杂心理活动。正如高尔基所说的,马卡连柯了解他的每一个学生,他能用五句话说明每一个学生的特点,就像用快照拍出来的一样。

教师要善于处理教育实际工作中的各种问题。他认为教师需要以极大的勇气和责任心去发现最好的影响儿童的方法,决不允许用一种刻板公式对待学生。在马卡连柯的著作中,我们随时可以看到他善于处理各种实际问题的事例。例如如何对待青少年违法者?马卡连柯从来不把自己的学生当作过去的违法者看待,而是看作具有积极力量和可能变化的人。每当新学员入学时,马卡连柯总是要讲"应该忘记过去,应该不断地前进"。他的基本原则是尽量地多要求一个人,同时也要尽可能地尊重一个人,辩证地处理要求与尊重相结合的问题。

教师要善于控制自己的行为、声调和表情。马卡连柯在这一方面论述很多,他说:"高等师范学校应当用其他的方式来培养我们的教师。如怎样站、怎样坐、怎样从桌子旁边的椅子上站起来、怎样提高声

---

① 《马卡连柯教育文集》上卷,人民教育出版社,1985 年版,第 81 页。

调、怎样笑和怎样看等等'细枝末节'。"他认为如果没有这些技巧,那就不能成为一个好教师。

教师的工作技巧如何获得呢?马卡连柯认为只要热爱教育工作,通过工作的实践锻炼和主观努力,每个人都可以成为教育能手。他说:"技巧是可以获得的东西,正像可以作一个有名的旋工,可以作一个出色的医师一样,教师也应当并且一定能够成为一个呱呱叫的能手。"为了使教师获得教育技巧,他建议,高等师范学校应当坚决地改进自己的教学大纲。他们应当培养出非常有修养的、有学问的教育技术家。马卡连柯的这些观点,对于我们当前纠正忽视师范教育的特点,改变轻视教育专业训练的倾向,仍有现实的意义。

三

为了发挥教师在教育工作中的主导作用,马卡连柯还进一步提出建立教师集体的问题。集体教育理论是马卡连柯教育体系的中心思想,贯穿在马卡连柯的全部教育活动和全部教育论述里。在他的集体教育理论中,包括建立教师集体的问题。他说:"教师集体和儿童集体并不是两个集体,而是一个教育集体。"

马卡连柯认为教师集体在学校教育工作中有重要的作用。这表现在:建立教师集体有利于形成学校正常的教学秩序。学校教育是社会对青少年所施予的一种有目的、积极的影响。青少年正是在有目的、有系统的教育影响下成长起来的。他认为如果学校教育工作没有确定的方针,而教师的力量又很涣散,这种情况就会导致教师工作效率降低和教学秩序混乱。因此,他提出"一个教师集体,要有统一的工作方法,要不但能集体地为'自己的'班级负责,而且能为整个学校负责,如果没有这样团结一致的教师集体,那么,所谓正常的学校教育工作是很难想象的"。

建立教师集体有利于形成学生集体。一个自觉的学生集体如何形成呢？马卡连柯认为它不是自发形成，而是与教师的关怀、培养分不开的。教师集体的统一意志、统一部署、统一工作步骤，对形成学生集体关系甚大。如果没有良好的教师集体，就不可能培养出良好的学生集体。他说："如果15个教师每人根据自己的能力和意愿来进行教育工作，那是不能够培养出集体来的，因此，也应当有教师集体，这是很明显的。"

建立教师集体有利于发挥教师个人的才能。每个教师个人的能力是有限的，而在教师集体中，教师之间互相学习，取长补短，相得益彰，团结起来的力量是巨大的。"如果有5个能力较弱的教师团结在一个集体里，受着一种思想、一种原则，一种作风的鼓舞，能齐心一致地工作的话，那就要比10个随心所欲地单独工作的优秀教师要好得多。"

那么，怎样才真是一个良好的教师集体呢？马卡连柯认为一个良好的教师集体应该有共同的目的、真诚的团结、坚强的领导、统一的行动。

所谓共同的目的，就是教师集体要有一个共同的目标和信念。集体的每个成员，要自觉地为实现这个共同目标而努力工作。在集体的实践中，常常发生个人的目的和集体目的对立的问题。如果在集体中能感觉到共同目的和局部的个人目的之间存在着这种对立，这就说明这种集体组织得不好。因此，他主张"应该有这样的教师集体：有共同的见解，有共同的信念，彼此间相互帮助，彼此间没有猜忌，不追求学生对个人的爱戴。只有这样的集体，才能够教育儿童"。

所谓真诚的团结，就是集体和成员为着实现共同的目标，齐心协力，共同奋斗，他认为教师集体的团结统一是有决定意义的一件事。在这个集体里，年轻教师与年长教师、有经验的教师与缺少经验的教师之间应当维持友好的关系,加强团结,反对个人倾轧。他说:"再没有任何东西比教师集体里的个人主义和倾轧纠纷更可怕的了,再没有任何事情比这样的现象更可恶、更有害的了。"

所谓坚强的领导,就是整个教师集体要在校长统一的领导下进行工作。他说:"要想使从事教育工作的人员成为善尽职责,严肃认真的教师,只有一条路可走,那就是把他们团结在一个集体里,团结在教师集体里的一定中心人物——校长的周围。"马卡连柯主张学校实行校长负责制,反对多元领导,学校的领导人应该是全权代表学校的校长。他认为学校工作的责任中心,分散在几个负责人手里,是一种不可理解的做法。

所谓统一的行动,就是教师集体对学生的影响应该是一致的、统一的。他要求教师集体要统一自己的思想、行动、计划和步骤,反对教师个人脱离集体的行动,去追求所谓学生的爱戴。如果各个教师对学生提出的要求不一致,甚至互相抵触,就会使学生无所适从。因此,为了建立统一的学校集体,"需要有统一的学校利益,统一的学校工作方法,统一的学校自治"。

以上三方面是一个良好的教师集体的基本标志,它们之间是相互联系、相互作用、缺一不可的。共同的目的是建立教师集体的基础,真诚的团结是建立教师集体的思想条件,坚强的领导是建立教师集体的组织保证,统一的行动是教师集体的共同意志表现。

总之,苏联教育家马卡连柯关于教师问题的论述,是非常深刻和丰富的。这是他长期从事教育工作的经验总结,反映了教育工作的一些客观规律。这些论述虽然距今已有几十年了,但是它的基本精神,对于改进我国当前的学校教育工作,仍然是有借鉴意义的。

（原载《外国教育动态》1988 年第 5 期）

教育学生是教师的神圣职责
——赞科夫论教师

　　列·符·赞科夫(1901—1977 年)是苏联著名心理学家、教育学家。他毕生从事教育工作,致力于教育科学研究。早在 17 岁时便担任农村小学教师,后来担任工学团的教养员和主任。20 世纪 20 年代就读于莫斯科大学,毕业后留校做研究生。50 年代以后,专门从事普通教育研究。他所领导的教学与发展问题实验研究长达 20 年,创建了实验教学理论体系,为苏联教育科学的发展做出了重大贡献。他的著作很多,其中《教学与发展》《教学论与生活》《论小学教学》等都是闻名于世的杰作。他从事教育工作几十年,对教师问题有许多论述。他的《和教师的谈话》一书,行文生动,分析具体,通俗易懂,全面地论述了实验教学体系同传统教学论的基本分歧,可以说是一本活的教师学。今天,我们学习他在教师问题上的论述,对于加强教师的理论修养,提高教学质量有重要的现实意义。

一、正确理解教师的任务

　　教师的任务是什么? 过去,传统教学论认为,教师的任务就是传授知识、技能和技巧,从而陷入一种片面的唯智主义泥坑。在当时,苏联学校深受这种观念影响,往往只注重知识、技能和技巧的传授,教育工作常常被看成次要的任务。对此,赞科夫明确指出:"教师不应当只限于传授知识、训练技能和技巧,还要教育学生,这是教师的神圣职责。"①他进一步指出:"'教'这个词的含义,不仅是传授知识、训练技能和技巧,而且也有教诲,诱导人去从事某些行动的意思。"②那么,怎样完成这一教育任务呢? 赞科夫通过自己长期的教育实验来探索这一问题。他认为,对教师来说,学生不单纯是一种可以在他的头脑里填塞知识,并且在他身上训练出准确无误地起作用的技巧的学习者,而是一个委托给我们教师来培育的未来的公民。作为一个教师,"应当集中注意力朝着一个很重要的方向去探索,这就是:要找到这样的教育学途径,以便在学生的一般发展上取得最好的效果"。③

赞科夫所说的一般发展概念包括儿童的身体发展,也包括儿童的心理发展。在儿童的心理发展方面,既包括智力因素的发展,又包括情感、意志、性格和集体主义思想等各种非智力因素的发展。这种发展观将人的身心发展看成是一个不可分制的整体,将人的心理素质中的智力因素和非智力因素看成是一个相互影响的整体,并以此作为教学的出发点和归宿,促进儿童学习得更多、更好。赞科夫的这种整体发展观,全面、正确地阐明了教学的任务,可以使教师的教学工作沿着正确的方向前进。

二、教师既是学生的年长的同志,又是他们的导师

传统教学理论强调以教师为中心,以课堂为中心,以教科书为中心,但这三个中心都只是强调教师的教,而忽视学生的学,实际上把学生置于消极被动的地位。赞科夫主张建立民主平等的师生关系,既要重视教师的主导作用,又要发挥学生的学习积极性。他说:"教师既是学生的年长的同志,同时又是他们的导师,无论对集体或者对每一

①②赞可夫:《和教师的谈话》,教育科学出版社,1980年版,第23页。

③赞可夫:《和教师的谈话》,教育科学出版社,1980年版,第146页。

个个别的学生,都时刻不要放松自己肩负的指导的责任。"①但是,这种指导并不是以严厉的手段或虚假的威信来压服学生,而是要以自己崇高的品质和高尚的情趣来影响他们。他极力反对从一个极端走到另一个极端:"要么把儿童管束得几乎每走一步路都得听教师的指示,要么放任自流,一切都顺着学生的意思去做。"②

怎样建立这种民主平等的师生关系呢?赞科夫主张:

第一,热爱学生是建立民主平等师生关系的前提。"当教师的必不可少的、甚至几乎是最主要的品质,就是要热爱儿童。"③他认为没有教师对学生的爱,就不可能深入了解每一个学生的兴趣、爱好、愿望和情感,就好像在阴郁的冬天分不清树木和树枝一样。而教师对学生这种爱的情感建立,是对事业热爱的一种表现,和爱国主义的情感有机地融合在一起。"随着我们意识到儿童是我们的未来,是我们的接班人,我们成年人肩负着培养年轻一代、培养共产主义建设者的重任,这样一想,我们的爱的情感就好像增强了。"④但是,教师对学生的爱,并不是无原则的迁就,也不是仅仅设想为用慈祥的、关注的态度对待他们,而"应当表现在教师毫无保留地贡献自己的精力、才能和知识,以便在对自己学生的教学和教育上,在他们的精神成长上取得最好的成果。因此,教师对儿童的爱应当同合理的严格要求相结合"。⑤

第二,了解学生是建立民主平等师生关系的基础。热爱学生,就要了解学生。如果在教师眼里,学生只不过像是一种知识的容器,消极被动的人,当然不会促进他对学生的爱,也不可能建立民主平等的

①②赞可夫:《和教师的谈话》,教育科学出版社,1980年版,第27页。

③④赞可夫:《和教师的谈话》,教育科学出版社,1980年版,第29页。

⑤赞可夫:《和教师的谈话》,教育科学出版社,1980年版,第30页。

师生关系。"当教师把每一个学生都理解为他是一个具有个人特点的、具有自己的志向、自己智慧和性格结构的人的时候,这样的理解才能有助于教师去热爱儿童和尊重儿童。"①

了解学生,就要了解他们的爱好和才能、欢乐和忧愁,了解他们的精神世界。既要了解学习成绩好的学生,也要了解学习成绩差的学生。赞科夫提出使班上所有的学生,包括最差的学生都得到一般发展的教学原则,就体现了这种精神。他认为在学习活动中,由于各种原因的影响,学生中客观上存在着好、中、差的情况,但这种情况并不是固定不变的。一个学习好的学生,有时也会遇到学习障碍,如果不能及时发现与排除,也可能使他变成中等生甚至变成差生。对于差生,教师应该给予更多的关怀,了解差生差在什么地方,采取补救措施,使之及时赶上去。如果教师能够认真地观察差生,就可能在这些学生身上发现许多可贵的智慧和道德品质。赞科夫为了说明这个问题,打了一个很形象的比喻:我们面前有一块土地,土质不好,而且掺着碎石子。它既不会叫人看了高兴,也没有希望提供最起码的收成。可是来了一批地质工作者,经过一番勘探,结果在地下深处发现了巨大的宝藏。这个比喻告诉我们,教师要善于发现每个学生的长处,发扬优点,克服缺点。"教师机警地注视着整个班级,以便选择恰当的时机,激发一下学习差的学生的积极性,或者给学习好的学生一个发挥长处的机会。"②

第三,调动学生学习的积极性是建立民主平等师生关系的重要内容。赞科夫教学体系的着眼点放在学生的发展上,因而十分重视学生的情感意志方面的内部诱因。他主张在教学过程中充分调动学生

①赞可夫:《和教师的谈话》,教育科学出版社,1980年版,第31页。
②赞可夫:《和教师的谈话》,教育科学出版社,1980年版,第36页。

的学习积极性,让学生懂得应当做什么和应当怎样做,自己去寻求问题的答案,培养独立思考的能力。"如果一个教师老是牵着学生走路,那他就是不懂得意志力形成的条件和源泉。"[①]为此,他认为儿童在课堂上的精神生活要积极、充实甚至要非常热烈。要改变教师单纯讲,学生单纯听的局面,让学生参与教学过程,允许学生跟教师、跟同学一起交谈自己的想法,开展相互讨论。他说:"如果班级里能够创造一种推心置腹地交谈思想的气氛,孩子们能够把自己的各种印象和感受、怀疑和问题带到课堂上来,展开无拘无束的谈话,而教师以高度的机智引导并且参加到谈话里去,发表自己的意见,就可以收到预期的教育效果。"[②]

第四,正确评价学生是建立民主平等师生关系的关键。赞科夫认为在师生的精神交往过程中,会出现各种各样的情况,有高潮和低潮,有激动和震荡。教师必须善于处理师生交往过程中的各种矛盾,因势利导。如果处理不当,就有可能破坏业已建立起来的正常的师生关系。

在师生交往过程中,教师的工作作风和行为举止,对学生无不发生影响。教师的情绪如何,教师对学生抱怎样的态度,是诚心诚意,还是态度冷淡,这些都是学生能够敏感地觉察出来的。因此,教师对每一个学生都要热情关怀、一视同仁。特别是在评价每个学生时,要认真细致、客观公正。如果学生受到教师不公正的评价,在精神上就会受到很大的损害。他说:"孩子们受到不公平的待遇,特别是这种待遇来自一个亲近的人的时候,他的痛苦心情会在心灵里留下一个长久

---

①赞可夫:《和教师的谈话》,教育科学出版社,1980 年版,第 25 页。
②赞可夫:《和教师的谈话》,教育科学出版社,1980 年版,第 5 页。

的痕迹。"①在评定学生的学习成绩时,教师必须坚持客观公正的态度,切忌主观片面的做法。"如果教师对学生知识的评分低于他应得的分数,那么学生内心会对这种不公平感到痛苦。这可能激怒学生,结果引起不良的行为,使他背离学校。如果学生感到教师在分数上照顾他,把他当作一个好学生而赏识他。那么他就会变得漫不经心,不再努力学习,抱着以后还会侥幸的希望。"②

三、教师的劳动是创造性的劳动

赞科夫非常重视教师的创造精神。"所谓创造性是有一种不断前进,向着更完善、更新鲜的事物前进的志向,并且实现这种业已产生的志向。明天一定要比今天做得更好——这是一个创造性工作的教师的座右铭。"③作为一个教师如何创造性工作呢?赞科夫认为:第一,教师必须具备宽厚的基础知识。他说:"为了顺利地完成自己的任务,一个教师应当掌握深刻的知识,受过很好的师范训练,具备很高的一般文化水平和明确的思想政治方向性。"④教师除了不断地充实自己的专业科学知识外,还必须学习教育学和心理学知识,这是每一个教师必不可少的。"如果我们对于教师要掌握教育学和心理学知识这一点估计不足,那也是错误的。有了这方面的知识,教师才有可能把教材变成学生的真正财富。"⑤第二,教师要善于独立思考。他认为教师无论是对自己的课,还是对别人的课,都应该做深入地分析,明确教

①赞可夫:《和教师的谈话》,教育科学出版社,1980年版,第39页。
②赞可夫:《和教师的谈话》,教育科学出版社,1980年版,第43页。
③赞可夫:《和教师的谈话》,教育科学出版社,1980年版,第250页。
④赞可夫:《和教师的谈话》,教育科学出版社,1980年版,第233页。
⑤赞可夫:《和教师的谈话》,教育科学出版社,1980年版,第234页。

学指导思想与教学方法的作用。赞科夫非常称赞那些善于独立思考、勇于不断探索的教师。他说："有一位女教师,她在上课时并不遵循平常的程式——检查家庭作业、讲述新教材、当堂巩固,等等。在她的课堂上,开展着一个生动活泼的认识过程,这种认识过程已经无法套用老的程式,也不能削足适履地俯就老的上课程式了。"①第三,教师要从实际出发,灵活运用多种教学方法。赞科夫要求每个教师打破旧的教学论要求的框框,对课的结构、类型、教法等,进行各种新的探索。他反对教师把任何一种教学法的榜样当成应当照搬的刻板公式。因为不同的教学任务,要求有不同的上课方法,不可能有一个现成的处方。"合理使用教学方法和方式的特点,就在于要有灵活性,而灵活性则要求教师随时估量当前的具体条件。"②他认为不同班级、不同学生都有不同的特点,即使是同一个学生,他的行为、举止、内心感受也会因具体情况不同而有所变化。因此,教师必须具有随机应变的能力。"有了这种品质,教师才可能避免刻板公式,才能估量此时此地的情况的特点,从而找到适当的手段并且正确地加以运用。"③

（原载《外国教育动态》1988 年第 5 期）

---

① 赞可夫:《和教师的谈话》,教育科学出版社,1980 年版,第 49 页。
②③ 赞可夫:《和教师的谈话》,教育科学出版社,1980 年版,第 243 页。

师范院校应坚持为基础教育服务的方向

师范院校办学的指导思想是什么？对此，长期以来曾经有过种种说法，有的提出面向中学，有的强调向综合大学看齐；有的主张加强学术性，有的强调师范性，一时争论不休，众说纷纭。1985年，中央《关于教育体制改革的决定》明确指出："师范院校要坚持为初等教育和中等教育服务的办学思想。"这就澄清了教育界长期存在的混乱，为改革和发展我国师范教育指明了一条正确的道路。但是，就整个高等师范教育的现状来看，这一办学思想并未完全得到落实。这表现在：在办学指导思想方面，存在着盲目追求高层次和向综合大学看齐的做法，为基础教育服务的观念淡薄；在思想教育方面，学生的专业思想普遍较差，没有树立为人民的教育事业奋斗终生的思想，在教学内容、培养规格方面，脱离中学实际，作为合格的中学教师基本训练不够。这些问题的存在，直接影响到基础教育的发展和提高。因此，当前进一步明确师范院校的办学思想，仍然是师范院校深化改革的关键所在。

一

师范院校为什么必须坚持为基础教育服务的办学方向？

从师范教育的产生、发展来看，它是和基础教育联系在一起的。我们知道，师范教育是随着工业革命的兴起，为适应普及教育的需要而产生并发展起来的。18世纪末，西方资本主义国家经过工业革命后,社会生产力得到发展,要求进一步提高劳动力的质量,过去那种父子相传、师徒授艺的教育方式已不能满足社会需要。因而以培养小学教师为己任的中等师范迅速发展。到 19 世纪末,为适应普及中学教育的需要,高等师范学院又得到迅速发展。以美国来说,马萨诸塞州在 1852 年第一个通过义务教育法后,初等教育迅猛发展。为了培养合格的小学教师,各州纷纷创立师范学校。南北战争以后,中学教育进一步发展,迫切需要培训中学师资。1893 年,纽约州首先把原有师范学校升格为州立师范学院,以后其他各州相继仿效。据统计,1909—1910 年,美国全国仅有州立师范学院十余所,到 1948 年增加到 250 所。以我国来说,清朝末年维新变法运动提出废科举、兴学校,主张自办师范,以造就师资。1903 年,我国《壬子癸卯学制》颁布,从法律上规定了师范教育制度,从此师范教育开始在我国逐步发展。但是,由于当时基础教育落后,师范教育发展缓慢。从 1903 年至 1949 年的四十多年时间内,全国高等师范学院仅有十余所。新中国成立后,劳动人民得到受教育的权利。随着初等和中等教育事业的发展,适应培训教师的需要,促进了高等师范教育的发展。截至 1987 年,全国建立高等师范学院 71 所,师范专科学校 185 所,遍及全国各地。由上述可见,师范教育的出现不是偶然的,它是近代大工业生产的产物,是随着普及教育的需要而发展起来的。它的产生和发展都是为了适应基础教育的要求。

从师范院校的性质、任务来看,它必须坚持为基础教育服务的办学思想。教育必须为社会主义建设服务,这是各个高等院校共同的方向。但由于各个高等学校的性质不同,其服务的途径有所差异。师范院校为经济建设服务,是通过培养基础教育的合格师资实现的。我国社会主义现代化建设的宏伟任务,要求教育事业有一个大的发展。中央明确提出有步骤地实行九年制义务教育,并把它当作关系民族素质提高和国家兴旺发达的一件大事。要完成这一任务,需要建立一支有足够数量的、合格而稳定的教师队伍。因此,中央提出"把发展师范教育和培训在职教师作为发展教育事业的战略措施","从幼儿师范到高等师范的各级师范教育,都必须大力发展和加强"。①师范院校能否坚持为基础教育服务的方向,能否培养出大批合格的中学师资,关系到基础教育的发展。可以说,师范教育的发展水平,制约着基础教育的发展。

从当前我国师资队伍状况看,它必须坚持为基础教育服务的思想。中央在《关于教育体制改革的决定》中,要求"为九十年代以至下世纪初叶我国经济和社会的发展,大规模地准备新的能够坚持社会主义方向的各级各类合格人才"。②而要实现这一宏伟任务,无不涉及教师问题。可是,当前我国师资队伍的现状,无论从数量上、从质量上或是从学科结构上,都难以承担这一任务。从数量上来说,仅在"七五"期间,全国大约需要补充小学教师 100 万,初中教师 75 万,高中教师 30 万。据甘肃省对中学教师需求预测,1985—1900 年需补充初中教师 16500 人,而省内四所师专只能培养 12000 人,尚缺 4500 人;需补充高中教师 10200 人,而省内师院和其他大学只能培养 7200人,尚缺 3000 人。从质量上来说,按教育行政部门对各级教师学历规定的要求,现在有相当多的教师未达到相应的学历。其中小学教师未达到高中或中师毕业者占 40%,初中教师未达到大专毕业者占76%,高中教师未达到本科毕业者占 60%。即使已经达到相应学历的教师,也还有一个知识更新、继续培养提高的问题。从学科结构来说也很不协调,许多课程如生物、地理、音乐、体育、美术教师极缺,致使

①②《关于教育体制改革的文件》,人民出版社,1885 年版,第 7、1、14 页。

许多学校不能按照教学计划开设。可见，当前我国师资队伍的状况，同社会主义教育事业需要大发展的任务极不相适应。如果这一问题不解决，基础教育势必难以巩固和发展。而要解决师资问题，最主要的途径则是发展和加强师范教育。

二

师范院校如何为基础教育服务？要解决这个问题，需要从师范院校的办学方向、培养规格和办学途径等方面，加以认真研究和解决。

（一）端正教育思想，明确办学方向。师范院校为基础教育服务，首先要明确办学的指导思想，这就是为提高基础教育的质量，培养大批合格的师资。但是，过去在师范教育发展的过程中，对如何办好师范院校的问题，存在许多分歧意见，使我国师范教育不免陷入摇摆性。这种争论之一，就是所谓学术性与师范性之争。主张学术性者认为，学生只要受过高等教育，具有广泛而深刻的知识，就可以为师。而主张师范性者则认为，教师如同医生、律师、工程师一样，只有受过师范教育的专门训练，方可为师。两种观点，各执一端，不免陷入片面性。在科学技术迅猛发展的时代，现代社会对教师提出了更高的要求，这就是"学者未必良师，而良师必学者"。作为一个教师，一方面要掌握本学科广泛而系统的现代化知识，另一方面还必须懂得教育科学，掌握教育规律，善于教书育人。如果只有学术性而无师范性，或者只有师范性而无学术性，都不能成为合格的教师。因此，要坚持师范院校学术性与师范性的统一观。这种统一的基础，就是为基础教育服务。当前，根据我国师范院校的情况，既要加强学术性，也要加强师范性，而不是用一方去否定另一方。

与上述争论相联系的，就是所谓面向中学与向综合大学看齐之争。两种观点，虽各有合理因素，但又不能片面理解。所谓面向中学，应该理解成师范院校为基础教育服务,向中学输送合格的师资;研究基础教育的问题,开展教育实验,促进基础教育的改革;编写各科教学指导书,传播教育科学知识,帮助教师提高业务水平。不能把面向中学理解成适应中学,一味跟在中学后面,而是高于中学,走在中学的前面。因此,面向中学不是简单地反映中学目前的要求,而是为中学未来的发展提供理论指导和实践依据。所谓向综合大学看齐,如果理解成学习综合大学的优良学风,提高学术水平,改善教学设备,这当然是可取的。现在的问题是不能以向综合大学看齐为名,试图取消师范教育。诚然,当前一些发达国家已出现高等师范教育向综合大学发展的趋势,但是,它们并没有取消师范教育,更没有取消教育课程。以美国来说,第二次世界大战后,美国改革了原有的师范教育体制,师范学院逐步并入文理学院或综合大学。经过几十年的发展,美国现在的中小学教师基本上由综合大学培养。但他们明确规定,大学毕业以后,如果志愿担任教师者,必须修满教育课程的学分,才能取得教师资格证书。20 世纪 80 年代以来,美国又进一步提出改革师范教育的问题,他们从 21 世纪国际经济激烈竞争的战略眼光出发,把师范教育看作教育改革成败的关键。随之,投入大量人力组织研究改革师范教育的方案。如 1985 年,由福特基金会、休莱特基金会等部门资助的优化师范教育委员会提出《变革师范教育的呼吁》的报告;1986年,由卡内基基金会资助的教育与经济讨论会提出《以 21 世纪的教育装备起来的国家》的报告。这些报告的共同点,就是如何提高师范教育的毕业标准以及教育就职的规格,探索如何为 21 世纪培养教师。日本的情况也大体如此。近年来,日本政府从展望未来 21 世纪目标出发,探讨现行教育中存在的各类课题,提出进一步改革师范教育。日本临时教育审议会在 1986 年 1 月公布的《审议经过概要之三》中明确提出,在招生上采取多种考核、选拔的方法,录取素质良好的师范生,在课程上,开设为提高师资水平的特别课程;在实践环节上,密切与中小学的联系,加强教育实习。可见,这些国家在学校形式上取消了许多独立的师范教育体制,但它们在实质上并未取消师范教育的内容,而是根据社会发展的要求,不断改革师范教育。当前,根据我国基础教育落后的情况,并不是取消师范教育,而是要进一步加强和发展师范教育。

(二)提高教育质量,输送合格师资。师范院校为基础教育服务,最根本的问题是提高教育质量,不断向中学输送合格的师资。衡量一所师范院校的质量标准,不仅在于该校出了多少个学者、专家,而更重要的在于它是否培养出大批合格的、高质量的教师。如果师范院校的毕业生既不愿教书,又不会教书,这是教育的失败。从教育要适应社会主义建设事业发展的需要出发,对未来人民教师在政治上、业务上提出了越来越高的要求。

从政治上来说,我国教育的特点是以马列主义、毛泽东思想为指导,使青年一代成为有理想、有道德、有文化、有纪律,热爱社会主义祖国和社会主义事业,具有为国家富强和人民富裕而艰苦奋斗的建设者。人民教师担负着培养这些建设者的光荣任务。而作为人民教师摇篮的师范院校,必须坚持以马列主义、毛泽东思想培养新一代人民教师,使师范生有崇高的理想,高尚的道德,能以身作则,为人师表。当前,在师范院校的思想教育工作中,特别要加强热爱教师工作的专业思想教育。现在不少师范生学师范不爱师范,不热爱本专业。据甘肃省某师范学院调查,1988 年该校有毕业生 898 人,收回毕业分配调查表 857 份,表中表示愿意无条件当中学教师的只有 3 人,占毕业生总数的 0.33%。这种思想状况难道还不应该引起我们重视吗?当然,这种情况的出现,主要是由于长期轻视教育,教师社会地位低下造成的,但另一方面与我们忽视专业思想教育也有关系。因此,根据师范院校的特点，加强以专业思想为主的思想教育工作，是当前师范院校不可忽视的一个方面。师范院校要把热爱教育事业、树立良好师德的教育，贯穿在从入学到毕业整个培养过程。学校要通过新生入学教育、宣传模范教师先进事迹、教育调查、教育见习实习、教育科研活动等多种形式，培养师范生热爱教育工作的思想，使他们立志把从事教师工作作为自己的终身职业。

从业务上来说，改革教学内容、方法，培养学生具有从事中学教育工作的能力。中央在《关于教育体制改革的决定》中指出："要针对现存的弊端，积极进行教学改革的各种试验。"①师范院校的教学改革，应从以培养中学教师为主要目标这个现实出发，在课程设置上注意加强基础课，使学生具有从事中学教育工作的广博知识，同时要适当开设一些选修课，介绍新兴学科和尖端学科知识，文理渗透，扩大知识的广度和深度，增强未来教学工作的适应能力；在教学方法上，废止注入式，采用启发式，教会学生如何学习，如何思考，引导学生积极主动地学习。这不仅有利于师范生在校的学习，提高学习质量，而且对于他们将来从事中学教学工作也会产生积极的影响。在实践环节上，要像医学院重视临床实习那样，加强教育见习实习，切实培养学生从事教育实际工作的能力。

培养现代教师，不仅使师范生掌握比较扎实、深厚的专业学科基础知识，而且要掌握教育科学理论，懂得教育规律。因为一个好的教师，不是只有广博的专业知识就能胜任的。自己有知识和把知识传授给学生，这中间是有一定距离的。一个教师，只有既掌握广博的知识，又掌握科学的教育方法，才能完成教书育人的任务。但是长期以来，

① 《关于教育体制改革的文件》，人民出版社，1885年版，第7、1、14页。

在我国师范院校中,教育课程不受重视,课程门类窄,教学时数少,处于可有可无的地位。这种做法,既否认了师范教育的特点,违背了师范教育的办学规律,又不适应现代教育对培养师资的客观要求。在当今科学技术迅速发展的时代,教育学科正向多科性、综合性方向发展。师范院校除了加强教育学、心理学、学科教学法的教学外,还可结合各系的专业特点,开设一些选修或必修学科,如中文系可开设文艺心理学,政治系可开设德育心理学、儿童心理学,体育系可开设运动心理学,美术系可开设艺术心理学等等。

(三)打破封闭式的办学模式,加强与中学联系。过去由于片面强调向综合大学看齐,师范院校的教师和学生很少了解中学实际。中学教育存在什么问题,正在进行哪些教育实验,教学改革进展如何,对这些问题许多人都不甚了解。这种状况,对于实现师范院校的培养任务是不利的。师范院校的性质、任务,要求我们必须了解中学、联系中学。

为了改变过去封闭式的办学模式,可以从以下几方面着手:第一,办好附属中学、小学、幼儿园。不要把这些附属单位单纯看成解决职工子女升学读书的地方,而要办成教育实验基地。鼓励教师、学生经常深入中学,研究教育实际中的问题,做到出人才、出成果。第二,定期邀请中学领导和优秀教师到校做报告,介绍中学情况和各学科教育改革的动态,使师范生了解基础教育发展的现状。第三,加强与毕业校友联系。通过他们的实际工作,检验师范院校的教育质量。经常宣传本校校友在实际工作中取得的优异成绩,这既是对毕业生的评价和鼓励,也为在校学生树立学习的榜样。第四,在科学研究方面,师范院校应重视研究基础教育在发展过程中的各种问题。例如研究中学教育和教学规律,研究中学各科教材教法,研究学校政治思想工作的特点和规律等等,把师范院校办成教育研究中心,促进中小学的教育改革。这样,才能发挥自己的优势,办出特色。过去,有人认为研究基础教育问题会降低高师的学术水平,有的甚至把有关基础教育的教育实验、教材教法研究列为不登大雅之堂的雕虫小技,不算科研成果。这种认识和做法是错误的。殊不知面向基础教育开展的各项研究,不仅不是降低学术水平,而是需要研究者以毕生的精力和很高的学术水平才能担当此任。国内外许多事实,都说明了这个问题。美国著名心理学家布鲁纳在20世纪50年代末期提出的"课程结构"理论,就是旨在改革中小学的自然学科和外语教学。这一主张,成为美国60年代课程改革的理论基础。苏联著名教育理论家赞科夫,为解决"教学与发展"的问题,进行了长达近20年的实验。这一实验,正是从小学开始的。他在实验的基础上,建立了"小学教学新体系",对苏联的教育改革产生了重要影响。我国著名的"中学数学自学辅导教学实验",历时20年,遍及国内29个省市五千多个教学班。这项实验成果,对中学数学教学改革产生了广泛的影响。这些事实说明,师范院校研究基础教育的问题,是大有作为的。

(四)坚持面向农村,改变农村教育的落后面貌。师范院校坚持为基础教育服务,一个很重要的方面,就是要面向农村,为改变农村教育面貌贡献力量。这是因为,从我国国情来说,全国十亿人口,八亿以上在农村。实现四个现代化,农业是基础。党的十一届三中全会以后,农村经济形势发展很快,农民不仅自己急需文化科学知识,而且要求把下一代的教育搞好。当前,加强和发展农村学校教育,迅速提高农民及其子女的文化科学、生产技术水平,既是社会主义现代化建设所必需的,也是广大农民的迫切愿望。这样,师范院校面临着如何适应这一新的形势,为农村经济进一步发展,不断培养合格师资的问题。从师范院校的任务来说,它主要是为中等学校输送合格的师资,可是它的服务对象多数却在农村。据1984年相关统计材料表明,全国高中学生 689.8 万人,其中县和县以下高中生 473.2 万人,占 68.6%;全国初中学生 3864.4 万人,其中县和县以下 3259.3 万人,占 84%。[①]可见,无论是高中生还是初中生,住在县镇和农村的占多数,这就要求师范院校的工作重点面向农村。从当前农村教师队伍的现状来说,我国基础教育的师资量少、质低、队伍不稳定的状况,在农村显得更为突出。这表现在:一是民办教师比例一直很高。据 1987 年统计,民办教师占中学教师总数的 14.8%,占小学教师总数的 47.6%,总人数高达 360 万人。这部分教师,可以说集脑力劳动与体力劳动于一身,长期工作在"老、少、边、穷"地区,更是工资偏低、负担偏重、工作不稳定。二是由于师资缺额较大,致使师范毕业生层层拔高使用。每年约有 40% 的中师毕业生分到初中任教,约有 50% 的师专毕业生分到高中任教,使小学教师和中学教师的整体质量都受到影响。据对甘肃省的秦安、清水、甘谷、武山、西和、礼县和两当等 7 个县的调查,初中教师未达到专科毕业程度者占 90%,这种现象在"老、少、边、穷"地区比较普遍。

从以上几方面情况看,改善和发展农村教育,要求师范院校坚持面向农村、为广大农民服务的方向。当前,师范院校坚持面向农村,为农村输送合格师资,主张先从招生、分配制度上进行改革。第一,继续实行定向招生、定向分配,切实保证把师范生分配到基层去,任何单位不准截留。第二,建议在师范院校举办预科班。对农村青年有志于农村教育事业但高考成绩稍低者,给予补习、提高的机会,待合格后转入师范本科学习,毕业后仍回原地区任教。第三,对自愿到农村任教的毕业生,应提高其生活待遇和政治地位,或者规定一定的服务年

①《中国教育年鉴》(1982—1989),湖南教育出版社,1986 年版,第 69 页。

限。服务期满,准许调动工作。第四,有条件的师范院校,可派出教师到农村举办师资培训班, 或者每年带领学生到农村学校进行教育实习,以解决当前师资极缺的燃眉之急。这样,通过多种渠道把合格师资输送到农村去。

（原载《西北师大学报》1989 年第 2 期）

略论李之钦的师范教育思想

——为纪念李之钦同志而作

李之钦同志是 1927 年加入中国共产党的老党员,又是红军时期在陕北革命根据地从事教育工作的老干部,是我党的职业教育家。1958 年他由中央宣传部调至甘肃,曾在西北师范大学担任党委书记、校长、名誉校长近 20 年,为甘肃省及西北地区培养了几万名人民教师,积累了丰富的教育经验。他的教育专著——《李之钦论教育》,收集了他在 20 世纪 30 年代至 80 年代写的 37 篇文章,30 多万字。这是他长期从事教育工作的理论总结,是一部具有中国特色的教育理论专著。在这部著作中,关于办好师范教育的内容占有很大的比重,论述了百年大计,教育为本;教育大计,教师为本的指导思想。今天,我们学习李之钦同志关于师范教育问题的论述,对于改革和发展我国师范教育事业,坚持为基础教育服务的方向,具有重要的理论意义和现实意义。

一、师范教育是最崇高的事业

李之钦同志的一生是从事革命的一生,也是从事教育工作的一生,对人民教育事业、对培养人民教师的师范教育怀有深厚的感情。他认为师范教育在我国的各项建设事业中,在全国教育事业中,占有十分重要的地位。这种重要性具体表现在两个方面,一是从培养建设人才来说,需要大批的人民教师。新中国建立后,我国开始了大规模的有计划的经济建设。而保障经济建设顺利进行的一个重要问题,就是需要源源不断地供应人才。没有大量的人才培养和供应,要顺利地进行经济建设是困难的。而各类人才的培养,离不开大批的人民教师。因此,他提出"高等师范教育办得好坏、数量多少、质量高低,就直接影响各类中等学校的数量和质量,而且间接地影响国家培养建设干部和人才计划的落实,从而影响国家各项建设事业的发展。"①二是从提高广大人民群众的文化水平来说,需要大批的人民教师。新中国成立以前,我国广大劳动群众深受"三座大山"的压迫,生活贫困,文化水平十分落后。新中国建立后,在我国逐步向社会主义社会过渡的过程中,需要不断地提高人民群众的文化水平。这是因为,在一个文盲充斥的国家里,是不能建成社会主义的。要提高广大人民群众的文化水平,离不开知识分子,特别是离不开广大的人民教师。因此,他提出"高等师范学校办得好坏,数量多少,质量高低,又直接或间接地影响着人民文化水平的提高,从而影响着过渡时期各项改造工作和建设事业"。

但是,由于受到旧社会遗留下来的不重视师范教育的思想的影响,有不少人轻视教师,不重视师范教育。当时,有许多高中毕业生不愿报考师范院校,这些同学认为"考师范前途不大","教师工作辛苦"等等。针对这一情况,李之钦同志以一个老共产党员满怀对人民教育事业无限热爱之情,宣传教师光荣、师范教育重要,号召广大青年学生踊跃报考师范院校,献身人民的教育事业。他说:"教师工作是十分光荣的,也是十分愉快的。同学们,让我们大家一起站在党的教育战线上,为培养千千万万的国家建设人才而努力吧!"②李之钦同志不仅

---

①《李之钦论教育》,兰州大学出版社,1989年版,84页。
②《李之钦论教育》,兰州大学出版社,1989年版,120页。

是这样说的，而且以自己的模范行动履行了这一诺言。他在长达近70年的革命生涯中，始终和教育工作联系在一起，既在教育行政部门担任过重要的领导工作，又在高等院校担任过主要的党政领导；既教过中小学，又教过大学。他这种无私奉献，忠诚人民教育事业的革命精神，为我们树立了光辉榜样，是值得我们学习的。

二、为基础教育服务是师范院校的办学方向

师范院校的办学方向是什么？对此，长期以来曾有过种种说法，有的提出面向中学，有的强调向综合大学看齐，一时争论不休，众说纷纭。李之钦同志根据教育要面向现代化，面向世界，面向未来的要求，明确提出师范院校要坚持为基础教育服务的办学方向。他认为："特别要重视提高和培养农村中、小学教师。为了很好地解决这一问题，就要进一步办好各级师范学校，要增加和办好、提高和培养农村小学教师所设立的地区师范学校"①。针对当时中师、高师办学指导思想不够端正，对于师范毕业生不愿到农村学校任教的情况，他在1984年就撰文建议：1. 提高农村教师的生活待遇，改善农村学校办学条件。2. 动用各种宣传工具，经常宣传师范学校的重要性，上师范学校光荣，当教师光荣。3. 师范院校的招生，大门开向农村，实行定向招生，定向分配，毕业后回农村学校任教，改变农村教育落后的面貌。4. 农业院校也要挖掘潜力，扩大招生，为农村学校培养职业教育师资。他的这些意见，实事求是，不尚空谈，易于操作，至今还是值得我们重视和推行的。

过去，在师范教育发展的过程中，对如何办好师范院校的问题，

----

①《李之钦论教育》，兰州大学出版社，1989年版，215页。

存在许多分歧意见,使我国师范教育陷入摇摆之中。这种争论之一,就是所谓学术性与师范性之争。主张学术性者认为,学生只要受过高等教育,具有广泛而深刻的知识,就可以为师。而主张师范性者则认为,教师如同医生、律师、工程师一样,只有受过师范教育的专门训练,方可为师。两种观点,各执一端,不免陷入片面性。李之钦同志以辩证唯物主义观点分析二者的关系,提出高师教育要坚持学术性与师范性的统一观。他认为高师教育既要有学术性,又要有师范性,二者缺一不可。它们既是统一的,又是对立的,是对立的统一体。我们培养出的人,无师范性或无学术性,都不能成为合格的教师。所以,二者不能偏废。这种观点揭示了师范院校的办学规律,也是他长期从事师范教育工作的理论总结,从而澄清了教育界长期存在的思想混乱,为改革和发展我国师范教育事业指出了一条正确的道路。

三、坚持以教学为主,全面提高教学质量

在李之钦同志担任师范大学主要领导职务期间,经历了两次大的运动,一次是 1958 年的"教育大革命",一次是 1966 年发生的"文化大革命"。这两次大的运动,对学校教育冲击很大,特别是"文革"十年动乱给学校各项事业带来的破坏和造成的损失是非常惨重的。十年动乱结束后,全国逐渐进入全面恢复和发展时期。在教育领域中首先开展了拨乱反正,肃清极"左"路线的影响和全面提高学校教育质量的工作。此时,李之钦同志发表《回顾我在甘肃师大工作的主要经验》和《简谈高师教育改革的几个问题》等文章,系统地总结历史经验,揭示办学规律,借以昭示后人。

他认为学校工作必须坚持以教学为主,全面安排。从学校各项工作的关系来说,教学主要是在教学、科学研究和生产劳动三者中为主的,而且科学研究和生产劳动要为教学服务。从时间安排来说,教学、

科学研究、生产劳动和政治学习四者在活动时间上的安排,应以教学为主,突出教学。从师范院校的根本职能来说,学校是为国家培养合乎规格的人民教师和社会主义建设者。因此,要求自始至终抓紧教学质量这个中心环节,决不能因为开展群众运动,放松对教学工作的领导,更不能打乱学校教学秩序。

那么,如何坚持教学为主,全面提高教学质量呢? 李之钦同志以中央颁布的"高教60条"为指导,系统地总结学校工作的经验,提出如下改革措施。

一是强调课堂教学的重要性。针对1958年"教育大革命"以政治运动代替课堂教学的偏激做法,李之钦同志明确指出,在各种教学组织形式中,课堂教学是主要形式,它对教学成败起着决定作用。

二是重视基础课教学。针对"教育大革命"使教学质量降低,学生程度下降的情况,李之钦同志主张以系统的科学知识武装学生,并提出高师院校基础课的范围是: 根据各科的内容, 可分作一般基础课(政治、教育、体育、外语)、基础课(数、理、化、语文)和专业基础课(各系专业基础课),并同时要求配备在政治思想上、业务上优秀的教师担任最基本的基础课教学。这一做法,对于学生掌握基本理论、基本知识、基本技能,全面提高教学质量,培养大批合格的人民教师起了很好的作用。

三是发挥教师的主导作用。在1958年"教育大革命"中,否定教师的作用,教师成为被批判的对象。李之钦同志在1959年主持甘肃师范大学工作后,坚决贯彻党的知识分子政策,强调教师在教学中的主导作用。他提出教师应在四个方面起主导作用:向学生正确地讲授马克思列宁主义、毛泽东思想,培养学生的共产主义世界观;正确传授科学知识,使理论和实际相联系;培养学生的独立思考能力,养成敢想、敢说、敢干的共产主义作风;以身作则,培养学生的共产主义道德品质。

四是改进教学方法。他认为改进教学方法实质上是教学思想的改革,是教育改革在教学领域中的继续深入。改进教学方法,对于提高教学质量有特别重要的意义。教师如果不改进教学方法,就难以培养出德、智、体全面发展的人才。当时,李之钦同志对广大教师在实践中探索出的教学经验,从理论上加以总结,明确提出这样几条主要经验:第一,贯彻理论联系实际,达到学用一致。他提出在课堂讲授联系实际时,可用演绎法或归纳法。演绎法就是用基本知识、原理、原则,解释现实的有关政治斗争、思想问题和生产实践问题等。从一个简短的教学过程来说,这就是从理论到实践。归纳法就是从有关教学的现实政治、思想问题和生产实践问题,加以分析、概括,找出其中的规律。从一个简短的教学过程来说,这就是从实践到理论。第二,重视因材施教。他提出要因学生的特长和因学生的短缺而施教。学生长于某一学科,应给予很好的发展机会;学生短缺哪一方面,亦必须加强其教育,使每一个学生都能够全面发展。第三,实行启发式教学,培养学生的独立思考能力。他认为实行启发式教学,必须改变注入式、满堂灌、死教、死读的传统教学方法。教师在教学中不仅向学生讲清楚"是什么",而且还要讲清楚"为什么"。

从上述可以看出,李之钦同志有很丰富的教育经验和很高的马克思主义理论水平,所提出的教学改革措施和建设具有科学性和可操作性,至今仍有现实意义和参考价值。

四、加强师资队伍建设

建设一支具有良好政治业务素质、结构合理、相对稳定的教师队伍,是教育改革和发展的根本大计。早在1953年,李之钦同志在任西北区教育局局长时就指出,"大力培养与提高高等师范学校的师资力量"，"没有足够数量和质量的教师，要完成这些任务是很困难的。"①
在他担任甘肃师大校长以后，1963年主持制订学校师资培养十年规划，对各级教师分别提出思想政治方面和业务方面的基本要求。当时，各系、各教研室和各个教师根据这一基本要求，结合本系、本教研室所担负的教学任务和教师的现实情况，制订出教师个人进修提高计划，以保证学校规划的实现。在讨论制订全校师资培养规划过程中，李之钦同志针对少数教师中存在的一些思想问题，及时加以说服引导，提出正确地解决几个关系：一是正确解决红与专的关系。所谓红，就是要有坚定的无产阶级立场和共产主义世界观。所谓专，就是对本行业务有专业理论和实际知识，并具有运用这个理论解决实际问题的能力。他要求每个教师自觉地朝着这个方向努力。二是正确处理教学、科学研究和进修的关系。他认为教师必须首先把教学工作作为根本任务来完成。在完成教学任务的前提下，中老年教师可多搞一些科研。对中青年教师来说，教学本身并不单纯是"输出"，它也是进修提高的重要途径之一。三是正确处理理论和实践的关系。他认为，1958年我们在这一问题的具体做法上有过头之处，但是要正确地吸取历史经验，决不能因此而忽视政治，脱离实际。他提出在教学内容和教学方法改革上，必须全面贯彻理论与实践相结合的原则，理科教师要重视实验课，文科教师要重视社会调查。要求每个教师养成实事求是的作风，克服从理论到理论、从书本到书本的偏向。四是正确处理青年教师与老教师的关系。他认为老教师在长期的教学和科学研究的实践中，积累了较丰富的知识经验，所以，必须发挥老教师在培养提高师资工作中的作用。青年教师朝气蓬勃，勇于创造，但经验不

①《李之钦论教育》，兰州大学出版社，1989年版，88页。

足,应该虚心向老教师学习。他提出"在青老之间建立新的师徒关系,以老带新,互相帮助,建立感情,共同提高"①。在李之钦同志的主持下,当时西北师大全体教师以饱满的热情纷纷制订个人进修提高规划,许多教师提高很快,为后来西北师大的发展奠定了坚实基础。今天,当我们学校全体师生满怀豪情进一步实施"九五"攀登规划之际,不能不想起这位为我国教育事业、为西北师范大学的建设和发展,呕心沥血,做出了重要贡献的革命先辈。

谨以此文,以表深切的纪念。

(原载《西北师大学报》1997 第 4 期)

---

① 《李之钦论教育》,兰州大学出版社,1989 年版,154—159 页。

师范院校必须加强教育课程的教学

党的十二大确定教育是实现我国四个现代化的战略重点之一，是社会主义精神文明的主要组成部分。要发展教育事业，必须建立一支规模宏大的教师队伍。这支教师队伍的具体标准是什么呢？胡耀邦同志曾经明确指出："第一，要有比较渊博的知识；第二，要认真研究掌握教育科学，懂得教育规律；第三，要有高尚的道德品质和崇高的精神境界。"这三条要求，是人民教师的规范，是师范院校办学的质量标准，三者缺一不可。但是，长期以来不少人对师范院校学生"要认真研究掌握教育科学，懂得教育规律"这一要求不够重视。本文试图对此作一初步分析，并提出加强师范院校教育课程教学的建议，以供参考。

一、要认真研究掌握教育科学，懂得教育规律，必须加强师范院校的教育课程教学

从我国近代教育史来看，加强教育课程的教学是师范教育的办学规律。我国最早的一所师范学校是 1897 年设立的"南洋公学"师范学院。这时的师范学校还附设于普通学堂内，尚未形成独立的教育体制。1903 年，《奏定学堂章程》的制定和颁布，师范教育才第一次从普通教育系统中分离出来。这个章程中的《奏定初级师范学堂章程》和《奏定优级师范学堂章程》，对师范教育的培养目标、招生入学、课程设置、学科程度、课时安排、实验实习等等，都有比较详细的规定。在《奏定优级师范学堂章程》中，教育课程所占比重很大。以学习中国文学、外国语为主的第一类学科为例,第一年学普通心理学(每周 2 学时);第二年学教育学,包括教育理论及应用教育史(每周 4 学时),应用心理学(每周 2 学时);第三年学教育学,包括教育史、各科教授法、学校卫生、教授实事练习、教育法令等(每周 8 学时)。当时,教育课程与教育实习的时数,占教学总时数的 15%。[①]

民国初期,中国资产阶级在兴办师范教育过程中,对教育课程也是十分注重的,仅以 1913 年 3 月,教育部公布的《高等师范学校课程标准》来说,其中规定第一年学心理学(每周 2 学时);第二年学教育学、教育史(每周 3 学时);第三年学教育史、教授法、学校卫生、教育法令(每周 5 学时),而且第三年最后一学期全部为"实地教授"。当时,教育课程与教育实习的时数,占教学总时数的 30%。[②]

在国民党统治时期,旧中国高等师范学校按照《师范学院规程》的规定,各系普遍开设教育概论、教育心理、教育统计、教材教法研究、教学实习等。当时,教育课程与教育实习的时数,占教学总时数的 27%。[③]

新中国成立初期,学习苏联教育经验,高等师范学校普遍开设教育学、心理学、学校卫生学、学科教学法、教育史、教育实习。当时,教育课程与教育实习的时数,占教学总时数的 30%。[④]

回顾我国近代师范教育发展的历史可以看出,在师范院校加强教育课程的教学,是一个普遍的共同规律,这是值得我们重视的。

[①]舒新城:《中国近代教育史资料》中册,人民教育出版社,1980 年版,第 692–694 页。

[②]舒新城:《中国近代教育史资料》中册,人民教育出版社,1980 年版,第 737–749 页。

[③]《北京师范大学校史》,北京师范大学出版社,1982 年版,第 117 页。

[④]1954 年 4 月教育部预布的《师范学院暂行教学计划》,《中国语言文学系暂行教学计划》。

从师范教育的任务来看,加强教育课程的教学,体现了师范教育的特点。

师范院校培养的是从事教育工作的教师。教育工作的效率主要表现为在有限的时间内培养人才的数量与质量。对教师来说,掌握科学的教育方法是做好教育工作的必要条件。共同的教育对象,同样的教育内容,教育方法不同,效果差异很大。方法得当,事半功倍;方法不当,则事倍功半。一个好的教师,不是只有广博的专业知识就可以胜任的。自己有知识和把知识传授给学生,这中间是有一定距离的。一个教师,只有掌握广博的知识,又掌握科学的教育方法,才能完成传道、授业、解惑的任务。所以,古今中外的教育家无不认为教师掌握科学的教育方法是很重要的。《学记》是我国教育史上最早比较系统论述教学理论的专著。《学记》提出:"君子既知教之所由兴,又知教之所由废,然后可以为师也。"这里明确告诉我们,教师只有懂得了教育成功的因素,同时又懂得了教育失败的原因,然后才能担任教师的工作。近代资产阶级教育学奠基人夸美纽斯也十分重视教师对教学规律的研究。他认为教学中一定要使学生学得愉快、学得迅速、学得牢固。他把自己的《大教学论》一书称之为"把一切事物教给一切人类的全部艺术"。

苏联著名教育家马卡连柯曾指出,教学艺术是一种专门的技能,需要研究学习,像医生和音乐家学习自己的专业知识一样。从这里可以看出,古今中外的教育家竭力主张教师不仅要掌握教学内容,而且要掌握教育规律,按照教育规律教学生。因此,师范院校加强教育课程的教学,使师范生学好教育学、心理学、教学法,认识和掌握教育工作规律,这是培养未来人民教师的必然要求。

从当前世界范围来看,加强教育课程的教学,已成为各国师范教育发展的一种共同趋势。世界上一些主要发达国家在重视提高师范生文化科学知识水平的同时,也十分重视教育课程的教学。他们认为在当今科学技术迅速发展的年代,不仅要求教师掌握丰富的知识,还要求教师精通教学方法,发展学生的智力。因此,他们要求师范生必须学好教育课程。

现在,把苏、美、日、英四国师范院校教育课程开设情况列表加以比较:

表6 四个主要国家高等师范学校教育课程的比较[①]

国别	教育课程门类	教育课程总时数	教育实习时间	教育课程与教育实习占教学计划总时数的%
苏联	教育学、心理学、教育史、学校卫生、分科教学法	460	17—19周	25
美国	教育原理、教育哲学、教学法、比较教育、教育史、普通心理学、儿童心理学、电化教育、青年心理学、教学评价、辅导、成长与发展等	大学本科生除必修基础课和专业课120–130学分外,要修教育课程15–21学分,方能获得教师证书	15周	30
日本[②]	教育学、教育心理学、儿童心理学、教育史、分科教育法、教育原理、道德教育	培养师资的综合大学,学生必修教育课程22–46学分,方能取得教师资格	6学分	30

①参看朱勃:《世界师范教育经验的综合研究》,载全国第三次外国教育学术讨论会会刊,第112–116页。

②以广岛大学教育学部教育专业各科课程设置为例,见该学部1981年度《学生便鉴》。

续表

国别	教育课程门类	教育课程总时数	教育实习时间	教育课程与教育实习占教学计划总时数的%
英国	教育原理、教育史、心理学、教育行政、教学法	大学毕业后,接受一年教育专业训练(英国大学本科三年)	12—15周	25

综上所述,我们可以看出无论从我国近代师范教育发展的历史经验来看,还是从师范教育的任务来看,或者从当前各国师范教育发展的趋势来看,高等师范学校必须加强教育课程的教学。

当前,我国高等师范学校开设教育课程的情况如何呢?1980年,我国教育部颁发了《高等师范学校理科五个专业教学计划》,其中教育课程占各个专业教学总时数的比例,见表二:

表7　我国高等师范学校理科专业教育课程时数比较

系别	四年教学总时数	其中教育课程(包括教育学、心理学、教学法)时数	教育实习时间	教育课程与教育实习占教学计划总时数的%
数学	2,637	145	6周	13.7
物理	2,641	158	6周	14.1
化学	2,795	142	6周	12.8
地理	2,773	126	6周	12.3
生物	2,609	144	6周	13.8

如果我们把表6与表7相对照可以看出,我国高等师范学校开设教育课程的情况,与一些发达国家相比,差距很大。从开设教育课程的门类来说,苏联5门,美国13门,日本7门,英国5门,中国3

门；从教育实习的周数来说，苏联17—19周，美国15周，英国12—15周，中国6周；从教育课程与教育实习占教学计划总时数的百分比来说，苏联占25%，美国占30%，日本占30%，英国占25%，中国理科各系平均只占13%。其中教育实习每周按36学时计，共计216学时，显然多算了。即使如此，仍然是最低的。当然，由于各国的政治、经济、文化发展情况不同，在各国师范院校中开设教育课程的情况也会出现差异。但上述事实毕竟可以说明，教育课程在我国高等师范学校中，没有占据一个适当的、应有的地位。为什么会造成这种状况呢？

二、我国高等师范学校轻视教育课程的原因分析

长期以来，在我国师范院校中，教育课程不受重视，处于可有可无的地位，造成这种状况的原因是多方面的。

第一，从政策上来说，有失误之处。1958年以来，心理学被视为"伪科学"，遭到取缔；教育学受到批判，教学时数大为削减；教学法被认为是不登大雅之堂的"小玩意"。十年动乱中，林彪、江青反革命集团摧残教育，摧残教师，教育成为重灾区，师范教育则是重灾区中的重灾户。他们把我国古代优秀的教育遗产一律当作"复辟经"，加以批判；对外国的教育理论视为资本主义、修正主义的货色，加以排斥；对我们自己在17年中总结出来的教育经验称为修正主义教育路线的产物，加以否定。这样一来，古今中外的教育理论统统被当作一堆破烂货，许多人对教育科学抱着虚无主义的态度，教育课程的地位一落千丈。好像人人都可以当教师，个个都可以做教育行政领导工作。当前，不少学校出现片面追求升学率等违背教育规律的现象，这一失误是原因之一。

第二，从认识上来说，有片面性。有些人认为"只要有专业知识，不学教育课程，照样能教书"。这种说法本身就是否定了师范教育的特点。我们知道,师范教育是培养师资的。教师要为人师表,又红又专,教书教人。这是一项复杂的、艰巨的任务。要求每一个教师不仅要具有坚定正确的政治方向,而且应有高尚的道德品质;不仅要有比较坚实的专业知识,而且要懂得教育理论,掌握教育方法。据有的教育工作者实际调查发现,中学生喜欢这样的教师:教学方法好;热情、同情、尊重同学;知识广博、肯教人;耐心、温和、容易接近;对同学实事求是、严格要求。无论是初中学生或高中学生普遍不喜欢教学方法枯燥无味的教师。①由此可见,如果一个教师只掌握专业知识,不学习教育科学,不掌握教育人的规律和方法,是很难完成既教书又教人这一光荣任务的。

认识上的片面性的另一种表现是,片面强调向综合大学看齐,企图取消师范教育。他们的所谓根据是,一些发达国家的师资已由综合大学来培养,师范教育在消亡。其实,这种说法完全是一种误解。诚然,在有些发达国家,综合大学有逐渐代替高等师范学校的趋势。但是,它们并没有取消师范教育,更没有取消教育课程。以美国来说,第二次世界大战后,美国改革了原有的师范教育体制。师范学院逐步并入文理学院或综合大学。据20世纪60年代统计,师范学院培养的中小学师资仅占20%,文理学院或综合大学培养的师资占80%。但它们明确规定,大学毕业以后,如果志愿担任教师者,必须修满教育课程的学分后,才能取得教师证书。以日本来说,日本的中小学师资除依靠学艺大学、教育大学这类专设的高等师范学校培养外,主要依靠综合大学、短期大学来培养。但它们也明确规定,综合大学或短期大学毕业生,如果志愿担任教师者,也必须修满教育课程的学分后,才

①谢千秋:《中学生喜欢怎样的教师》,载《教育研究》1982年第2期。

能取得教师证书。可见,这些国家的师资,虽然越来越多地由综合大学来培养,但它们并未取消师范教育,更未取消教育课程。

第三,从我国教育科学发展本身来说,比较落后,不能适应我国教育事业发展的需要。新中国成立前,旧中国主要学习美国杜威实用主义的一套;新中国成立后,学习苏联的教育理论和经验,翻译出版了苏联的教育学。可是,不久又对苏联的教育理论进行批判。以后,高等师范学校的教育学课程,大体是这样一些内容:马克思主义经典作家教育言论及其解释;教育方针、政策、法令的阐述;先进教师的经验总结等等。当然,这些内容对于教育工作者是要学习和参考的。但它毕竟没有形成一个严密的科学理论体系,无论在理论方面或在指导实践方面都存在不少问题。正如1980年6月,党中央负责同志与全国师范教育工作会议代表座谈时指出的,我国30年来教育科学没有提出什么新的系统的见解,更没有创立具有中国特点的高水平的教育学,教育学教科书中只讲政策法令和条例,科学价值不高。这一指示,是切中要害的。这也正是教育课程在师范院校不受重视的重要原因之一,是值得我们广大教育理论工作者认真思考和对待的。当前,党的十二大确定教育和科学是经济建设的战略重点,教育是现代化建设的基础。发展教育事业,提高教育工作质量,需要有先进的教育理论做指导。因此,大力开展教育科学的理论研究,建立适合我国国情的、社会主义的教育科学体系已成为客观形势的迫切要求,我们每一个教育工作者都要为此付出艰辛的劳动。

三、对加强高等师范学校教育课程教学的建议

承认师范教育的特点,按师范教育的规律办学,除了努力提高专业知识水平外,必须加强教育课程的教学。具体来说:

第一,增加时数,开好教育学、心理学、教学法课程。目前,在师范

院校教育学只开设一学期,每周 3 学时;心理学只开设一学期,每周 2 学时。时数太少,许多基本的教育理论无法讲授,参观、见习、课堂讨论也无法开展。建议教育学开设一学期,每周 4 学时,由现在 54 学时,增加到 72 学时;心理学开设一学期,每周 3 学时,由现在的 36 学时,增加到 54 学时。教育课程的教学时数(不包括教育实习),在教学总时数中的比重,应不得少于 10%。此外,还可结合各系的专业特点,逐步开设一些教育学科。如中文系可开设文艺心理学;政治教育系开设德育心理学、儿童心理学;体育系开设运动心理学;美术系开设艺术心理学等。在师范院校各个系科,还可逐步开设一些教育学科的选修课程。如教育心理学、教育经济学、中外教育简史、电化教育等等。

第二,改革教育课程的教学内容和方法。在内容上,一方面要注意吸收古今中外优秀的教育遗产和经验,为我所用。要注意了解教育界的新情况、新问题、新规律。第二次世界大战以来直到目前,提出了许多新的教育理论,如美国布鲁纳的结构主义教育理论,苏联赞科夫的发展教育理论;西德根舍因的范例教学等等,这是世界上教育理论发展的新形势。另一方面,教育课程的教学要适应我国的现实,教育工作要密切联系中学教育实际,联系整个教育领域的实际,使教学切合实际,富有针对性、现实性。在教学方法上,要灵活多样,生动活泼。既要有教师课堂上的生动讲述,又要有课外的见习、参观、观摩;既要有学生认真阅读教材,又要配合幻灯、录像等现代化教学手段进行教学,改变过去教师教条条,学生背条条的沉闷局面。

第三,健全组织、积极开展教育科学的研究。加强教育课程的教学,关键在于建设一支又红又专的教师队伍,充实教育学科的教学力量,并积极开展教育科学的研究。全国教育科学规划会议上提出,有条件的高等师范学校恢复和建立教育科学研究机构,开展教育科学研究,这是发展我国教育科学的一项重要决策。现在我国有两亿多青少年在各级各类学校受教育,几亿人民通过各种形式接受业余教育。我国社会主义教育事业规模之大,情况之复杂,是举世少有的。怎样办好这些教育事业,是教育理论工作者必须认真研究和回答的。教育科学的研究应适应这种新形势的需要,才能更好地为实现社会主义现代化建设做出贡献。同时,在当今科学技术迅速发展的时代,教育学科正向多科性、综合性方向发展。在教育学科领域内,出现了教育经济学、教育社会学、教育工艺学、教育未来学等新兴学科。以这些学科的知识武装广大教育学科教师,充实和更新教育课程的内容,这是提高教育课程教学质量的一条重要途径。

第四,制定措施,提高教育课程的地位。现在世界上许多国家对教师资格要求很严,并不是任何人都可以当教师。即使是综合大学的毕业生,如果没有受过教育课程的训练,也不能获得教师资格证书,这种做法是值得我们借鉴的。我们也应该创造条件,逐步实行教师证书制度。

当前,教育课程是我国高等师范学校一门公共必修课,应该制定严格的制度,列为考试科目。师范院校学生凡教育课程或教育实习不及格者,均不得毕业。对其他高等学校毕业生分配当教师的,应该帮助他们补习教育课程,使他们掌握教育科学,懂得教育规律,以提高教育质量。对于未学过教育课程的教育行政领导干部,也应进行教育课程的补课工作,使他们懂得按照教育规律办教育的常识。这样,在教育界形成一个人人尊重教育科学,人人学习教育科学的局面。

(原载《上海教育研究》1997 年第 6 期)

台湾师范教育改革的若干趋势

台湾的教育有成功的经验,也有失败的教训,有正在探索的教育理论问题和实际问题,其中师范教育亦是如此。台湾十分重视师范教育的作用,并把它放在优先发展的地位。他们奉行"教育为本、师范为先"的政策,先后颁布专门的师范教育法令,以此来规范师范教育的发展。早在1954年就颁布《提高国民学校师资素质方案》,着手提高教师之水准。在1979年颁布《师范教育法》,明文规定师范教育以培养健全师资及其他教育专业人员,并研究教育学术为宗旨,正式确立师资培育的一元化制度。在1994年1月又颁布了《师资培育法》。笔者曾有幸赴台湾师范大学参加海峡两岸师范教育学术研讨会,对台湾目前师范教育现状有一粗浅的了解,现对此作一简要的评价,以期能为我国当前的教育改革提供某些参考。

一、师资培育走向多元化

台湾在1949—1993年间所采用的师范教育体制,与大陆基本相同,即是一种以定向型为主的一元化师范教育体制。这种体制是指师范教育从低到高,自成体系,学生一入学,就规定了教师职业的方向。由于师范院校专业设置专一,学术水平不如综合大学高,难以适应现代科学技术发展对师资质量的要求。于是台湾不少学者抨击这种现行的师范教育体制是"教育专卖制度",其毛病有三:一是教书的机会与利益被体制内人士所独占,旁人无机会分享。二是对师范教育体系的保障过度，以致造成教师安于现状，不求进取。三是政治干预过深，使师范教育沦为政治的附庸。于是，不少学者提出以非定向型的师范教育体制代替定向型的师范教育体制的问题。所谓非定向型体制，就是普通高校毕业的学生，若志愿担任教师者，还需接受教育专业训练，取得教育课程的学分。此种体制是用教师合格证制度来统一标准，以扩大师资来源，培养合格的教师。经过多年的讨论和实践，台湾在1994年颁布《师资培育法》，对现行的师范教育体制进行了重大改革。该法第四条规定："师资及其他教育专业人员之培育，由师范院校、设有教育学院、系所或有教育学程之大学院实施之。"可见，改革的基本精神是既要发挥定向型师范院校在师资培育上的优势，又要拓宽师资培养的渠道，让其他高校也承担师资培养的任务。这样一来，无论是哪一类学校，只要相关条件配合，能够开设幼儿教育、小学教育和中学教育课程，都可担任培养师资的任务。但各大学开设教育课程应具备三个条件，一是要有充足的教育专业师资，二是事先要给教育专业的学生找好实习学校，三是大学三年级以上学生可进修教育课程。此法令公布后，台湾就有17所理工科大学提出教育学程的申请，经师资培育审议委员会统筹审查，结果有15所大学获准。其中包括"中央"、成功、中山、中正、清华、中兴、海洋、台湾、中原、逢甲、静宜、淡江、文化以及台湾工业技术学院、台北技术学院等。这样，台湾的师范教育由师范院校一元独占的体制进入多元发展的新阶段。

台湾的师资培养之所以能够广开门路，从一元化走向多元化，其重要原因在于教师的工资待遇比其他行业较高，享有很高的职业声望，而且这种状况在近20年来并无改变。据台湾著名教育学者林清江教授在1992年的一次调查中指出，现在台湾中学校长、小学校长、中学教师的社会地位，名列第二层次，与省府处长、医师、律师等并列；小学教师则名列第三层次，与省议员、牙医师、会计师等并列。目前,在台湾求职不易,而且教师又拥有较高的职业声望情况下,教师自然成为人们向往的职业。这种多元化的师资培养体制,是经济高速增长和教育事业发展的历史必然。

二、教师职前培养高学历化

提高中小学的教学质量,关键在于教师的水平如何。过去,由于受经济发展水平的制约,台湾中小学教师一般采用降格速成的办法,一方面降低入学资格,另一方面减少修业年限。如借"专修科"培养中学师资,借"简易师范"培养小学师资,教学质量受到极大的影响。现在,经过几十年的努力,将中小学教师受教育的年限延长为大学四年。为适应这种要求,台湾将师范院校不断改制、升格,提高教师学历程度。早在1960年将9所中等师范学校升格为师范专科学校,把小学及幼儿园师资提高到大学专科水平,为实施普及九年义务教育培养师资。进入20世纪80年代以后,九年义务教育基本实现,在1987年又进一步将9所师专全部升格为独立的师范学院,将小学师资提高到大学本科学历程度。据台湾当局1995年公布的统计资料,目前台湾中小学教师学历情况如下表:

表8 1994年台湾中小学教师学历情况统计

学校	教师人数	大学本科毕业	专科毕业	中师毕业	高中毕业以下
小学	84150	45623	37045	767	715
	100%	54.22%	44.02%	0.91%	0.85%
初中	54622	47466	6400		756
	100%	86.9%	11.72%		1.38%
高中	19843	18047	1796		
	100%	90.95%	9.05%		

由表 8 可见，目前台湾中小学教师的学历程度已接近发达国家水平。对于尚未达到大学本科毕业的中小学教师，目前正在采取种种补救措施。如安排未达学历要求的教师，利用四个暑假在师范院校进修，使其获得学士学位资格。对已经达到大学本科学历要求的教师，则鼓励去大学教育研究所进修 40 学分的研究生学位课程。据 1994 年台湾教育统计材料，台湾小学教师毕业于研究所者（即已获得研究生课程学分）占 0.8%，初中教师占 4.2%，高中教师占 9.9%。

三、师范院校功能多元化

台湾目前有师范学院 9 所，师范大学 3 所，虽然都是从高中毕业生中招生，但其任务是不同的。师范学院主要培养幼儿园和小学教师，师范大学主要培养中学教师。除此而外，还有多重功能，这主要表现在以下两方面：

第一，集教师职前培养与职后培训于一体。师范院校既办全日制班，培养新教师，又办各种业余进修班、培训班，担负教师的继续教育任务。这样，就有利于把教师的职前培养和职后培训有机地结合起来，更好地为基础教育服务；同时，两项任务归于一校，有利于减少学校的重复设置，充分发挥教育投资的规模效益。

第二，集普师和职师于一校。台湾的师范院校不仅培养中小学师资，而且也担负培养职业技术教育师资，这是经济发展对教育提出的客观要求。目前，台湾的职业技术教育发展很快。从体制上看，台湾的职业技术教育分为技术学院、专科学校和职业学校三个层次，建立了从高中到研究生阶段比较完备的职业技术教育体系，并已在初中后教育中占主导地位。据 1992 年统计，台湾有技术学院 3 所，在校生 8880 人；专科学校 74 所，在校生 348,803 人；职业学校 211 所，在校生 500,721 人。职业院校在校生总数已达到 858,404 人，占台湾高中阶段以上学校在校生总数的62.9%。随着职业技术教育的发展,迫切需要培养大批从事职业技术教育的师资,于是各师范院校纷纷开设职业教育专业。如台湾师大设置工业教育学系、资讯教育学系和工业教育研究所;高雄师大设置工业教育学系和工艺教育研究所;彰化师大设置工业教育学系和商业教育系。通过这些系所,为职业技术教育培训师资,充分发挥教育在经济建设中的作用。

四、教师在职进修制度化

教师在职进修是师资培育的一个重要内容。《师资培育法》规定,"师范院校及设有教育院、系、所或教育学程之大学院校得设专责单位,办理教师在职进修"。根据这一法令,为提高教师的素养,不断吸收新知识,台湾教育行政部门已将教师在职进修制度化,进修渠道多元化。其具体办法主要有:

1. 进修学位。各师范院校设进修部,招收专科毕业的现任小学教师补修学分,在四个暑假学习,成绩及格,授予学士学位。

2. 进修学分。对于已具有大学本科毕业的中小学教师,鼓励到师范院校教育研究所进修40学分的研究生课程。

3. 短期学习。由师范院校或群众性的学术团体举办,主要是介绍新知识,研讨教材教法,交流教学经验等。

4. 校内进修。由各校自行举办,结合各科教学进行教学研究、教学观摩、教学专题及演讲等。

为使教师在职进修制度化、经常化,台湾教育行政部门颁布《中小学教师在职进修研究办法》,规定各种奖励措施。其措施主要有:(1)晋级加薪。师专毕业之小学教师,通过暑假进修获得学士学位者,可晋薪2级。大学本科毕业之中小学教师,若在大学研究所进修获得40学分者,可晋薪4级。(2)补助学费。为鼓励师专毕业之小学教师去师院进修,可补助半数的进修费用。(3)积分奖励。对参加各种学术研讨活动一周以上者,给予一定的积分。(4)给予公假。对教育行政部门认可的各种短期研讨班,一律给予公假。对于大学进修研究生课程者,在不影响教学工作情况下,亦给予公假。(5)特别奖励。中小学教师从事译著、研究、创作、发明之成果,凡有利于教学者,均列入学年成绩考核,其特别优秀者,给予奖励。

总之,台湾《师资培育法》公布实施之后,传统的师范教育体制已发生重大变化,引起台湾教育界的强烈反响,同时也带来许多新的理论和实践问题。这些问题主要有:一是现有的师范院校如何发展? 是转型为普通综合大学,还是保持目前的师范院校体制,或是发展为以教育为特色的综合大学。二是师资培育多元化,能否保证师资培养的质量? 没有师范院校的学习氛围,没有专业养成过程与促进专业化制度的配合,仅靠进修教育课程学分,能否培养出合格的教师? 三是师范院校的角色如何定位? 长期以来,师范院校在教育经费、师资力量、学术研究基础方面,都不如综合大学。现今师范院校在师资培育上已无任何优势可言,如何走出困境,另创新局,已成为人们关注的焦点。

(原载《上海教育科研》1997 年第 6 期)

教师的根本职责是教会学生做人
——叶圣陶论教师

叶圣陶(1894—1988 年)是我国当代著名的教育家、文学家。他毕生从事教育事业。他所编写的教材培养了几代青少年。他所撰写的有关教育问题的文章达数百万字，其中对教师的职责和培养问题提出了许多精辟的见解。特别是 1941 年发表的《如果我当教师》一文，以精辟的见解论述了如何当好小学教师、中学教师以及大学教师。它不仅仅是一篇很好的教师守则，而且是一篇博大精深的"教师论"。今天，我们认真学习叶圣陶的这一论述，对于加强教师队伍建设，改进和发展我国师范教育事业有重要的现实意义。

一、重视教育就必须重视教师

教育要发展，教师是关键。要发展教育事业，必须首先重视教师的培养。诚如叶圣陶所说："特别看重教育就不能不特别看重教师。"①

怎样重视教师呢？叶圣陶认为重视教师首先要重视师范教育事业。因为师范教育是培养师资的专业教育，是教育事业的"工作母机"，是"推进和革新教育事业的根本"。早在 70 多年前，叶圣陶针对当时师范教育存在的问题，曾提出过两条十分宝贵的建议："第一，我希望师范学校的章程中，多加一条，说明凡来入学的，毕业后必须当

①《叶圣陶教育文集》，人民教育出版社，1998 年版。

小学教师。""第二,我希望师范学校要认清楚它是师范学校,它的任务在造就良好的小学教师。"

其次,重视教师就要重视提高教师的政治地位和经济地位。"因为老师是培养接力跑的后继者负责最多最重的人,他们为大伙儿偏劳,大伙儿当然要尊敬他们。"叶圣陶明确提出要提高教师的物质待遇。他认为师范生不愿任教师的原因很多,但其中物质的原因是重要的一项。如果教师的社会地位和经济地位明显提高,就可以把大批优秀人才吸引到教育战线上来。到那时,"我们不但有教师,而且有好的胜任的教师了"。

二、热爱教育事业是从事教师工作的基础

叶圣陶要求每个立志做教师的人,必须正确地认识教师工作的意义和作用。"无论什么事业,我们去做时,必先把这项事业的价值理解明白。既经理解,我们确信这项事业是高尚、神圣的,便一举一动,都和它的精神相伴合,这便是成功的基础。"叶圣陶认为,过去宣传教育救国,那只能是善意的空想。而现在的情况却完全不同,教育是国民经济顺利发展的先决条件。"因此,教育界的同志在感到所任工作异常光荣的同时,一定会加强自己的责任感,总得尽心竭力,不辜负党和人民的要求才行。"

热爱教育事业,必然要求热爱学生,因为学生是教师的服务对象,热爱学生可以说是教师的职业道德。怎样热爱学生呢?叶圣陶提出:

第一,热爱学生就要真诚地、一视同仁地对待每个学生。"无论聪明的,愚蠢的,干净的,肮脏的,我们都称他们为小朋友。"

第二,热爱学生就要时刻关心学生的进步和成长。教师不仅是关心学生当前的表现,而且要为学生的一生着想。

第三，热爱学生就要和学生交朋友，了解学生。他说，"我要做学生的朋友，我要学生做我的朋友，凡是在我班上的学生，我至少要知道他们的性情和习惯，同时也要使他们知道我的性情和习惯。"他认为教师熟悉和了解学生，是教育工作的根本和源头，不抓根本，不探到源头，培养工作就成无本之木，无源之水。

三、教师的作用是教会学生做人

早在 1941 年，叶圣陶就明确提出："我与以前书房里的老先生是大有分别的：他们只需让学生把书读通，能够去应试，取功名，此外没有他们的事儿；而我呢，却要使学生能做人，能做事，成为健全的公民。"这样，他就深刻地揭示了现代教师根本区别于传统教师的作用，这一思想，和我们今天倡导的素质教育完全一致。

现代教师的作用最根本的是培养学生做人，这一思想贯穿于叶圣陶以后对教师作用的全部论述中。到 20 世纪 80 年代以后，随着科技革命的迅猛发展和我国教育改革不断深入，对人的素质提出了更高的要求。叶圣陶在一系列论著中提出，"教师并非教书，而是教育学生"，学生"受教育的意义和目的是做人，做社会的够格的成员，做国家的够格的公民"。教师的作用就在于"保证把他们培养成为德智体全面发展的社会主义祖国的合格公民"。

教师怎样发挥这种作用呢？对此，叶圣陶在其一系列著作中作了具体的阐述。

首先，从教育目标来看，要把具体的教学目标与教育的总目标联系起来。我们每位教师都要记住，"教的是某一门功课，为的是针对着总目标给学生必要的培养"。

其次，从教育指导思想来看，要把理论与实践联系起来。如果理论与实际脱节，课本是一回事，实际又是一回事，彼此连不到一块儿，那就是教学上的大失败。他提出教师要经常注意让学生把学到的种种东西运用到实践里去,懂得一分就在实践里运用一分,懂得两分就在实践里运用两分。他说:"把知识、技能、思想、道德教给学生,必须让学生像吃了适当的食品一样,把它完全消化,化为自身血肉。"只有这样,才能达到社会主义社会合格公民的要求。

再次,从教师工作的方式来看,要把"言传"和"身教"结合起来。所谓"言传",是教师以语言向学生传授系统知识,说明某些道理和方法。所谓"身教",是教师的一言一行能为人师表,是受教育者的模范。叶圣陶提出言教与身教结合,以"身教"为贵,甚至说"教育工作者的全部工作就是为人师表"。为什么身教重于言教呢?叶圣陶认为:

第一,身教多于言教。在教育实践活动中,教师的行为无时无刻不在影响学生,这些影响是无形、潜移默化的,比课堂教学的影响更为广泛、深刻。所以"要当好教育者,克尽教育者的责任和义务,最有效的方法就是以身作则,因为在一般情况下,'身教'的机会一定比'言教'多得多"。

第二,身教是言教的基础。他认为如果教师总是空讲一些道理,而并不想实践,教师的话不会对学生起多大的作用。"教育者自己做出榜样来,让受教育者自动仿效,收到的效果当然比光凭口说深切得多。"

第三,身教形象直观,可为学生接受。教师的一言一行,学生看得见,记得牢,耳濡目染,潜移默化,自然在学生身上发生作用。

在这里,叶圣陶分析了身教重于言教的理由,但这并不是说"言教"不重要。这里只是将身教与言教相比,说明身教更重要一些。叶圣陶一生,为我们树立了光辉的榜样。他毕生从事教育工作,以他的道德、文章培养和教育了一代又一代青少年,是我们的一代师表。

四、教师要有广博的知识和熟练的教育技能

叶圣陶认为,作为一名教师要完成教学任务,必须具备比较广博的知识。这种广博的知识包括:

第一,熟练掌握所教的本门学科知识。他形象地指出,我如果当教师,"对于那门课程的整个系统或研究方法, 至少要有一点是我自己的东西,依通常说法就是'心得',我才敢于跑进教室去,向学生口讲手画"。

第二,要了解一些相关学科的知识。他认为教师的读书范围要广泛一些,不要仅限于教科书和教学参考资料。"如果一位老师能够精通自己所教的那门功课,对其他各门功课也都有大致的了解(按理说这并不是过分的要求),那么他教课的时候就能触类旁通,一定会使学生得到更多的益处。"为此,他具体地提出"教理科的,要读些文科的书;教文科的,要读些理科的书。似乎跟学校里的科目不相干的书,也要读。知道的东西多了,教学才能左右逢源,对培养学生全面发展才有好处"。

第三,所有的教师必须学好切合实用的语言学。其理由在于:语言是人与人交际的最主要的工具;教师教学生,除开身教就是言教,言教必得凭正确的语言; 学生学好语言, 对于生活和工作都极为有利。所以,"凡是当教师的绝无例外地要学好语言,才能做好教育工作和教学工作"。

第四,要掌握教育科学知识。每个教师只有掌握教育科学知识,才能科学地分析和解决教育实践中的各种问题。所以,他殷切地希望"所有的教育工作者都把教育看作一门科学,群策群力,密切协作,能尽早说明和解决教育方面的许多问题"。教育科学知识本身也是非常广泛的,他提出"凡是当教师,教育学总是必须学的","教育学之外,

还有心理学和生理学,也是教育工作者非学不可的。普通心理学、普通生理学之外,还得各就所教的对象分别学好儿童心理学、儿童生理学或青年心理学、青年生理学。"

作为一个教师,除了要有比较广博的知识外,还应有熟练的教育技能。他认为教师虽然对教材的内容很熟悉,但怎样把这些教材内容传授给学生,这里面就有一个教学方法问题。他提出了一个教学的根本指导思想,那就是调动学生学习的积极性,让学生主动学习,学会学习。早在1941年,他就提出教师的主要任务是"帮助学生为学";到1974年,他又提出:"凡为教者必期于达到不须教。教师所务唯在启发导引,俾学生逐步增益其知能,展卷而自能通解,执笔而自能合度";到1981年,他将这一思想又进一步具体化,明确提出教师对学生的帮助,"主要不在于传授知识,而在于引导学生自己去求得知识,也就是引导学生自己去发现问题,自己去解决问题"。在他自己的许多教育论文中,对注入式、满堂灌的教学方法给予了尖锐的批评。他说:"我国有一种至今还相当普遍的现象,认为'教'就是老师讲课本给学生听,'学'就是学生听老师讲课本。如果真的照这样做,学生得到的益处就非常有限。学生要学的,不光课本上的知识,更重要的是在各科的学习中学会自己寻求知识和解决问题的本领。"叶圣陶的这些见解,有力地抨击了传统教育的弊端,对于我们今天的教学改革也仍然具有重要的现实意义。

（原载《师道》1999年第3期）

教会学生主动寻求真知
——第斯多惠论教师

第斯多惠(1790—1866 年)是 19 世纪中叶德国杰出的资产阶级民主主义教育家、进步的教育活动家。从 1820 年起,先后担任梅尔斯市和柏林市师范学校校长,长达 26 年,为培养教师呕心沥血。与此同时,他于 1832 年组织教育学会,于 1840 年组织柏林教师协会,于 1848 年担任全德教师联盟主席。通过这些组织,宣传民主主义教育思想,团结广大教师,反对当时普鲁士政府的反动教育政策。由于他捍卫民主和进步教育事业,深受社会进步人士的爱戴和尊敬。他在当时便被称为"德国普通教育之父""德国教师的教师"。

第斯多惠的教育名著《德国教师培养指南》一书,详细论述了教育和教学的基本原则以及许多具体细则,要求师范生热爱教师职业,有高尚的道德理想和广博的知识。这些主张,在当时的德国教育界有广泛的影响。过去,由于他的许多原著在我国很少翻译出版,对他的师范教育思想很少有系统的研究。今天,随着他的名著《德国教师培养指南》在我国翻译出版,研究他在培养师资问题上的论述,对于改进与发展我们的师范教育事业,仍然是十分有意义的。

一、热爱教师职业是从事教师工作的基本前提

第斯多惠要求立志做教师工作的青年人,首先要热爱教师的职业。他指出:"真正的永不消失的教学热情必须建立在对教师职业的

热爱上,对教师工作的心驰神往,必须建立在对发展儿童世界事业的热爱的基础上。"①为了引导立志做教师工作的青年人热爱教师职业,第斯多惠多次阐述教师工作的重要意义。这种重要意义表现在:第一,教师工作关系到整个国家的兴衰。教师通过教学培养和教育儿童的灵魂、情感、智力和体力,使之成为各种专门人才,"这不但关系到家庭和个人的幸福,同时也关系到整个国家的兴衰"。②第二,教师是辛勤的园丁。第斯多惠把教育过程视为激发学生禀赋的过程,并把这种激发的力量归之于教师,归之于教师对学生直接的影响。通过教师的辛勤劳动,把每一棵幼苗培养成参天大树。教师所起的这种社会作用是不可估量的,它可以一直延续到未来的社会生活。第三,教师是精神文明的建设者。他认为教师的任务,是要使别人获得真正的生活,发动别人去追求真、善、美。"这对教师来说,是一种义不容辞的神圣职责。在现实生活中没有什么会超越这种神圣的职责"。③

这样,第斯多惠从国家的兴衰、人才的培养和社会精神文明的建设等方面,深刻地论述了教师的作用。因此,他明确指出:"教师对于学校,有如太阳对于宇宙。他是推动整个学校机器的力量和源泉。"④

既然教师在社会发展中有如此重要的作用,理应受到各方面的尊重。为此,第斯多惠大声疾呼教师应当受到学生、家长、同事、领导和社会的尊重,全社会都要尊师重教。⑤他批评有些人"把教育事业贬低为唯一的谋生手段,获取财富的阶梯"的想法。他要求教师严于律

---

①第斯多惠:《德国教师培养指南》,人民教育出版社,1990年版,第56页。
②第斯多惠:《德国教师培养指南》,人民教育出版社,1990年版,第193页。
③第斯多惠:《德国教师培养指南》,人民教育出版社,1990年版,第25页。
④第斯多惠:《第斯多惠教育论著选》,1956年俄文版,1956年版,第43页。
⑤第斯多惠:《德国教师培养指南》,人民教育出版社,1990年版,第192页。

己,宽以待人,为了国家的强盛,民族的振兴,立下终生从事教育事业的决心,"即使命运遭受不公平的待遇和碰到忘恩负义,也甘心情愿,为培养孩子聊以自慰"。[①]

二、教师工作的主要目的是发展学生的主动性

他认为人的固有本质是人的主动性。一切人的观察力、记忆、思维、意志都是在发挥主动性的过程中发展起来的。教育是通过人的主动性来实现的。因此,"教师的注意力首先是发展人的主动性"。[②]

那么,什么是人的主动性呢? 第斯多惠认为主动性的含义就是叫人对一切抱有主动积极的态度,艰苦奋斗,用实际行动完成自身的使命。"教师必须提高学生的素质,使学生勤学苦练,习以为常。这样主动性就会逐渐加强,人便摆脱了自然天性,而成为一个真正的人。"[③]主动性的对立面是忍受,即所谓的被动性。教师应当积极唤起学生的主动行为,以便使他们能够独立自主,成为自己生活的主人。他批评"有些教师在课堂教学中总爱摆出一副严厉的面孔,一个劲训斥或咒骂学生愚笨、被动,这是一种恶劣的行径,只有循循善诱,因势利导,积极激发学生的主动性才是唯一的好办法"。[④]

第斯多惠主张培养学生主动性的思想,完全是针对当时德国教育的弊端而提出的。当时,德国的教育完全是统治阶级奴役广大人民群众的一种工具,主要用来培养忠于当时统治阶级政权的顺民。第斯多惠针对这一情况,明确指出教师不应像奴隶那样服从权威,要为自由、独立而教育别人。他说:"青年教师不应当充当摄政者的工具,也

---

①第斯多惠:《德国教师培养指南》,人民教育出版社,1990 年版,第 176 页。
②③第斯多惠:《德国教师培养指南》,人民教育出版社,1990 年版,第 22 页。
④第斯多惠:《德国教师培养指南》,人民教育出版社,1990 年版,第 86 页。

不应当成为政党人物,更不应结党营私。"①"教师的主导思想就是促进人类的道德。教师要把全部精力献给这一高尚的事业,而让这种高尚思想牢固树立在心中。"②第斯多惠的这一思想,在当时德国的反动教育政策的控制下,显然是难以实现的。但是,他的这一主张反映了当时德国社会进步的要求,在19世纪中期以前的西方教育发展史上,这样提出问题还是少见的,这对于启发广大教师的思想觉悟,反对当时普鲁士政府的反动教育政策起了积极的作用。

三、教师工作的重要任务是教会学生学习

第斯多惠从教育的主要目的是发展人的主动性这一指导思想出发,主张教师的重要任务是激发学生的学习积极性,让学生学会学习,并且把能否教会学生学习作为一个教师是否称职的标准。他说:"不称职的教师强迫学生接受真知,一个优秀的教师则教学生主动寻求真知。"③

那么,怎样教会学生学习呢?第斯多惠从激发学生学习兴趣,引导学生思考,传授学习方法等方面来论述这一问题。

从激发学生学习兴趣来说,他认为兴趣会促进一个人的爱好,使学生自然而然对真、善、美发生兴趣,并会使学生心甘情愿地追求真、善、美。为了引起学生的浓厚学习兴趣,他主张把课堂变成一个生动活泼的学习环境。"在学校中应当创造一种朝气蓬勃的探求气氛,有问有答,决不应当死死板板,暮气沉沉"。④

---

①第斯多惠:《德国教师培养指南》,人民教育出版社,1990年版,第138页。
②第斯多惠:《德国教师培养指南》,人民教育出版社,1990年版,第176页。
③第斯多惠:《德国教师培养指南》,人民教育出版社,1990年版,第123页。
④第斯多惠:《德国教师培养指南》,人民教育出版社,1990年版,第151页。

从引导学生独立思考来说，他强调要引导学生自己主动寻求真知，积极唤起学生的主动性，启发学生主动发现问题，让学生在学习中产生新思想，获得新知识。"教师在课堂教学中先不要急于给学生讲解观点和科学，应当启发学生自己去寻求答案，自己主动去掌握知识"。①他批评当时注入式的教学严重束缚学生智力的发展。这种注入式的教学使"学生整天埋头听课，死读书，抄抄写写，苦思冥想"。"教师除了演讲还是演讲，最后变成了课堂上一个指挥运动或静止的中心"。②

从传授学习方法来说，他认为教师不仅要传授知识，更重要的是传授方法。学生不但要学习完整的和现成的知识，同时也要学习那些正在形成的知识，掌握学习方法。第斯多惠对此作了一个非常形象的比喻。他说："一个合格的教师不单单要教会学生怎样建造长期才能竣工的建筑物，同时也要教会学生怎样制造砖瓦，并要和学生一起动手施工，教会学生建好房屋的本领"。③要给学生传授学习方法，教师必须不断改进教学方法。在他看来，如果只使学生习惯于简单地感受或消极地接受，便是坏的方法；如果能激发学生的主动性，便是好的方法。因此，他提出让那些损害学生智力的、枯燥无味的教学方法从学校中消失。

四、教师必须不断加强自身修养

第斯多惠认为教师的任务是引导学生走正确的道路，激发对真、善、美的追求，使学生的素质和能力得到最高的发展。要完成这一任务，教师必须不断加强自身修养。教师自己受了多大程度的教育，他

①②第斯多惠：《德国教师培养指南》，人民教育出版社，1990年版，第122页。
③第斯多惠：《德国教师培养指南》，人民教育出版社，1990年版，第123页。

只能在多大程度上对别人发生影响。如果教师自己没有发展、培养和教育好,那他就不能发展、培养、教育别人。他说:"一个人一贫如洗,对别人绝不可能慷慨解囊,凡是不能自我发展、自我培养和自我教育的人,同样也不能发展、培养和教育别人。"①

那么,教师怎样加强自身修养呢? 第斯多惠从教师思想品德、知识结构和实际能力等方面,提出了许多具体要求。

在思想品德方面,他认为作为一个教师,首先要坚持教育的进步方向。针对当时德国教育的保守主义倾向,他鼓励教师以满腔热情培养具有自由思想而积极接近进步运动的新一代,通过培养一代新人而促进人类发展。他说:"我们只能树雄心,立壮志,坚持不懈地为完成伟大的崇高的人类使命而奋斗终生。"②其次,教师要言行一致,身体力行。他认为如果只用讲话就可以培养和教育人,这是一种片面的浅见,与教育的本质背道而驰。如果企图单纯以知识、技巧去影响学生的人品,这也纯粹是空想。"一个好教师从个人和别人的许多宝贵经验中切身体会到,一个人要有所作为,与其说是用本身的知识去影响人,还不如说是用自己的思想行为来培养教育人"。③再次,教师要有坚强的性格,顽强的意志。他认为教育工作是一项复杂细致的工作,会遇到种种意想不到的困难。只有坚强的性格,顽强的意志,才能克服工作中的各种困难。同时,教师的性格和意志给学生以深刻的影响。"教师本人如果没有主见,遇事左右摇摆,感情空虚,意志薄弱,这怎么能使人相信会教好学生呢? 这怎么能把学生的迟钝培养成敏捷

①第斯多惠:《德国教师培养指南》,人民教育出版社,1990 年版,第 23 页。

②第斯多惠:《德国教师培养指南》,人民教育出版社,1990 年版,第 15 页。

③第斯多惠:《德国教师培养指南》,人民教育出版社,1990 年版,第 24 页。

呢?这怎么会把笨拙培养成灵巧呢"?[1]第斯多惠要求教师坚持正确的政治方向,具有高尚的品德,他自己的一生言行,为教师树立了光辉的榜样。他在长期的教育实践中,始终站在社会的进步方面,为争取确立教育的进步原则,改善教师的状况,提高教师的培养水平而努力工作,受到广大教师的拥护和爱戴,在教育史上写下了光辉的一页。在知识结构方面,第斯多惠非常强调教师要不断地自我教育,把自己的所作所为,自己的发展、进修与自己的职业紧密地联系起来。第一,他认为教师要有一定程度的文化基础知识,有了文化基础知识才能进一步提高。这是因为"教师这一职务需要达到一定程度的人来担任,达到了一定的教育程度,在实践工作中才能更好地逐步提高,然后才能胜任更高的职务"。[2]第二,教师能否取得好的教学成绩,关键在于专业知识水平。教师的专业知识水平高,才能深刻理解教材内容,在讲课时才能有条不紊,讲得头头是道,使学生一听就明白。因此,"这就迫使教师不得不下一番功夫,从各个方面去观察并深入研究教材的内容,直到掌握为止"。[3]第三,教师要掌握教育科学的知识。"每一个教师都应当研究有关培养人的普通学科"和"教师进修的学习材料"。[4]"有步骤地学习普通教育学、教学理论与方法论、逻辑学与心理学等等。"[5]教师掌握这些教育科学知识,才能认识教学规律,指导教学实践。当时,第斯多惠总结了从美纽斯到裴斯泰洛齐在教学论方面所积累的成果,详细拟定了教学原理和具体细则的教学理论

---

①第斯多惠:《德国教师培养指南》,人民教育出版社,1990年版,第170页。
②第斯多惠:《德国教师培养指南》,人民教育出版社,1990年版,第126页。
③第斯多惠:《德国教师培养指南》,人民教育出版社,1990年版,第46页。
④第斯多惠:《德国教师培养指南》,人民教育出版社,1990年版,第37页。
⑤第斯多惠:《德国教师培养指南》,人民教育出版社,1990年版,第54页。

体系,还为小学编写了许多教科书和教学参考书,其目的在于从文化知识、专业知识和教育科学知识方面指导教师进修提高。

在实际能力方面,他认为一个优秀的教师不仅要具备丰富的知识,而且还应具备各种能力。这种能力可分为一般能力和特殊能力。

在一般能力方面,第斯多惠认为作为一个教师应具有敏锐的观察力、独立的思考力和成熟的判断力。就观察能力来说,他认为谁的观察力敏锐,谁就会葆其美妙之青春。敏锐的观察力可以使教师"在孩子当中天天有机会观察到一些有趣的富有教学意义的现象,这样读起教育方面的文章来才能事半功倍,受益匪浅"。[1]就思考能力来说,他认为每一个教师都要善于独立思考。"思想懒惰的人往往靠别人为他自己去思考和研究问题,而一个思想活跃的人却终身都在孜孜不倦地独立思考,独立研究问题"。[2]就判断能力来说,他要求教师善于明辨是非,永远站在社会进步的方面。"在追求真、善、美的征途上,肯定会由于人类的弱点或种种原因遇到重重困难和阻力,但是为了一个崇高的目的不要气馁,不要心灰意懒"。[3]

在特殊能力方面,第斯多惠认为一个教师应具有娴熟的语言表达能力,出色的教学能力和高超的管理能力。

1. 教师要有娴熟的语言表达能力。他认为有教学经验的教师一有机会便把自己的思想用响亮的语言表达出来。言为心声,讲话生动,思想自然也会随之生动起来。"凡是会想不会表达,主要是思想不清"。[4]作为一个合格教师一定要锻炼自己的口才,说话声音要洪亮,

---

①第斯多惠:《德国教师培养指南》,人民教育出版社,1990年版,第51页。
②第斯多惠:《德国教师培养指南》,人民教育出版社,1990年版,第36页。
③第斯多惠:《德国教师培养指南》,人民教育出版社,1990年版,第26页。
④第斯多惠:《德国教师培养指南》,人民教育出版社,1990年版,第48页。

语言明白,肯定而有力,不要讲错话,不要结结巴巴。"说话简洁的教师算是优秀的教师"。[1]

2. 教师要有出色的教学能力。第斯多惠本人在教学实际中总结了许多宝贵的经验。他认为教学是一门艺术,这种艺术"不是传授艺术,课堂教学艺术是激发、启迪和活跃"。[2]每一位教师都应该发挥自己的创造力,利用巧妙的办法使教学生动活泼,妙趣横生,引人入胜。在这种气氛下,学生能够主动地、富有情感地学习。"学生只要有了这种活跃的情感,教师就不必额外督促学生好好学习",他们"必定会热爱教师,热爱学校和课本"。[3]第斯多惠认为艺术的魅力在于吸引观众,而教学艺术的魅力则在于激发学生学习的主动性,使他们对真、善、美发生兴趣,并心甘情愿地追求真、善、美。那么,怎样使教学富有魅力,充满情趣呢?第斯多惠对教师提出了三点要求:

第一,教学要变换花样。俗话说:"花样翻新是生活的调剂。"为什么就不该叫学生看到教师用多种形式和形象来讲授教材呢(通常一味照本宣科,枯燥乏味)?[4]所以,教师要多开动一下脑筋,想办法改变教学形式,不断呈现多种教学风格

第二,教师要活泼。他认为单凭花样翻新不能解决所有的问题,更重要的是教师要生动活泼,"兴致勃勃地(而不是矫揉造作地)和儿童打交道,来上课"。[5]有活泼的父母才会有活泼的孩子,有活泼的教师才会有活泼的学生,所以教师要尽量学会活泼。当然这种活泼不在

---

①第斯多惠:《德国教师培养指南》,人民教育出版社,1990年版,第198页。
②第斯多惠:《德国教师培养指南》,人民教育出版社,1990年版,第168页。
③第斯多惠:《德国教师培养指南》,人民教育出版社,1990年版,第169页。
④第斯多惠:《德国教师培养指南》,人民教育出版社,1990年版,第167页。
⑤第斯多惠:《德国教师培养指南》,人民教育出版社,1990年版,第168页。

于外表显得匆匆忙忙,手忙脚乱,或者做一个鬼脸就算活泼。"真正的活跃就是精神活力,这种活力是自然而然流露在面部表情上"。①

第三,教师要充分发挥个性。第斯多惠认为教师的一举一动都在感化、影响学生。"教师的人格会给教师带来威望、权力、影响和力量"。②他说:"席勒曾经把教师的个性诗化、哲理化,教师无论做什么都是凭借自己的个性"。③他认为教师的个性、精神面貌是个什么样子呢?一是教师要"怀着坚定、勇敢和大丈夫的气概积极而主动、全心全意为真、善、美服务"。④二是"不断创新、千方百计吸引学生的注意力,在学生的眼里教师是身体力行,同时又提高了自己的语言表达能力"。⑤三是热心教育事业并有献身精神,不断进行自我教育,有娴熟的教育技巧。只有这样的教师才能胜任教育和教学工作。

3. 教师要有高超的管理能力。他认为纪律是教学得以顺利进行的重要保证。一个好的教师应该有高超的管理能力。"谁善于教学,谁就必然善于管理纪律,谁教学好,谁就管理有方"。⑥作为教师必须把自己的全部注意力都集中在学生身上,无论是学生的学业成绩,还是学生的学习能力;无论是学生的心理品质,还是学生的生理发展都要一一关心爱护。

(原载《西北师大学报》2000 年第 6 期)

---

① 第斯多惠:《德国教师培养指南》,人民教育出版社,1990 年版,第 168 页。
② 第斯多惠:《德国教师培养指南》,人民教育出版社,1990 年版,第 177 页。
③ 第斯多惠:《德国教师培养指南》,人民教育出版社,1990 年版,第 197 页。
④⑤ 第斯多惠:《德国教师培养指南》, 人民教育出版社,1990 年版, 第 171 页。
⑥ 第斯多惠:《德国教师培养指南》,人民教育出版社,1990 年版,第 196 页。

教学工作是一种融入教师生命激情的事业
——谈高校教学特点与青年教师成长

高等学校提高教学质量的关键，是加强师资队伍的建设。本文围绕这一主题，谈以下三个问题。

一、"文革"前高校是怎样培养青年教师的

1960年，中央颁布了一个重要的教育文件《教育部直属高等学校暂行工作条例（草案）》，简称"高教60条"。1961年9月，中共中央批准在全国高等学校中试行。"高教60条"颁布的背景是什么呢？当时，就是要总结我国1958年以来正反两个方面的经验，明确提出高等学校要以教学为主，要以课堂教学为基本的教学组织形式，加强教师的培养，努力提高教学质量。笔者是1960年毕业留校的，当时毕业的学生只要留在高校都是助教，没有像现在一毕业就是讲师，或破格的副教授等。那个时候，学校是怎样培养助教的呢？现在回想起来，大体上有四个方面。

（一）配备指导教师

当时，大学生留校以后，助教是3年内不让开课的。当然，除了技能型的老师可以开课外（比如音体美老师），其他系的助教在3年中间不承担教学任务。那么，助教在学校干什么呢？学校给他们配备指导教师（副教授以上的老教师才能有资格当指导教师），助教要定期向指导教师汇报自己的学习情况，比如读了什么书，有什么心得，写了什么读书报告……这些要定期进行汇报，导师对助教的要求也是非常严格

的。当时我的导师是陈震东教授,很多人并不了解他,因为他去世得很早。他生在美国,长在美国,具有美国国籍,但他时刻怀念祖国,思想非常进步。新中国成立后,他毅然放弃美国国籍,回国参加祖国建设。回国后,他先在北京师范大学任教,后因西北师范学院去京要人,他又放弃在北京优越的生活条件,支援西部,来到西北师范学院任教。陈震东教授不仅思想进步,而且学识渊博,曾获美国哥伦比亚大学博士学位,在教育基本理论、教育史等方面发表过许多论文,特别是在1962年,由人民教育出版社出版了他的专著《教育科学研究方法》一书。这是新中国成立后,国内出版的第一部这方面的专著,在教育学术界很有影响。陈震东教授对青年教师不仅从教学上给予指导与严格训练,更重要的是在学术上进行培养,使得青年教师适应大学的教学和研究工作。

(二)制定培养规划

助教的培养要制定三年规划,3年内在思想政治上、业务上达到什么要求,通过什么办法来达到这个的要求,都有明确的规划。具体来说,每一年干什么,要达到什么要求,都需要一个具体的、翔实的、切合实际的培养规划。制订了培训计划后就要严格按计划执行,这样就可以保障青年教师的顺利成长。

(三)打好理论基础

青年教师的培养强调厚基础、强能力。根据助教的不同专业分工,分别打好不同的理论基础。例如,搞外国教育史的,要打好世界通史、外国哲学史的基础;搞教育统计的,要打好数学基础;搞心理学的,要打好生理学知识的基础。

(四)严格教学规范训练

严格教学规范训练,就是要求青年教师有"强能力",会教书,有从教的能力。怎样训练呢?

1.听课。第一年要求助教系统听完一门课,这门课就是你将来要讲的课。比如我是讲外国教育史的,那就要从头到尾听一门外国教育史的课。这时候的听课和当学生时候的听课就不一样了。这时候的听课听什么呢,要听老师是怎么讲的,即老师是怎么讲基本概念、基本定义的,他怎么样安排课堂教学的,他怎么样运用教学方法的,他怎样组织课堂讨论的。总的来说,这时候的听课要着重从教的角度去听一门课,以便从老教师那里学习从教的本领。

2. 参与教学工作各个环节。除了系统听完一门课外,助教要参与教学活动的各个环节,比如说:(1)辅导,"文革"前高校上课都要安排课外辅导(现在好像没有了),基本上是 2∶1,就是说一个星期上 4节课,你必须同时安排 2 节课的课外辅导。那么谁来辅导,助教要参加。在什么地方辅导? 那个时候一般有固定教室,这个教室是自习教室,到时候老师就来了,有时候也安排在学生宿舍。你想,那个时候学生哪里有不上晚自习的呢? 那不可能,学校基本上在晚自习时间安排课外辅导,助教要参加课外辅导。这也是对助教的一种基本训练。(2)助教要组织课堂讨论,培养助教熟悉教材和组织课堂讨论的能力。(3)助教要参加学生的口试,那个时候考试形式很强调口试,一方面老师和学生直接进行面对面的考核,学生怎么可能作弊呢? 学生抽一个题签,稍作准备,然后马上到老师这里来进行口试,口试的时候要面对老师,一般来说有两三个老师,其中有一个是助教。(4)助教还要参加实习、见习。大家想一想,作为一个助教要在 3 年中受到这样严格的训练,他怎么能不会教书呢? 他怎么又能不会上课呢?

3. 送审讲稿和试讲。在经过这些训练之后,助教要准备上课。上课前先要送审讲稿。就是把准备的讲稿送给导师审查,导师也不会从头到尾地看,他只是从中抽查。记得我当时把我的讲稿送去以后,陈震东教授前后翻了翻,完了就说:"你这个稿子拿回去重抄一下,写的字不太好。"陈震东教授虽然从小在美国长大,但是他的汉字写得非常漂亮。他对助教的严格要求由此可见一斑。讲稿审完了，就要进行试讲。试讲是直接给学生上课，要给学生讲两三节课，试讲的过程中有四五个老教师坐在后面听，试讲通过了，才可以正式上课。助教经过了这样一个严格的训练，怎么能够不熟悉教学工作呢？

所以，这样的历史经验，今天还是有很多值得我们合理借鉴的。我讲这样一个过程是想让我们的青年教师知道，你是不是经过了这样一个磨炼？你如果没有经过这样一个严格的磨炼，你就要赶紧补课。我们经常喊提高，怎么提高？要从加强师资的培养做起。

二、教育系历史发展的经验教训是什么

我校教育系的发展并不是一帆风顺的，它大体经历了兴起、衰亡、恢复和繁荣四个阶段。我基本上都经过了，所以我有责任、也有义务把这个过程讲一讲。它有很多惨痛的历史经验和教训，这个经验教训的一根主线是什么呢？就是师资队伍的培养问题。为什么要讲这个问题呢？我们教育系的课程涉及面很大、涉及的人很多，当然影响也很大。如果你的课上不好，并不是你张三的个人问题，而是涉及教育学院的招牌的问题——你的这个招牌还能不能存在下去？如果说得更大一点，就是整个师资力量培养的质量问题，因为你培养的师资是将来要当老师的。

（一）教育系的兴起阶段（1949—1965 年）

新中国成立以后，当时的西北师范学院教育系得到了很大的发展。在兴起阶段，教育系在全校影响很大。主要表现在四个方面。

第一，教育系在当时专业多，有学前教育和学校教育两个专业。当时一般的系都是一个专业，而且有很多教学单位都只是教研室，还没有建立系。

第二，教育系的课程涉及全校的公共课程，影响面大。另外，当时全校各个重要部门都要从教育系人员中来选派，比如教务处长、总务

处长、函授部主任、附中校长、附小校长、教学实习指导委员会主任等。

第三，教育系在1960年就开始招收研究生。这是新中国成立后西北师范学院最早招收研究生的系科，为后来20年后申报教学论博士点和其他硕士点打下了坚实的基础。

第四，师资力量很强，这是一个很重要的影响因素。当时教育系的师资有三个来源：第一个来源是老西北师范学院留下来的师资，比如胡国钰、刘问岫、沈庆华、郭士豪等。第二个来源是外国留学生回国，比如从瑞士留学回来的李秉德教授，从美国留学回来的南国农教授、萧树滋教授、陈震东教授、吕方教授等，从苏联留学回来的何玉琨老师等。这么多的留学生在一个系里面，在当时是很少有的。第三个来源是从京津高校来的一批大学毕业生。比如从北京师范大学来的胡德海、陈璇、黄学溥、李德琴等教师；从天津河北师院（就是今天的河北大学）分配来的邢志勤、李建周等教师。这些师资的构成使当时的教育系的力量非常强。当时西北师院教育系有著名的八大教授，比如胡国钰、刘问岫、李秉德、南国农、萧树滋、王文新、王明昭、杨少松等。这些教授在全国师范教育界都很有影响。当时，教育系师资力量有这样几个特点：一是教授多，二是归国留学生多，三是外省籍多。这样一批师资植根西北，甘于清贫，淡泊名利，默默奉献，把事业至上、自强不息、爱岗敬业的精神，熔铸在西北师大的文化传统之中，对西部教育事业做出了重要贡献，也对后一辈学者产生了重要的、潜移默化的影响。

（二）教育系的衰亡阶段（1965—1977年）

1965年学校决定撤销教育系，这在当时是谁都没有想到的。既然师资力量很强，为什么要撤销？当时有一个非常重要的原因是公共教育学课程的教学非常不理想，当时的教育学发展水平是这样的状况：一是学生一看就懂，当时的教育学都是从凯洛夫教育学翻译过来的，教条很多，所以把教育学戏称为"教条学"。还有一个原因就是教育系的本科学生没有办法分配。那个时候是计划经济,学生分到县以后无法安排。比如说让你到中学教语文你不会,教数学你也不会。所以当时各地县教育部门的意见非常强烈。为什么以前没有这个问题呢?因为西北师范大学以前是教育部直属的院校,面向全国招生,学生面向全国分配,后来改为地方院校以后,一律不能出省。学生没办法分配,你这个系还有办法存在吗?更重要、更深层次的原因是因为我们没有正确贯彻党的知识分子政策。在 1965 年的那个时代,阶级斗争的弦已经拉得很紧了,那个时候就已经开始要"四清",在"四清"运动的前夕就做出了解散教育系的决定,这样一来就进入了教育系的第二个阶段,即教育系的衰亡阶段。

教育系撤销之后,成立了两个教研室,一个教研室独立存在,担任一些科研任务和公共课程的教学,一个教研室有一小部分人就合并到政治系。皮之不存,毛将焉附? 教育系不存在了,老师到哪里去? 于是,"文化大革命"一开始就把这支队伍全部打散分到各系,资料、图书、设备等损失惨重。我自己当时就到过三个系——政治、外语、中文系。如今看来,衰亡的根本问题还是一个如何对待师资队伍建设的问题。

(三)教育系的恢复阶段(1978—1996 年)

"文革"以后,教育系得到恢复,但是非常艰难。可以说一无所有,白手起家。教育系恢复以后首先面临的是重建一支师资队伍的问题。这个时候把分散在各个系的老师开始往回收拢,然后从外边调一些老师,逐步恢复教育系。1978 年,当时西北师范学院开始招生,其他系第一届招的是春季班,教育系来不及准备,招收的是秋季班。在这十多年当中,教育系做了这么几件事情。

第一件事情是创办了四个专业,即学前教育、学校教育、心理学和教育管理四个专业;第二件事情是争取了教学论、教科法、外国教育史和心理学 4 个硕士点,1 个教学论博士点。这 4 个专业、4 个硕士点和 1 个博士点在当时的学校里也是名列前茅的。每年教育系招收的研究生要占到西北师范大学当年招生的半壁江山。第三件事情是在这十多年恢复的过程当中,培养了一批人才。可以说,用了 10 年的时间才使教育系得以恢复元气。

(四)教育系的繁荣阶段(1996 年至今)

这一阶段就是在系所合并的基础上,成立了教育科学研究院。在学科建设方面,教育学一级学科博士授权点、教育部人文社会科学重点研究基地、教育学博士后工作流动站、课程与教学论国家重点培育学科等,均达到了国内较为先进的水平。教育学院每年研究生招生的数量在全校都名列前茅。

从教育系的历史发展中,我们得到什么启示呢?

第一,办学的关键,是要加强师资队伍建设。人才强则学校强,师资兴则院系兴,这是重要的历史经验。

第二,如何保持这样一个繁荣局面,开创一个新的局面? 这是值得我们每一个人考虑的问题。每位教师都要珍视今天来之不易的大好局面,爱岗敬业,为教育学院今后的发展贡献自己的力量。

三、高等学校教学过程的特点是什么

高等学校教学过程的特点是什么, 从这个特点中我们应该得到什么启示?我们到底怎样当一个好老师来搞好我们的教学。从高校教学过程来说,高校本科教学大体上有这样一些特点。

(一)在教学目标上具有一定的专业性

高等学校教学过程的专业性是由高等学校的培养目标决定的。这个特点和中小学不一样,中小学重在打基础。那么,高等学校除了传授一般的科学文化知识外,还要有一个专业性要求。所以高等学校的课程设置、教学内容、教学方法都要围绕教学目标来进行,都要培养某一方面的专业人才。当然我们不能把专业性理解得过于狭窄,随着科技的发展,要求我们把基础打牢。对本科大学生来说也是这样,在打好基础的同时,来学习专业。

(二)在教学内容上具有一定的探索性

这个探索性明显不同于一般的中小学,在高等学校除了要传授系统的科学文化知识外,还要培养学生的思考能力、创新能力。所以高等学校在教学上要反映学科前沿、学科争论、学科发展趋势,以至于对这个问题我们应该如何开展研究?这样的一种探索性在我们的教学形式上就不限于在课堂上的唯一的一种讲授方式。比如,50年前,李秉德教授给我们讲《小学语文教材教法》,这是一门小课,课时不多,但是他上得非常精彩、非常生动活泼。他怎么讲呢?他首先给我们讲了一些小学语文教学的基本理论,比如拼音教学、识字教学、阅读教学、作文教学等基本理论,他讲完这些基本理论问题后,就把学生按照5~6人分成不同小组。他说,"现在我们把理论讲完了,你们现在到小学语文课堂上听课去!先听一周的课,你们看看有什么问题?有什么值得你们学习的地方?"听完课以后,我们再回到课堂中,开始讨论,各个小组分别汇报他们发现的一些有待研究的问题。在此基础上,每一个小组确定一个问题,下去搞研究。当时我们这个小组选的题目是"小学生错别字产生的原因及其纠正办法"。我们就带着这个问题,通过不断地"听课—看作业—和老师谈—和学生谈"。在这个基础上,我们小组完成了自己的研究题目。各个小组把论文做好后,进行全班的大会汇报,相互交流。我们这个小组的题目当时被推荐参加教育系老师的科学论文报告会。大家想想,李先生当时用的是什么教学方法?他既有教师的讲解,又有学生的探究;既有引导学生深入实际的研究性学习,又有学生之间相互交流的课堂讨论。50年前李秉德先生就已经这么做了。最近几年介绍的研究性学习,我看了以后就觉得我当学生的时候不就是这么学的吗?在这里,我说的只是一个文科的教学问题,其实像物理、化学等理科的教学经常做一些验证性的、探索性的实验,也具有明显的探索性。所以我们说高等学校在教学内容上有一定的探索性。这种探索性还表现在老师把教学与科研活动结合起来的,把自己的科研成果融入教学当中,然后把教学中的问题引入到他的科学研究里面,使两者相互促进。

(三)在教和学的关系上,学生有相对的独立性

教师要给学生更多的自由和独立, 这个自由和独立不是说不要老师的指导,而是指在教师的指导下进行的更多的独立的学习。我们在这一点上始终没有放开,我们总是希望自己多讲,不让学生活动、不让学生参与,这种思想观念没有解放。大家想一想,大学生的年龄、知识基础都具备了独立的自学的能力,他们和中小学生不一样,进入大学校门时,都是将近 20 岁的人了,而且经过中学阶段的学习,有了一定的文化基础。另外,就大学的教学本身而言,也需要大学生积极发挥他们的独立性。因为我们高等学校有很多的教学活动是需要学生参与的,比如说毕业设计、见习、实习、实验、论文等都需要学生自己去完成,在这个教学观念上我们一定要树立学生是学习的主体的观念,从理论上认识到这一点,如果理论上认识不到,那么实践上势必是盲目的。

(四)在教学组织形式上有更多的实践性

高等学校教学过程不仅要传授系统知识, 而且还要培养学生应用知识的能力。 就是说,要将高度抽象的专业理论知识具体化,培养学生从事实践活动的意识、态度和方法,这是实现大学生社会化的必由之路。所以高等学校的教学需要学生参与,需要学生动手、动脑,特别是一些技能性的课程。你要让他会做,把真本事教给他。在过去教育系的培养目标里面我们一直在探索这个问题:怎么样给学生一些真本领——这些真本领不经过教育系的学习你是掌握不了的, 要研究这个问题,特别是技能性的东西。比如说教给教育系的学生一些实践性、操作性、技能性很强的一些技能,使我们培养的学生会搞心理

测量、教育测量,会搞教育科学研究,经过这样的训练,那他毕业以后就不一样。所以,高等学校教学中有更多的教学实践性的要求。

以上这些高等学校的教学特点是相互联系、相互促进的。它对我们有什么启示呢?我们如何才能当好一个老师呢?我认为有以下几点值得重视。

1. 要树立高度的责任感

教师的职业可以有不同的境界,一种境界是把教师当作职业,教书是要拿工资,拿工资要养家糊口——把教师当作一种谋生的手段;还有一种境界是把教师当作事业,要使教学的活动和自己生命活动融为一体、整合一起,这是一种事业,我们要为这种事业而奋斗。上一节课、上好了一节课这个并不难,但是长期坚持不懈,一辈子上好课,这就不容易了。这就要把教学当作自己的事业,当作生命活动,把培养优秀人才当作自己教师生命的延续和继续,这种境界就不一样了。所以要体会教师这个职业和其他的职业不同,是非常能够受到尊重的职业——我现在就有这样的体会。可以举很多例子,每年春节,我坐在电话机旁边,就像电话接线员一样,天南海北的学生打电话过来,说给我拜年了。我跟他们开玩笑说:“我这哪里是过年呀,我是给你们接电话的话务员!”但心里却是相当幸福,因为这是学生对老师的尊敬和挂念。有的老师说上课有什么不好应付的,随便都可以讲一讲。你随便讲一讲?每一个学生心里都有一杆秤。你讲得好不好,你讲得认真还是敷衍,学生都清清楚楚。你坦诚地待他,他对你这个老师终生难忘。所以我们说老师对学生要有一颗赤诚之心,作为老师教好一节课不难,可贵之处在于一辈子要教好每一节课,这就要求老师认真负责,有一个高度的责任感。

2. 要有比较渊博的知识

作为一个老师一定要有渊博的知识,你给学生一杯水,你要准备一桶水,而且随着你的教龄的增长,随着你的知识的丰富,可以达到一比二十、一比三十、一比五十。这是苏联教育家苏霍姆林斯基的观点,而且他认为,作为教师的第一要素是要有渊博的知识。大家想一想,如果我们没有渊博的科学文化知识,教学将会是什么样子?

我过去任教学督导委员时,也常常去听别人的课。有的老师的课讲得很好,但是有的老师的课确实不敢恭维。比如有个老师讲课的时候,离不开讲稿,讲稿把他的面孔都挡住了,问题在哪里呢?对教学内容不熟,没有把内容融汇在自己的学理当中,没有融会贯通,没有理解知识,他就不能离开讲稿。所以我们说有了讲稿怎么办?有了讲稿就是念讲稿吗?不是这样,讲稿是讲课用而不是念课用。讲课有什么好处呢?讲课可以抑扬顿挫、高低起伏、感情充沛、感染学生。你想想,你念课能够有这个感情和效果吗?你光看讲稿,连学生都不看。学生在干什么?学生在学别的东西,你根本不知道。教师只有对教材非常熟悉,在课堂上才能把注意力放在学生身上。对年轻老师来说,尽量把讲稿写详细一些,比如什么地方要求有感情、有板书、有典型的案例——这个典型的案例不能随便举,要科学、确切,而且要富有启发性。只有事先做好准备,你才能讲好课。

在现实的教学活动中,常常会遇到这样一个问题,有了教科书如何讲课?我们对待教科书,既要依据它,但又不能照本宣科。为什么要依据教科书进行教学,因为教科书是教与学联系的中介,是教的依据,也是学的依据,所以完全抛弃教科书,另立一套是不对的。但是依据教科书教学,并不等于照本宣科。因为照本宣科容易引起学生的反感,难以把知识讲活讲透,不利于提高教学质量。其实有了教科书,教师要善于利用教科书,善于讲解教科书。有了教科书,教师如何讲课呢?

第一,讲基本知识的概念。让学生准确地掌握定理、定律反映的关系及其适用范围。

第二,讲知识的结构。就是把各部分之间的关系、层次弄清,使一门课程的众多内容在学生头脑里形成一个清晰的印象。

第三,讲教材的重点、难点。让学生了解分析问题和解决问题的思路,让学生既学知识,又学方法。在某种意义上来说,方法比知识更为重要。

第四,讲知识的背景。让学生了解这一知识是怎样从实践中提出来的? 代表什么实际问题? 解决什么实践问题? 未来的发展趋势是什么? 有些什么学术争论?

第五,讲典型案例。引导学生面对案例,积极思考,分析论证,寻求对策,培养学生分析问题、解决问题的能力。所以,有了教科书,教师要善于利用教科书,而且要求教师更认真地备课。

3. 要勇于探索,参与教改实验

作为教师,要积极地进行教改实验。方法从哪里来,只能从实践中来。只要我们有一颗赤诚的心,没有方法可以寻找方法。如果没有一个高度的责任心,有了方法也不会用它。你可以得过且过嘛! 所以要使我们的教学不断前进,必须不断地探索,进行教改的实验。当前要学习一些基础教育改革的经验,在一定程度上来说,基础教育改革走在高等学校教育的前面。特别是在教学观念上的一些转变,教学形式上的变化,教学方法上的改革,我们更应该借鉴。比如高等学校里单一的讲授的方法,优点很突出的,在很短的时间里向学生传授大量知识,这个很经济。但是这种方法有其突出的缺陷,不利于调动学生的积极性,是一种单向式的传递。那么怎样调动学生的积极性呢? 有很多的方法,这就需要我们不断地进行探索和实验。每一种方法都有自己的长处和局限性,问题在于我们如何合理地组合。比如课堂讨论,"文革"以前课堂讨论很多,可以调动学生学习的积极性,可以锻炼学生的口头表达能力,但是课堂讨论也有它的局限性,比如时间不经济。所以说每一种方法都有长处,也都有局限性。我们怎么样扬长避短、合理地组合是很值得我们探索的问题。

(原载《当代教育与文化》2010 年第 1 期)

附录

李定仁主要学术成果年表(1979—2007)

1979 年

在《教育研究》第 1 期发表《空想社会主义欧文的教育思想》一文。

1980 年

发表《加强中小学的法制教育》,由人民教育出版社出版的论文集收入。

1981 年

在《外国教育动态》(第 5 期)发表《赞科夫的教学论思想与凯洛夫教育学》。

在《西北师院学报》(第 2 期)发表《试谈制定教育法令的问题》。

1982 年

在《电化教育研究》(第 3 期)发表《布鲁纳论教学手段现代化》。

担任甘肃省教育学会副会长。

1983 年

在《外国教育动态》(第 1 期、第 6 期)发表《译要素主义教育》和《巴班斯基教学方法体系》。

1984 年

在《课程、教材、教法》(第 1 期)发表《师范学院应该加强教育课程的教学》。

在《西北师院学报》(第 3 期)发表《忠诚人民的教育事业——毛

泽东关于教师问题的论述》。

在《人民教育》(第9期)发表《苏联师范教育改革的动向》。

1985 年

在《外国教育动态》(第1期、第6期)发表《苏联师范教育改革的经验》和《评永恒主义教育》。

参加《中国大百科全书》(教育卷)词条《傅里叶》、《圣西门》的编写。

1986 年

在《教育研究》(第1期)发表《发达国家普及义务教育的历史经验》。

1987 年

在《教育研究》(第1期)发表《谈谈教育科学研究中的比较方法》。

1988 年

在《外国教育动态》(第5期)发表《教师的任务是最光荣的任务——马可连柯论教师》。

1989 年

在《光明日报》1月25日发表《繁荣我国教育科学》。

在《西北师大学报》(第2期)发表《师范院校应坚持为基础教育服务的方向》。

1990 年

在《西北师大学报》(第1期)发表《当前我国普通教育改革的问题》。

在《教育史研究》(第2期)发表《空想社会主义者傅立叶的教育思想》。

在《外国教育动态》(第6期)发表《当代国外教学理论发展的趋势》。

《师范教育研究》系列论文获甘肃省高等学校1979—1989年度

哲学社会科学优秀成果一等奖。

1991 年

与曾天山在《天津教育学院学报》(第 2 期)发表《试论杜威教育思想在旧中国的影响》。

在《高等师范教育研究》(第 3 期)发表《毛泽东教学思想探析》。

担任国家教育科学"七·五"重点课题《教学论》教材副主编,由人民教育出版社出版。

1992 年

撰写《教育家译传——巴格莱》,由上海教育出版社出版。

担任《教育大辞典》编委,并撰写其中第 11 卷部条目

《教学理论问题研究》系列论文获甘肃省高等学校 1990—1991 年度哲学社会科学优秀成果一等奖。

1993 年

主编全国教学论研究会重点课题——《教学思想发展战略》一书,由青海人民出版社出版。此书曾荣获中国教育学会优秀专著奖,甘肃省高等学校哲学社会科学优秀成果二等奖等奖励。

在《比较教育研究》(第 1 期)发表《发达国家教育督导制度之比较》。

在《高等师范教育研究》(第 5 期)发表《论高等学校教学方法改革的若干趋》。

1994 年

主编《大学教学原理与方法》一书,由科学出版社出版,获甘肃省哲学社会科学优秀成果二等奖。

在《西北师大学报》(第 1 期)发表《论教会学生学习的问题》。

在《民族教育研究》(第 2 期)《从师资量质要求看西北民族高师教育改革》。

1995 年

与博士生蔡宝来、李瑾瑜、王鉴合作,在《社科纵横》(第 6 期)发表《西北少数民族基础教育发展对策研究》。此研究系甘肃省社会科学重点研究课题。

在《西北师大学报》(第 1 期)发表《当代教学理论改革的人主要趋势》。

与博士生郝志军在《民族教育研究》(第 5 期)发表《论民族高师教育的特殊性问题》。

与博士生潘洪建在《教育研究与实验》(第 3 期)发表《民族文化与民族高师课程》。

1996 年

《西北少数民族基础教育发展对策研究》一文荣获中宣部"五个一"工程优秀论文奖。

在《外国教育研究》(第 2 期)发表《当代教学理论革新的时代背景》。

主持编写《中国西北少数民族教育》一书,由宁夏人民出版社出版。

1997 年

与博士生潘洪建合作在《教育研究》(第 1 期)发表《我国教学论教材的比较研究》。

在《上海教育科研》(第 6 期)发表《台湾师范教育改革的主要趋势》。

在《西北师大学报》(第 4 期)发表《略论李之钦的师范教育思想》。

与博士生张广君合作,在《华东师大学报》(第 3 期)发表《教学本质问题的比较研究》

1998 年

参与主编《大陆少数民族教育》一书,由台湾师范大学师大书苑发行。

1999 年

在《师道》(第 3 期)发表《教师的根本职责是教会学生做人——叶圣陶论教师》。

与王鉴合作在《清华大学教育研究》(第 2 期)发表《面向学习化社会的现代教学论发展》

《中国西北少数民族教育》一书荣获全国第二届教育科学优秀成果二等奖

2000 年

在《教育研究》(第 11 期)发表《论教学研究》

在《西北师大学报》(第 6 期)发表《引导学生主动寻求真知——第斯顿惠论教师》

和王兆瑾合作在《比较教育研究》(第 2 期)发表《教学过程阶段诸说的比较研究》

2001 年

和刘旭东合作在《教育研究》(第 2 期)发表《教学评价的世纪反思与前瞻》

在《高等教育研究》(第 3 期)发表《试论高等学校教学过程的特点》

和徐继存合作在《西北师大学报》(第 4 期)发表《我国教学论研究的进展与走向分析》

主持编写《教学论研究 20 年》由人民教育出版社出版。后获甘肃省哲学社会科学优秀成果二等奖。

2002 年

由甘肃教育出版社出版专著《教学论研究》。

在《河西学院学报》(第 1 期)发表《巴班斯基教学过程最优化理

论与我国教学政策》。

和研究生赵昌木合作在《高等教育研究》(第 6 期)发表《论书院的教学特点及其现实意义》

2003 年

和博士生胡文斌合作在《教育研究》(第 3 期)发表《西方课程实验的历史经验及其启示》。此文荣获甘肃省哲学社会科学优秀成果三等奖。

2004 年

主持修订《教学思想发展史略》一书。由甘肃省教育出版社再版发行。

主持编写《课程论文研究 20 年》一书,由人民教育出版社出版。

在《教育科学》(第 5 期) 发表《关于建设学科教育学的几个问题》。

2005 年

和博士生罗儒国合作在《华中师大学报》(第 5 期)发表《教学理论应用思维方式和变革》。

2006 年

主持承担的教育部重点课题《西北民族地区校本课程开发研究》完成,其成果由民族出版社出版。

与博士生肖正德合作在《光明日报》8 月 23 日发表《基础教育在新农村建设中的战略地位》;在 12 月 6 日又发表《新课改中农村教学边缘化问题及对策》。

2007 年

在《教育科学论坛》(第 3 期) 发表《课堂教学改革的重要策略——教会学生学习》

本年被评为甘肃省高等学校教学名师,并正式退休。

《陇上学人文存》已出版书目

第一辑

《马　通卷》马亚萍编选　　《支克坚卷》刘春生编选

《王沂暖卷》张广裕编选　　《刘文英卷》孔　敏编选

《吴文翰卷》杨文德编选　　《段文杰卷》杜琪　赵声良编选

《赵俪生卷》王玉祥编选　　《赵逵夫卷》韩高年编选

《洪毅然卷》李　骅编选　　《颜廷亮卷》巨　虹编选

第二辑

《史苇湘卷》马　德编选　　《齐陈骏卷》买小英编选

《李秉德卷》李瑾瑜编选　　《杨建新卷》杨文炯编选

《金宝祥卷》杨秀清编选　　《郑　文卷》尹占华编选

《黄伯荣卷》马小萍编选　　《郭晋稀卷》赵逵夫编选

《喻博文卷》颜华东编选　　《穆纪光卷》孔　敏编选

第三辑

《刘让言卷》王尚寿编选　　《刘家声卷》何　苑编选

《刘瑞明卷》马步升编选　　《匡　扶卷》张　堡编选

《李鼎文卷》伏俊琏编选　　《林径一卷》颜华东编选

《胡德海卷》张永祥编选　　《彭　铎卷》韩高年编选

《樊锦诗卷》赵声良编选　　《郝苏民卷》马东平编选

第四辑

《刘天怡卷》赵　伟编选　　《韩学本卷》孔　敏编选
《吴小美卷》魏韶华编选　　《初世宾卷》李勇锋编选
《张鸿勋卷》伏俊琏编选　　《陈　涌卷》郭国昌编选
《柯　杨卷》马步升编选　　《赵荫棠卷》周玉秀编选
《多识·洛桑图丹琼排卷》杨士宏编选
《才旦夏茸卷》杨士宏编选

第五辑

《丁汉儒卷》虎有泽编选　　《王步贵卷》孔　敏编选
《杨子明卷》史玉成编选　　《尤炳圻卷》李晓卫编选
《张文熊卷》李敬国编选　　《李　恭卷》莫　超编选
《郑汝中卷》马　德编选　　《陶景侃卷》颜华东　闫晓勇编选
《张学军卷》李朝东编选　　《刘光华卷》郝树声　侯宗辉编选

第六辑

《胡大浚卷》王志鹏编选　　《李国香卷》艾买提编选
《孙克恒卷》孙　强编选　　《范汉森卷》李君才　刘银军编选
《唐　祈卷》郭国昌编选　　《林家英卷》杨许波　庆振轩编选
《霍旭东卷》丁宏武编选　　《张孟伦卷》汪受宽　赵梅春编选
《李定仁卷》李瑾瑜编选　　《赛仓·罗桑华丹卷》丹　曲编选